VIE DE SAINT ROMAIN

RAPPORT ADRESSÉ A Mgr L'ARCHEVÊQUE DE SENS

Relativement à la Vie de Saint Romain.

Sens, le 15 Avril 1893.

Monseigneur,

Suivant les ordres de Votre Grandeur, j'ai lu avec attention l'ouvrage que M. l'abbé Leclerc se propose de publier sur l'histoire de saint Romain, fondateur et plus tard patron de l'église de Druyes-les-Belles-Fontaines. Cet ouvrage inspiré par la piété filiale et religieuse de l'auteur m'a paru aussi savant qu'édifiant. Les recherches très étendues et sagement conduites ont permis à l'auteur de mettre en pleine lumière la vie d'un Saint qui est une des gloires de l'Ordre Bénédictin et du diocèse de Sens et Auxerre; d'exposer sa féconde mission dans sa patrie d'adoption et la continuité de son culte jusqu'à nos jours. Les considérations pieuses et solides qui accompagnent le récit me paraissent des plus utiles pour les fidèles. Enfin la forme très soignée pour le style comme pour tout l'ensemble extérieur de l'ouvrage montre que l'auteur n'a rien négligé pour satisfaire à la fois l'esprit et le cœur de ses lecteurs.

Pour tous ces motifs, l'ouvrage me paraît mériter une approbation des plus complètes.

Je vous prie d'agréer, etc.

MÉMAIN, ch,

APPROBATION DE Mgr ÉTIENNE ARDIN

ARCHEVÊQUE DE SENS

ARCHEVÉCHÉ

DE SENS

—

Vu le rapport favorable de M. le Chanoine Mémain, Nous approuvons très volontiers l'histoire de saint Romain par M. l'Abbé C. Leclerc, curé de Druyes-les-Belles-Fontaines, et nous en recommandons la lecture aux fidèles de notre diocèse, spécialement aux habitants de Druyes et des pays voisins, illustrés et édifiés autrefois par les exemples et les prédications de saint Romain.

Sens, le 16 avril 1893.

† *ETIENNE, Arch. de Sens.*

SAINT ROMAIN

D'après une ancienne statue, qui était dans l'église St-Romain de Sens,
et qui est actuellement dans l'église St-Pierre.

VIE

DE

SAINT ROMAIN

ÉDUCATEUR DE SAINT BENOIT

ABBÉ ET FONDATEUR

DE

DRUYES-LES-BELLES-FONTAINES

(DIOCÈSE DE SENS)

PAR

L'Abbé C. LECLERC

CURÉ DE DRUYES

OUVRAGE APPROUVÉ PAR Mgr L'ARCHEVÊQUE DE SENS

PARIS

LIBRAIRIE H. MIGNARD

26, Rue St Sulpice, 26

AUXERRE

LIBRAIRIE OCT. CHAMBON

8, Rue du Collège, 8

SENS

LIBRAIRIE POULAIN-ROCHER

7, Rue de Lorraine, 7

1893

INTRODUCTION

La vie de saint Romain n'a été écrite qu'une fois, en latin, vers 1050, par un savant bénédictin du nom de Gislebert, que Fabricius et l'abbé Lebeuf disent Auxerrois,
et qui habitait le couvent de Saint-Remi, de Sens.

Son travail est sérieux, et témoigne d'une grande érudition ; il est cependant très incomplet, et l'auteur le reconnaît le premier : « Il est impossible, dit-il, de retracer tout le mérite de cette vie si remarquable par
toutes les vertus ; nous ne pouvons que l'effleurer dans
cet abrégé, parce que, nous le disons avec un réel
chagrin, nous n'avons pu encore la trouver racontée
nulle part.

« Il n'est pas douteux pourtant que les actes et les
miracles d'un saint si éminent aient été écrits, car il eût
été barbare et impie d'étouffer sous le silence de l'oubli
ce que Dieu a daigné opérer par son serviteur, pour le
plus grand bien d'une foule de personnes.

« Mais à la suite d'événements malheureux, et après
la persécution violente allumée contre l'Eglise, un bon
nombre de fidèles prirent la fuite, beaucoup d'autres périrent de mort violente, de sorte qu'il ne resta que très
peu de chrétiens, et encore ils étaient plus préoccupés de
sauver leur existence que d'emporter ou de cacher des
livres. »

La vie de saint Romain aura donc été détruite, comme celle de beaucoup d'autres saints, à l'époque de l'invasion des Normands. Telle est, du moins, l'opinion de Gislebert. Pour lui, il s'efforce de la reconstituer avec les dialogues du pape saint Grégoire le Grand qui a écrit la vie de saint Benoît, avec la vie de saint Maur, écrite par Faustus, et avec les souvenirs qu'avaient conservé de saint Romain les annales bénédictines d'alors.

Depuis le xi⁰ siècle, c'est-à-dire depuis plus de sept cents ans, personne n'a repris, pour la compléter, l'œuvre du moine bénédictin. Les savants historiens du xvii⁰ et du xviii⁰ siècle, Mabillon, les Bollandistes, Dom Cottron, ont rapporté textuellement et sans l'étendre, le récit de Gislebert, c'est à peine s'ils l'ont annoté de quelques courtes réflexions, précieuses pour la plupart, malgré leur laconisme.

Mʳ le chanoine Mémain a aussi consacré trois articles de la *Semaine religieuse*, en 1870, à la vie de notre saint. Ce travail, fort intéressant et très bien écrit, nous a été utile en plus d'un point. Mʳ le chanoine Blondel a également inséré un abrégé de la vie de saint Romain dans son savant ouvrage : « Vie des saints du diocèse », mais il s'est naturellement borné au récit de Gislebert, qui convenait parfaitement à son but nécessairement restreint.

On nous accusera peut-être de témérité, en nous voyant entreprendre ce que les savants n'ont pas osé ou voulu faire. Nous essaierons pourtant, parce que, depuis dix ans bientôt que nous habitons ce pays, nous gémissons de voir nos paroissiens, les compatriotes de saint Romain, ignorer son histoire ; nous nous efforcerons de leur retracer le plus exactement possible, la vie de leur saint patron.

Attendre plus longtemps, dans l'espérance qu'une plume plus habile et mieux exercée se chargerait un jour de ce travail, serait s'exposer à ne le voir jamais publier, et à laisser se perdre des souvenirs intéressants et des documents précieux.

« C'est, du reste, un devoir de faire paraître aux yeux

étonnés de nos frères, qui ne comprennent plus la forte foi des âges précédents, ces augustes figures, qui, en s'éloignant de nous, disparaissent dans l'oubli, et se recouvrent plus ou moins de la poussière inévitable des siècles (1). »

Ce devoir incombe tout spécialement aux pasteurs des âmes, quand la Providence les a placés sur les lieux que les saints ont habités et où ils ont laissé de pieux vestiges de leur existence. Ce doit être pour eux une tâche sacrée, et aussi une œuvre de zèle et d'apostolat, que de raconter aux fidèles, confiés à leurs soins, les traits édifiants, dont leurs ancêtres ont été les témoins ; et, en leur faisant connaître les grandes œuvres de leur saint patron, de le faire admirer et aimer dans les merveilles que Dieu a opérées par son entremise.

C'est donc tout spécialement pour les habitants de Druyes que nous écrivons cette vie de saint Romain ; de là, des développements que les étrangers traiteront peut-être d'amplifications. Nous avons cherché toutefois à éviter les trop longues réflexions, dont la portée échappe souvent à un grand nombre de lecteurs.

Nous n'avons rien négligé pour recueillir tous les documents qui concernent notre sujet. Sans prétendre à un travail d'érudition, nous avons passé en revue tous les auteurs, relisant vingt fois le même fait dans des ouvrages différents, avec l'espoir d'y découvrir un supplément d'information, nous avons collectionné les renseignements épars et avons même recueilli avec soin, comme aussi avec prudence, les traditions locales venues jusqu'à nous.

Un seul point a été négligé, ce sont les fouilles ; il y a pourtant lieu de croire qu'elles donneraient de bons résultats. En explorant à Druyes la Cave aux Fées, le Bassin des Sources, le Plateau de la Ville où probablement était bâti le temple païen de Teutatès, et aussi les ruines du vieux Château, on trouverait sans doute des renseignements utiles pour l'histoire profane de ce pays ; mais

(1) Le R. P. Massé, *Vie de saint Edme.*

les environs de la Grotte de Saint-Romain, l'emplacement des chapelles de Notre-Dame-de-Pitié et de Saint-
Martin, et surtout le terrain où était construit l'ancien
monastère, avec le pourtour et l'intérieur de l'église, of-
friraient bien certainement de fructueuses découvertes
et de précieux souvenirs de notre saint (1).

Avec tous les documents que nous avons pu recueillir,
nous avons reconstitué de notre mieux la belle vie de
saint Romain, au moins dans ses grandes lignes. Trois
périodes se partagent son existence : sa vie de moine en
Italie, sa vie de solitaire dans la grotte de Druyes, celle
d'abbé ou supérieur du monastère qu'il a construit.

Pour la première période, nous avons suivi Gislebert,
en ajoutant quelques développements qui sont venus tout
naturellement sous notre plume, et en y joignant aussi
quelques renseignements posthumes intéressant le culte
de notre saint. Quelques-uns de ces renseignements ont
été puisés dans l'histoire générale de l'Eglise ; plusieurs
autres, plus particuliers, nous ont été très obligeamment
fournis par le R. P. Célestin Ramella, religieux du couvent de Sainte-Scholastique, à Subiaco. C'est également
ce bienveillant fils de saint Benoît qui s'est chargé de
faire prendre les vues qui sont reproduites ici et qui aideront nos lecteurs à suivre de loin cette première partie de la vie de saint Romain.

Gislebert ne nous dit rien, ni de l'itinéraire suivi par
saint Romain pour venir en Gaule, ni de l'état de Druyes
au moment où il vient l'habiter. Nous avons regardé cet
oubli comme une lacune et nous avons essayé d'y sup-
pléer. Ce fut pour nous l'occasion de donner au lecteur
une idée de la topographie des lieux, et de refaire le tableau de l'état social, et des mœurs de la contrée, au
commencement du sixième siècle. Les ouvrages de

(1). Lors de la construction d'une grange et écurie, qui dépendent
actuellement des bâtiments de la mairie, M. Dhumez père a découvert un grand nombre de tombeaux en pierre. De même, en creu-
sant les fondations de la maison Gonat, on en a trouvé encore plusieurs. Ces tombeaux étaient en forme d'auge avec croix palmées
sur le couvercle.

l'abbé Lebeuf, de Guy Coquille, de Née de la Rochelle, et autres historiens plus modernes, comme Montalembert, Ozanam et M. Bulliot, nous ont été tout particulièrement utiles en cette étude.

La seconde période de la vie de saint Romain nous est tracée en quelques mots seulement par son premier chroniqueur. Son existence dans la grotte, sous les rochers de la montagne, « au couchant, au pied du Mont des Druides », dit une vieille chronique de Saint-Germain d'Auxerre, méritait, ce semble, plus de développements ; il convenait de rappeler aux populations du xix° siècle, les efforts et la persévérance du solitaire, pour cultiver les flancs arides de la montagne, défricher les forêts séculaires, assainir les marécages de la vallée ; comme aussi son zèle et son dévouement, pour extirper du pays les restes du paganisme, évangéliser les habitants, et leur bâtir les chapelles de Notre-Dame-de-Pitié et de Saint-Martin.

Il convenait encore de raconter moins succinctement la dernière période de son existence, alors qu'il voit tout s'animer autour de lui et que viennent à sa solitude des infirmes qui implorent son secours, des fidèles qui demandent conseils et lumières, des disciples qui veulent vivre de sa vie et l'obligent à construire un monastère, autour duquel viendront bientôt se grouper les populations du voisinage.

Pour combattre les préjugés de notre temps, il fallait montrer ce qu'était un monastère au sixième siècle, et rappeler aux habitants de Druyes ce que saint Romain avait fait pour l'assistance et l'instruction de leurs ancêtres, et aussi ce qu'eux-mêmes lui doivent encore, en reconnaissance de la salubrité rendue au pays, de l'établissement du bourg et de la construction de l'église ; autant de motifs qui ont contribué plus tard à la splendeur de ce village, et qui ont amené, au Moyen-Age, la construction du superbe château-fort des ducs de Nevers.

De tous ces points très intéressants pour nous, le savant bénédictin qui habitait Saint-Remi de Sens, n'avait cure ; aussi, il s'est montré très sobre de détails ;

mais les auteurs locaux déjà cités nous ont aidé puissamment. Nous avons eu recours tout spécialement au
grand travail de M. de Montalembert sur les moines
d'Occident, et nous n'avons pas hésité à lui faire de nombreux emprunts qui seront certainement très goûtés du
lecteur.

Le rôle de l'apôtre et du propagateur de la règle bénédictine méritait d'arrêter un instant le narrateur ; il de-
vrait intéresser les archéologues Auxerrois, comme les
habitants de la contrée. Nous espérons qu'un jour viendra où les historiens répareront leur oubli, et on peut
dire leur injustice, à l'égard de saint Romain.

Nous sommes plus riche en documents, quand nous
arrivons au voyage de saint Maur dans les Gaules, et à
sa visite à Druyes ; ici l'auteur du xiᵉ siècle est prolixe
de renseignements ; il n'a eu, du reste, qu'à copier le
travail de Faustus, contemporain et compagnon de route
du disciple bien-aimé de saint Benoît. Nous avons rapporté nous-même ce récit tel qu'il est donné dans Gislebert et dans la plupart des auteurs, sans nous arrêter à
la querelle des chronologistes, relativement à la fête de
Pâques, l'année de la mort de saint Benoît.

L'année du décès de saint Romain est également difficile à préciser, les historiens variant de 542 à 547. Nous
avons adopté l'année 543, qui est la plus généralement
admise et la plus conforme aux traditions bénédictines,
comme aussi à celles du diocèse.

Les saints ne meurent pas en quittant la vie présente,
leur mission se continue au-delà du tombeau, leurs reliques vivent encore pour perpétuer leur prédication et
nous assurer leurs bienfaits. C'est ce qui arriva pour
saint Romain. Cette même main, qui planta au milieu de
nous l'arbre sacré de la Rédemption, n'a pas cessé, du
haut du ciel, de le défendre et de l'affermir contre les
coups de la tempête, et, si la croix nous couvre encore et
nous protège toujours de son ombre divine, c'est à l'action
de notre saint patron que nous le devons. Notre devoir
était donc de retracer le culte de saint Romain et les diverses translations de ses reliques dans la suite des temps.

L'histoire posthume de son monastère, tranféré à
Andryes, nous a été communiquée par un ami, M. l'abbé
Bonneau, premier vicaire à la cathédrale d'Auxerre, qui
nous a aidé gracieusement en plusieurs autres recherches.

Si nous avons à déplorer l'absence de documents, relativement à plusieurs points de la vie de saint Romain,
il en est de même à propos des miracles qu'il a opérés à
Druyes, soit pendant sa vie, soit depuis sa mort. Tous les
historiens s'accordent pour dire que ces miracles furent
très nombreux et très variés ; mais ils ne nous en ont pas
donné le récit détaillé. Par contre, nous avons encore les
procès-verbaux de ceux qui eurent lieu lors de la translation d'une grande partie de ses reliques d'Auxerre à
Sens, en 876, et auprès de ces saintes reliques, dans les
églises des monastères de Vareilles et de Saint-Remi. Ces
rapports, au dire des plus savants critiques, ont une valeur historique des plus sérieuses. Nous les avons rap-
portés à ce titre, en les abrégeant un peu pour éviter les
répétitions.

Les pièces justificatives ont leur raison d'être dans
tout travail concernant l'antiquité. La plupart de celles
que nous reproduisons à la fin de ce volume sont iné-
dites. Ce devait être pour nous une raison de plus de les
publier ici, dans la crainte qu'un accident quelconque
ne vienne à les faire disparaître.

Enfin, cette paroisse possédait autrefois un office composé en l'honneur de saint Romain. « Cet office, pure-
ment local, et spécial à l'église de Druyes, décèle une
main aussi pieuse qu'habile, et il est vraiment un des offices de ce genre qui méritent le mieux d'être rendus
par la Congrégation des Rites aux églises qui les possédaient. » Nous ne saurions donc mieux terminer cette
notice, qu'en le publiant, après toutefois en avoir retran-
ché les répons qui ne sont plus en usage dans la liturgie
romaine.

La grande figure de l'éducateur de saint Benoît, du solitaire et abbé de Fontrouge (Druyes) méritait de repa-
raître au milieu de nous, sa vie d'abnégation et d'austé-

rités était digne de la vénération des fidèles, et les œuvres merveilleuses qu'il a accomplies devaient lui acquérir le respect et l'admiration de tout homme droit et juste.

« Si on nous dit que nous avons écrit cette vie avec notre cœur, nous prendrons le mot pour un éloge, pourvu qu'on veuille bien ajouter que nous l'avons écrite avec notre conscience. L'impartialité n'est pas l'indifférence et nous ne connaissons pas de biographe qui ait écrit froidement et sans amour. A l'historien aussi, il faut ces yeux illuminés du cœur qui voient mieux encore que la passion. »

Plaise à Dieu de bénir ce petit volume. Daigne saint Romain en agréer l'humble et filial hommage. Heureux, si, en le faisant mieux connaître, ces lignes le font en même temps plus aimer, et si elles inspirent à quelques âmes le saint désir de marcher sur ses traces, en leur montrant, comme il est dit dans la prose qui lui est consacrée, qu'il n'y a au monde qu'une science nécessaire, celle de connaître Dieu ; et qu'une prudence méritoire, celle de chercher le Seigneur avant tout.

> Hæc una sit scientia,
> Te, Christe, solum noscere !
> Hæc una sit prudentia,
> Te, Christe, solum quærere !

Planche n° 2

MONASTÈRE DE SAINT-ROMAIN, EN ITALIE

(État actuel)

Phototypie N.-D. des Prés

MONASTÈRE DE SAINT-ROMAIN, EN ITALIE

(État actuel)

MONASTÈRE DE SAINT-ROMAIN, EN ITALIE

(État actuel)

VIE DE SAINT ROMAIN

CHAPITRE I

L'histoire ne nous dit au juste ni la date ni le lieu de naissance de saint Romain. Nous pouvons cependant, par induction, fixer cette date vers l'an 462 ou 463 de notre ère. Tout porte à croire également que ce fut à Rome, ou dans les environs, qu'il vint au monde.

Nous ne savons pas davantage ce qu'était sa famille ; cependant il nous est permis de supposer qu'elle était dans l'aisance, puisqu'elle dirigea cet enfant vers les études libérales, et nous pouvons assurer qu'elle était sincèrement chrétienne, puisque le premier soin de ces pieux parents fut d'exciter la piété chez leur fils, de sauvegarder sa vertu en l'éloignant soigneusement de la contagion du monde et en confiant son éducation à des hommes de Dieu, maîtres sûrs et éclairés.

Romain répondit admirablement aux désirs de ses
parents et aux soins de ses maîtres ; dès l'enfance,
il montra d'excellentes dispositions pour l'étude, et,
tout jeune encore, il était déjà très instruit dans les
sciences de l'époque, et en particulier dans la connaissance des règles conventuelles. Mais ce fut par
sa piété qu'il se distingua davantage ; il portait sans
cesse ses pensées et ses aspirations vers Dieu, et au
lieu de rêver, dans le monde, des succès et des honneurs, il ne désirait rien plus ardemment que d'éviter le péché et de se consacrer à Dieu dans la vie
religieuse.

Le monde, il faut l'avouer, offrait alors un spectacle bien affligeant ; la société était profondément
troublée et agitée. L'empire d'Occident était secoué
sans cesse par de brusques révolutions, les empe-
reurs se succédaient comme des rois d'un jour, au
gré d'un barbare nommé Ricimer. L'Italie, abandonnée aux fureurs des Goths, les voyait prendre
pied partout et devenir tous les jours plus menaçants.
Les Wandales venaient également, chaque année,
rendre aux Romains les maux que ceux-ci avaient
faits jadis à Carthage ; l'empire entrait ainsi dans les
convulsions de l'agonie et ressemblait, dit l'abbé
Darras, à une succession que des héritiers cupides
se partageaient d'avance sous les yeux d'un moribond.

En Gaule, la situation n'était pas moins critique ;
les Gallo-Romains ne fusionnaient pas encore avec
les barbares ; les Francs et les Germains n'avaient
rien abandonné de leur cruauté et de leur cupidité,
et c'était encore comme un fléau menaçant qu'on
les voyait avancer dans le midi de la Gaule. En face

de cette situation lamentable, Sidoine-Apollinaire se
demande si la noblesse Arverne ne doit pas s'expatrier ou se faire couper les cheveux pour aller s'enfermer dans les cloîtres. « Il y a lieu pour elle, dit-il,
de choisir entre ces deux alternatives, les seules
qui lui restent (1). »

Au moment où Sidoine-Apollinaire tenait ce langage, Romain, encore enfant, se détermine à faire
par goût ce que les jeunes Gaulois n'eussent fait que
contraints par les événements ; il laisse là les études
commencées, il abandonne les espérances d'avenir,
les promesses du monde, et, disant adieu aux siens,
il cherche la solitude et va s'enfermer dans un monastère.

Il a bientôt trouvé le lieu de sa retraite. « A cinquante milles de Rome, dit M. de Montalembert, au
Sud-Est, dans ce massif de montagnes où l'Anio
creuse la gorge profonde qui sépare la Sabine du
pays habité autrefois par les Eques et les Herniques,
le voyageur, en remontant le cours de cette rivière,
arrive à une sorte de bassin qui s'élargit entre deux
énormes parois de rochers, et d'où une onde fraîche
et transparente tombe, de chute en chute, jusqu'à
un lieu appelé Subiaco.

« Ce site grandiose et pittoresque avait attiré l'attention de Néron. Il y fit retenir les eaux de l'Anio
par des digues et construire, au-dessous de ces lacs
artificiels, des bains avec une villa délicieuse, dont
on voit encore les restes informes. Il y résida quelquefois. Un jour, au milieu d'une fête, la coupe qu'il
portait à ses lèvres fut frappée de la foudre, et ce

____

(1) Abbé Darras, *Histoire générale de l'Eglise*, XIII, 395.

présage avait rempli d'une terreur inaccoutumée l'âme du tyran. Le ciel avait marqué ce lieu à la fois du sceau de ses vengeances et de ses miséricordes (2). »

Quatre siècles après Néron et lorsque la solitude et le silence eurent remplacé depuis longtemps les orgies impériales, on avait bâti là un modeste couvent où quelques religieux, sous la conduite d'un abbé nommé Adéodat, s'appliquaient à la prière et au service de Dieu.

C'est là que Romain, quittant sa famille, vint se consacrer au Seigneur. « Ce lieu était merveilleusement propre à la vie religieuse, c'est-à-dire à la prière, à la contemplation, au travail, à tous les rudes exercices de la vie anachorétique. » Ce couvent est construit presque au sommet de la montagne, au milieu des rochers, dans une nature bouleversée, sauvage et poétique à la fois. En face, tout en bas, est assise la ville de Subiaco ; au-delà, à l'horizon, sont les collines qui cachent la ville éternelle. De son monastère, Romain pouvait contempler admirablement le beau ciel d'Italie ; puis il avait sous les yeux ces lacs, ce torrent, ces cascades, toute cette âpre et forte nature si bien faite pour élever l'âme et la porter vers le Créateur.

Là, Romain se donne tout à Dieu et à la prière, il se montre un sujet d'édification pour tous les religieux, sa piété est admirable, son obéissance parfaite et digne de tous les éloges, son empressement à suivre les inspirations de la grâce en font bientôt un religieux accompli. Il n'est encore qu'un enfant, et déjà il comprend la grande plaie de son époque et

(2) Montalembert, *Les Moines d'Occident,* II, 8.

s'applique à combattre en lui-même la mollesse de
son siècle ; il aime les pénitences et les mortifications, les lois sévères de la discipline religieuse et les
austérités prescrites par la règle de son couvent ne
suffisent pas à sa ferveur ; il s'impose des jeûnes
quotidiens et des macérations volontaires. Son âge le
dispense de l'office de nuit, mais il s'y astreint lui-
même et s'y rend chaque fois avec l'exactitude des
vétérans de la vie religieuse. Modèle de tous ses
frères, il fait chaque jour de nouveaux progrès
dans la voie de la perfection et dans la pratique de
toutes les vertus.

Tandis que ses anciens compagnons du monde
sont exposés aux luttes violentes du vice contre la
vertu et suivent moins les lois de la morale que les
penchants de la nature pervertie, Romain a trouvé
dans le cloître le calme et la régularité de vie, qui
sont déjà une sauvegarde contre les entraînements
de la jeunesse. La prière, presque continuelle, élève
son âme vers Dieu ; l'étude et le travail le préser-
vent des tentations violentes, et les mortifications
volontaires, en même temps qu'elles dominent sa
nature, donnent à sa volonté un noble élan vers les
grandes choses et une sainte énergie pour les accomplir.

C'est ainsi qu'à l'âge où tant de jeunes gens sont
déjà pervertis et corrompus, Romain, lui, possède
comme une seconde nature cette perfection que les
plus courageux ont tant de peine à conquérir. A
trente ans, c'est un homme parfait, un sage dans
toute la force du mot, qui va remplir une mission
providentielle et vraiment admirable.

Ce fut vers cette époque, très probablement, qu'il

fut ordonné prêtre. Ce caractère sacré, joint à la sainteté déjà acquise, excite davantage encore son zèle pour sa propre sanctification, comme aussi pour la gloire de Dieu et le salut des âmes. La Providence, qui proportionne toujours les grands remèdes aux grands maux, se préparait, dans ce nouveau ministre des autels, un apôtre qui contribuerait puissamment au salut de la société dégénérée.

La renommée de saint Romain a déjà franchi les murailles de son monastère et la réputation de sa sainteté s'est répandue dans toute la contrée. De tous côtés on accourt vers sa retraite pour solliciter ses conseils, se mettre sous la protection de ses prières et lui demander une règle de conduite. Sa vue seule portait les âmes à Dieu, et ses exemples excitaient bien des gens au mépris du monde et au désir d'une sainte vie ; un bon nombre d'hommes voulaient même quitter le siècle et s'enfermer avec lui dans la solitude.

Parmi ces recrues de la vie religieuse, il en est une qui fut sa gloire et qui restera éternellement son honneur. C'était un jeune homme de quatorze ans, du nom de Benoît, de l'illustre famille des Anicia, une des plus considérables de la Nursie. Son père, Eutrope, l'avait envoyé suivre à Rome le cours ordinaire des études libérales. Dans cette ville, Benoît vit autour de lui ses compagnons d'étude se livrer à l'entraînement des plaisirs et mener une vie fort déréglée. Comme son cœur n'avait jamais été infecté du poison du vice, et qu'il redoutait jusqu'à l'ombre du péché, ce spectacle, loin de l'entraîner au mal, le disposa, au contraire, à quitter brusquement un monde où il faisait son apparition. Il ne voulait

même plus de la science, dès qu'il fallait l'acheter
au péril de son âme.

Renonçant donc aux études, abandonnant la maison et la fortune paternelle, il résolut d'embrasser la
vie monastique. A cet effet, il se retira d'abord dans
un petit village, appelé Enfida, non loin du monastère habité par Romain.

Sans doute, Benoît avait déjà entendu les échos
qui portaient au loin la louange de Romain, peut-être
même se plaça-t-il dès lors sous sa direction. Toujours est-il qu'après un court séjour à Enfida, Benoît
s'avance davantage dans la solitude, il vient à Subiaco, et là, soit entente préalable, soit rencontre
fortuite, il trouve Romain sur sa route, il lui ouvre
son âme, lui fait part de ses projets et de sa résolution de renoncer absolument au monde.

Romain devine-t-il en ce jeune novice le futur législateur de la vie religieuse, l'immortel fondateur
de cet ordre bénédictin qui couvrira le sol de ses
monastères, et qui, durant des siècles, donnera à la
papauté tant de souverains Pontifes, tant de saints à
l'Eglise, et, au monde, tant de savants et d'apôtres ?...
Il est permis de le croire à l'empressement qu'il
montre pour son nouvel ami ; il l'encourage, en effet,
dans sa vaillante résolution, il lui promet le secret
le plus absolu et se charge volontiers de le diriger
dans l'accomplissement de ses pieux desseins.

Il commence tout de suite l'œuvre de son éducation monastique, il l'instruit des devoirs de l'état
qu'il veut embrasser, et comme son jeune élève
montre les plus ferventes dispositions, il n'hésite
pas à lui donner immédiatement l'habit religieux.

L'habit monastique, donné à saint Benoît par

saint Romain, n'était pas fait sans doute à l'image
de ceux qui sont adoptés actuéllement dans les
maisons religieuses, et cette « prise d'habit » n'eut
pas lieu non plus avec les cérémonies en usage aujourd'hui dans l'Eglise ; mais ce qui est certain, c'est
qu'elle ne fut pas faite sans prières, ni sans exhor-
tation. Romain expliqua à son élève le sens de ce
vêtement et lui donna tous les conseils nécessaires
pour diriger ses premiers pas dans sa nouvelle vie.

A l'endroit même où eut lieu cette rencontre, s'é-
lève, aujourd'hui encore, une chapelle très ancienne
qui a toujours été l'objet d'une grande vénération de
la part des fils de saint Benoît, comme aussi des habitants de la contrée. Elle est située à mi-côte de la
sainte montagne, un peu à droite du couvent de
Sainte-Scholastique, sur le chemin qui conduit au
« Sacro Speco. » (Voir planche n° 4).

Le pape Grégoire XI, en une bulle datée du mois
d'avril 1377, permit à chaque fidèle, qui ne pouvait
pas monter jusqu'au sanctuaire de Saint-Benoît, de
gagner en cette chapelle toutes les indulgences que
les différents souverains pontifes avaient déjà accordées à la sainte grotte, à la seule condition, pour
ces pèlerins, de réciter les prières prescrites.

Ce sanctuaire, connu dans le pays sous le nom de
« Sancta Crocella », était précédé autrefois d'un
atrium destiné, en cas de mauvais temps, à servir
d'abri aux pèlerins qui allaient au « Sacro Speco. »
Cet atrium a été fermé depuis et converti lui-même
en oratoire. Il est orné de belles peintures murales,
mais c'est principalement la chapelle du fond, la
« Sancta Crocella », qui est enrichie de fresques remarquables, dont plusieurs rappellent saint Romain.

L'une d'elles le représente donnant l'habit religieux à saint Benoît ; une autre le montre lui descendant la nourriture en sa grotte.

En entrant dans ce sanctuaire, on aperçoit de suite, au fond, une colonne de marbre de près de deux mètres de hauteur ; elle est surmontée d'une très jolie statue de saint Benoît ; à la base de cette colonne, on lit : « Religionis habitum suscepit hìc S. Benedictus, sœculi vestes deposuit. » Ici saint Benoît a reçu l'habit de religion, et a déposé ses vêtements séculiers. C'est l'emplacement même de l'endroit où saint Romain l'a revêtu de la robe monastique.

C'est dans cette chapelle également que, jusqu'ici, les novices du couvent de Sainte-Scholastique avaient coutume de recevoir l'habit religieux.

Après les vêpres, toute la communauté, réunie dans la basilique du couvent, se mettait en procession, la croix en tête, derrière laquelle venait le postulant, puis les moines par rang de dignité, on se rendait à la « Sancta Crocella » en chantant le psaume : *In exitu Israël de Egypto*. A l'arrivée dans l'atrium ou première chapelle, avait lieu le lavement des pieds, avec antiennes appropriées ; puis on introduisait le jeune novice dans la seconde chapelle, et là, au pied de l'autel, il était revêtu de l'habit du monastère avec les cérémonies en usage dans l'ordre, ses habits séculiers étaient ensuite déposés au pied de la colonne où saint Benoît avait laissé les siens. Toutes les cloches sonnaient alors à pleines volées pendant que la procession se remettait en marche pour rentrer à la basilique en chantant le cantique *Benedicite,* faisant ainsi monter vers le ciel ses actions de grâce pour remercier Dieu de cette nouvelle recrue.

Avant que de poursuivre le récit des relations et de l'intimité de Romain et de Benoît, arrêtons-nous encore un instant pour nous demander si la rencontre dont nous avons parlé et dont nous avons rappelé l'emplacement fut réellement fortuite. C'est peu probable, malgré le langage des historiens.

Benoît, en fuyant le monde, n'a fait part de son projet à personne, pas même à sa famille, pas même à sa nourrice, cette seconde mère qui lui est aussi dévouée que la première, et qui l'a suivi jusqu'à Enfida. Comment alors supposer que, si peu disposé à faire des confidences, il se serait confié à un moine inconnu qu'il rencontrait par hasard sur son chemin ?... Comment croire qu'il lui aurait spontanément ouvert son cœur et communiqué ses secrets sur une simple question banale ?...

Vous me direz que la piété de Romain a conquis de suite la confiance de Benoît, que sa sainteté a captivé immédiatement cette âme ardente. C'est possible. Mais on peut se demander encore comment il se fait que Romain, à son tour, n'ait pas hésité en face d'un projet aussi difficile, en présence d'une réclusion telle que la veut ce jeune homme avide de perfection ? Comment surtout s'expliquer qu'il ait eu avec lui un habit monastique tout préparé pour en revêtir le jeune novice ?

Tout porte donc à croire que Romain et Benoît se connaissaient déjà et que, ce qui attirait ce dernier dans la direction de Subiaco, de préférence à toute autre contrée, ce n'était pas seulement le site sauvage de ce lieu, mais la réputation et l'amitié déjà acquise de Romain.

Heureuse rencontre ! Heureuse amitié !... « Si le
disciple est la gloire du maître, si le fils est l'honneur du père, si c'est un honneur et une gloire pour
Socrate d'avoir formé Platon, et pour Ananie d'avoir
guidé saint Paul, quelle gloire pour Romain d'avoir
formé Benoît, le patriarche des moines d'Occident ?
Quel honneur d'avoir été tout à la fois l'éducateur et
le nourricier de celui que la Providence destinait à
diriger le grand travail de la civilisation des Barbares et à relever la société chrétienne. N'y aurait-il
que cela dans sa vie, qu'il aurait déjà droit à la reconnaissance des peuples et à la vénération des
siècles (1). »

(1) R. P. Riblier, *Panégyrique de saint Romain, 1891.*

CHAPITRE II

Après avoir revêtu Benoît de l'habit religieux,
Romain le conduit dans la direction de son couvent, plus haut dans la montagne. Arrivés au pied
de l'escarpement, au sommet duquel se trouve son
monastère, il lui montre une immense muraille de
rochers infranchissables, et, dans ces rochers, une
grotte presque inaccessible, placée comme un nid
d'aigle au-dessus des précipices. Là, il pourra mettre
à exécution son projet, vivre ignoré des hommes et
entièrement adonné à l'oraison.

Ils auront aussi l'avantage d'être tout près l'un de
l'autre, ils pourront se voir de temps en temps, s'aider mutuellement de leurs conseils et de leurs prières.

Benoît, au fond de cette cellule improvisée, partage son temps entre la prière et la contemplation,
mais il a besoin malgré tout et de nourriture et d'encouragement.

Romain, son seul confident sur la terre, lui fournit régulièrement le pain du corps et le pain de l'âme.
Le pain matériel, il le retranche de sa portion de
moine, si modeste pourtant, il jeûnera davantage
pour donner à Benoît de quoi ne pas mourir de faim.
Ses encouragements et ses conseils, il les puise dans
sa foi et sa charité et il les prodigue à son ami avec
non moins de générosité que de dévouement.

Il est bien certain que, pendant des années, Romain ne s'est pas contenté de fournir à Benoît un
peu de pain pour nourrir son corps ; il n'a pas abandonné son âme à elle-même après l'avoir si bien en-
couragée et aidée dans sa noble entreprise ; il dut visiter de temps en temps le jeune reclus, lui apporter
ces paroles du cœur, ces communications intimes,
spirituelles, si propres à entretenir la piété.

L'historien, il est vrai, n'est pas entré dans ces
détails ; il nous dit seulement que Romain fut fidèle
à ses engagements, que son dévouement ne connut
pas l'inconstance, que les difficultés ne l'arrêtèrent
jamais ; si le rocher est à pic et la grotte d'un accès
très difficile, il trouve le moyen de communiquer
quand même avec son élève ; si le temps dont il dispose est trop court pour se hasarder lui-même dans
l'escarpement de la montagne, il invente un procédé
ingénieux pour diminuer en quelque sorte la distance : il prend un petit panier d'osier qu'il attache
au bout d'une longue corde, il dépose dans ce panier
la nourriture qu'il a réservée pour son ami, il sus-
pend au-dessous une petite clochette dont les tinte-
ments avertiront le solitaire de venir recevoir un
pain en quelque sorte descendu du ciel.

C'est ainsi que, pendant trois ans, notre héros,

soutient son protégé. Mais le démon est furieux de la piété de Benoît et du dévouement de Romain ; il comprend tout ce que pourront faire dans la suite deux saints de cette trempe ; il cherche donc tous les moyens d'arrêter cet élan vers le bien et ces relations entre les deux amis ; il est convaincu que s'il pouvait empêcher Romain de transmettre à la grotte les provisions du pieux solitaire, celui-ci, découragé, abandonnerait bientôt sa retraite, ou bien, privé de tout aliment, il y trouverait la mort et l'oubli. Quel succès pour cet ennemi des âmes, s'il pouvait se défaire ainsi de celui qu'il prévoit déjà devoir être le civilisateur des Barbares, et, on peut dire, le nouveau conquérant de l'Europe.

Le démon s'embusque donc dans une anfractuosité du rocher ; là, il attend l'arrivée de Romain, et, lorsque celui-ci descend vers la grotte la provision ordinaire, cet esprit malin lance avec force une énorme pierre contre le panier, la clochette est cassée, les provisions vont tomber au fond du précipice.

Cependant ce petit succès de l'ange déchu n'arrête en rien la ferveur et la charité de nos deux saints, ils jeûneront un peu plus ce jour-là ; mais Romain n'en continuera pas moins fidèlement ses services journaliers, jusqu'au jour où Dieu, satisfait de la piété de l'un et de la charité de l'autre, aura décidé que le noviciat de Benoît est suffisant, et qu'il est temps de produire à la face du monde l'élève de Romain, et d'en faire l'apôtre de la civilisation nouvelle.

En effet, le jour de Pâques de l'an 497, Benoît vit arriver à sa grotte un prêtre, à qui Dieu lui-même avait révélé sa retraite. Après avoir prié en commun, les deux serviteurs de Dieu s'assirent et parlèrent des choses du ciel, puis ils prirent ensemble leur réfection.

Quelques jours après, des pâtres, qui gardaient leurs troupeaux dans le voisinage, aperçurent de loin le solitaire à travers les broussailles qui fermaient l'entrée de sa caverne, et, comme il portait une tunique de peau, celle même que lui avait donnée Romain, ils le prirent tout d'abord pour une bête sauvage et s'approchèrent avec mille précautions, mais en arrivant à la grotte, ils comprirent bien vite qu'ils avaient devant eux un anachorète, et, à ses discours et à ses efforts pour faire pénétrer dans leur cœur la grâce de la piété, ils reconnurent un grand serviteur de Dieu.

Remplis d'admiration pour sa parole, ils revinrent chaque jour l'entendre. Les fidèles d'alentour ne respectèrent pas davantage la solitude du moine, ils lui apportaient, comme son charitable bienfaiteur, de quoi nourrir son corps, et lui demandaient en retour le pain de la parole divine.

A partir de ce moment, l'affluence des fidèles à la grotte de Subiaco, ne fit que croître avec le temps. Déjà, avant l'arrivée de Benoît, la foule accourait au monastère pour consulter Romain et solliciter le secours de ses prières ; elle montre un nouvel empressement, maintenant qu'elle sait y trouver deux saints au lieu d'un.

Loin de moi la pensée de diminuer l'appréciation de l'histoire sur le futur législateur de la vie monastique ; je ne puis m'empêcher de croire, cependant, que, si les foules se pressent vers Benoît, c'est qu'elles ont la certitude de trouver là, avec les élans sublimes

de sa foi et les exemples héroïques de ses vertus,
l'expérience incontestée et la haute sagesse de son
éducateur. N'oublions pas que Benoît n'avait encore
que dix-sept ans quand il fut découvert dans sa retraite, et, par conséquent, sa ferveur ne saurait le
dispenser à cet âge d'un guide tutélaire.

Les deux amis vécurent encore pendant quelques
années l'un à côté de l'autre, ils se voyaient fréquemment, s'entretenaient ensemble des choses de
Dieu, s'entr'aidaient mutuellement de leurs prières
et travaillaient peut-être déjà à la réforme de l'ordre
monastique et à la rédaction de ce chef-d'œuvre admirable qu'on appelle la règle de saint Benoît.

Nous sommes réduit ici aux hypothèses, l'histoire
ayant gardé un silence presque complet sur cette
période de la vie de saint Romain, qui précède son
départ d'Italie ; sans doute, l'existence régulière du
cloître se prête peu aux variétés de la chronique.
Cette vie toujours uniforme se passa indubitablement, comme toute vie monastique saintement pratiquée, à prier, à méditer, à travailler.

Cette vie du cloître, que le monde croit triste et
mélancolique, est bien au contraire la vie paisible et
heureuse par excellence. Il suffit d'entrer dans une
communauté, pour se convaincre que les religieux
ont trouvé ici-bas la joie et la félicité à un degré inconnu du reste des hommes ; au lieu de la mélanco-
lie, on trouvera partout une paix profonde, une
sainte gaieté, un pur bonheur. « Oui, le bonheur,
ce don si rare et si désiré, règne sans partage dans
les monastères. »

« Disons encore que la longévité des moines a toujours paru remarquable. Leur vie se prolonge sans

s'attrister, ils savent l'art de conserver et de sanctifier la vieillesse, toujours si triste dans le monde,
surtout dans nos sociétés modernes, où une activité
dévorante et toute matérielle paraît devenir la première condition du bonheur.

« Dans le cloître, on voit la vieillesse toujours,
non seulement chérie, écoutée, honorée par les
jeunes gens, mais pour ainsi dire supprimée et remplacée par cette jeunesse du cœur, qui persiste chez
tous à travers les glaces de l'âge, comme le prélude
de l'éternelle jeunesse de la vie bienheureuse (1). »

- « Qu'on cesse donc de s'apitoyer sur toutes ces
prétendues victimes du cloître, et de nous représenter ces fantômes, créés par la fausse histoire et la
fausse philosophie, pour servir de prétextes aux préjugés et aux violences qui maintiennent dans le
monde tant d'âmes faites pour une vie meilleure,
tant de victimes réelles de la plus cruelle des op-
pressions (2). »

On appréciait bien différemment la vie religieuse
à l'époque de saint Romain et de saint Benoît. Aussi
nous voyons les nobles, les patriciens de Rome accourir à Subiaco, y amener leurs enfants et confier à
l'homme de Dieu le soin de leur éducation.

Equitius remet ainsi entre les mains de Benoît son
fils Maurus (saint Maur), adolescent de grande espérance, qui devint plus tard le coadjuteur de son
maître, celui-là même qui fut envoyé en Gaule et
vint à Druyes visiter saint Romain.

Le patrice Tertullus amenait en même temps son

(1) Montalembert, *Les Moines d'Occident*, Introduction, LXXXII.
(2) *Item*, CII.

fils Placide, encore enfant. Avant eux, une foule de
disciples avaient sollicité déjà l'honneur de se consacrer sous sa direction au service de Dieu.

Pour leur donner asile, Benoît fut contraint de
fonder, dans le voisinage de sa retraite, douze monastères peuplés chacun de douze religieux, ayant à
leur tête un abbé qu'il choisit lui-même.

« Laïques et clercs, Romains et Barbares, vainqueurs et vaincus, affluaient également, attirés par
la renommée de ses vertus et de ses miracles. Pendant que le célèbre Théodoric, à la tête de ses Goths,
jusqu'alors invincibles, détruisait le royaume éphé-
mère des Hérules, s'emparait de Rome et dominait
l'Italie, d'autres Goths venaient chercher la foi, la
pénitence et la discipline monastique sous les lois de
Benoît. A sa voix, ils s'armaient de la faux et de la
cognée, et employaient leur robuste énergie à extirper les broussailles et à défoncer le sol, que le désert avait reconquis depuis Néron (1). »

Saint Romain eut-il un rôle à remplir dans l'établissement de ces douze monastères? Plusieurs ont
pensé que, dans cette circonstance, il avait prêté sa
collaboration à son cher disciple, devenu désormais
son maître, et qu'il avait été choisi par Benoît pour
être abbé de l'un de ces monastères, qui portait alors
le nom de Saint-Blaise, nom qui fut changé en celui
de Saint-Romain, en souvenir du séjour de notre
saint et de la direction qu'il y aurait donnée.

Il nous serait fort agréable de pouvoir, nous aussi,
attribuer à saint Romain une part active dans cette
œuvre si importante ; mais nous devons à la vérité de

____

(1) Montalembert, *Les Moines d'Occident*, II, 14.

dire qu'on n'en a aucune preuve, ajoutons bien vite
que nous n'en croyons rien ; pour nous, notre conviction
est que saint Romain avait déjà quitté l'Italie, lors
de la fondation des douze monastères de Subiaco. Il
travaillait alors, sous un autre ciel, et avec non moins
d'ardeur que son cher disciple, à propager la vie
anachorétique.

Sans doute, le monastère de Saint-Blaise prit ensuite
le nom de Saint-Romain ; mais c'était celui-là
même où il vivait avant l'arrivée de Benoît, et, parce
qu'il était trop petit pour loger douze moines, saint
Benoît le fit rebâtir sur un plan plus étendu.

Rien n'indique que saint Romain ait été supérieur
ou abbé de ce monastère après sa reconstruction par
saint Benoît. Il y a encore aujourd'hui, à Subiaco,
plusieurs de ces couvents habités toujours par les fils
du Patriarche des moines d'Occident, ils n'ont aucune
trace de souvenirs ou de tradition à ce sujet ;
bien mieux, ils croient, comme nous, que saint Romain
était déjà en France lors de leur établissement.

Le nom de Saint-Romain aura donc été donné au
monastère de Saint-Blaise en souvenir du séjour
qu'il y avait fait précédemment. Il peut très bien se
faire, du reste, que notre saint ait été abbé de ce
même monastère, mais à une époque antérieure à sa
reconstruction par saint Benoît ; il a pu très bien
succéder à Adéodat avant son départ d'Italie ; le discours
d'adieux qu'il adressera bientôt à ses frères,
au moment de les quitter, semble indiquer, en effet,
un homme revêtu d'une dignité en ce couvent.

Ce monastère de Saint-Romain, à Subiaco, existe
encore aujourd'hui, du moins en partie, mais ce
n'est plus qu'une sorte d'ermitage, composé de

quatre pièces et d'une petite église adossée au couvent ; cette église, dédiée à saint Romain et à saint Blaise, fut reconstruite (1) au commencement du xii° siècle et consacrée par Mainfred, évêque de Tivoli, en 1110 (2). (Voir planche n° 2).

La communauté du « Sacro Speco » y va deux fois l'an, chanter la messe ; s'il fait beau temps, toute la ville de Subiaco y monte pour vénérer le saint ; mais, lors même que le temps n'est pas favorable, un bon nombre de familles se font un devoir d'être fidèles à ce pieux pèlerinage.

Les religieux de Subiaco tiennent beaucoup à ce sanctuaire vénéré. Ayant vu récemment ce monastère spolié et mis à l'encan par le gouvernement italien, ils l'ont racheté au prix des plus grands sacrifices.

On conserve aussi religieusement la grotte où saint Benoît vécut pendant trois ans nourri par saint Romain. Depuis près de quatorze cents ans, elle est le rendez-vous des pèlerins du monde entier, les papes l'ont enrichie de précieuses faveurs. Au xvii° siècle, on y a érigé une superbe statue en marbre blanc, œuvre de Bernini, représentant saint Benoît

(1) Auparavant, un abbé Martin Gerbert, auteur de plusieurs ouvrages très applaudis, avait déjà fait restaurer cette chapelle de Saint-Romain, comme l'atteste une plaque de marbre érigée en 1772.

(2) Une autre plaque de marbre, scellée également à l'intérieur de la chapelle, atteste cette consécration. On y lit : In nomine D^ni N^i Jesu Christi. Anno ab incarnatione ejusdem millesimo centesimo decimo, quarta indictione : XV Kalendas Novembris, die S. Lucæ ; dedicatio hujus ecclesiæ ad honorem B. confessoris Romani, et B. Blasii, mart., ab episcopo Tiburtino, Mainfredus nomine, Temporibus Paschalis II papæ ; Præsidente quoque cenobio S^ti Benedicti, et Sanctæ Scholasticæ, abbate Joanne, et hoc peractum est, annuente Deo, cum summo labore indigni sacerdotis et monachi Franconis. — Deo gratias.

assis sur un bloc de pierre, il prie en regardant une croix de bois. Au-dessus de sa tête, dans une cavité de la roche, on voit le panier que lui descendait saint Romain.

« On y conserve aussi avec soin la clochette que saint Romain plaçait au bout de la corde pour avertir saint Benoît, lorsqu'il lui descendait sa nourriture. Cette clochette est cassée, fendue par le démon, furieux du dévouement de saint Romain (1). »

A côté de cette grotte, on a construit le monastère de Saint-Benoît, appelé le « Sacro Speco. » En face, on a bâti une église de cinq étages, dont le chevet arrive précisément à la sainte grotte ; cette église, véritable basilique, est couverte intérieurement de fresques exécutées par tous les artistes italiens, depuis le ixe jusqu'au xviiie siècle. Juste au-dessus de la grotte, s'élève une tour très haute adossée aux parois du rocher. C'est à la pointe du rocher qui domine cette tour que saint Romain venait de son monastère, pour, en se penchant au-dessus de l'abîme, faire glisser le panier aux modestes provisions. (Voir planche n° 3).

« C'est de cette montagne, de cette caverne, dit M. de Montalembert, que sont issues ces légions de moines et de saints, dont le dévouement a valu à l'Eglise ses conquêtes les plus vastes et ses gloires les plus pures. Là sont venus, là viendront encore tous ceux à qui Dieu inspirera la force d'ouvrir de nouvelles voies ou de restaurer l'antique discipline claustrale (2).

(1) Lettre du R. P. Célestin Ramella.

(2) Treize siècles et demi après saint Benoît, un autre fondateur, un autre patriarche, venait de ce même diocèse où saint Romain

« Tous y reconnaissent le site sacré, que le prophète Isaïe semble avoir montré d'avance aux cénobites, par ces paroles d'une application si merveilleusement exacte : *Attendite ad petram unde excisi estis, et ad cavernam laci de quâ præcisi estis.* Rappelez-vous le rocher d'où vous avez été tirés, et la grotte d'où vous êtes sortis.

« Il faut plaindre le chrétien qui n'a pas vu cette grotte, ce désert, ce nid d'aigle et de colombe, ou qui l'ayant vu, ne s'est pas prosterné avec un tendre respect devant le sanctuaire d'où sortirent, avec la règle et l'institut de saint Benoît, la fleur de la civilisation chrétienne, la victoire permanente de l'âme sur la matière, l'affranchissement intellectuel de l'Europe, et tout ce que l'esprit de sacrifice, réglé par la foi, ajoute de grandeur et de charme à la science, au travail, à la vertu (1). »

devait bientôt aller porter la flamme du dévouement religieux. Le R. P. Muard, avec deux de ces premiers disciples, à la suite de saint François d'Assise et de milliers d'autres saints ou personnages célèbres, visitait ce site sauvage dont les âpres beautés étaient dignes de rivaliser avec les solitudes du Morvan.

A l'exemple de saint Benoît et de saint Romain, les nouveaux religieux voulurent faire leur noviciat dans ces lieux à jamais sanctifiés par les plus grands souvenirs, dans cette grotte, où s'était enseveli tout vivant un descendant des anciens patriciens de Rome, et qui avait été le berceau de l'ordre monastique en Occident. Par un effet remarquable de cette circulation divine qui, dans le corps de l'Eglise, porte la vie du centre aux extrémités, et la ramène ensuite des extrémités au centre, le même diocèse, qui avait reçu saint Romain dans le monastère de Druyes, renvoyait ses enfants au berceau même de l'ordre bénédictin pour en renouveler la sève et lui inoculer une nouvelle vie. (Abbé Mémain, *Semaine religieuse* de Sens, 21 mai 1870).

(1) *Les Moines d'Occident*, II, page 12.

CHAPITRE III

Persécution violente en Italie. — Dieu en révèle la cause à saint
Romain et lui ordonne de partir pour la Gaule. — Ses adieux à
ses frères en religion.

La divine Providence, qui dispose toutes choses
avec sagesse, se choisit des hommes pour en faire
les instruments souvent inconscients de sa volonté,
et suscite autour d'eux les événements qui doivent le
mieux favoriser l'accomplissement de ses desseins.

C'est ainsi qu'après avoir prédestiné saint Romain
pour former le futur civilisateur des Barbares et l'or-
ganisateur de la société nouvelle, Dieu veut maintenant faire de lui un agent des plus actifs de cette
régénération en notre pays. Et pour le déterminer à
porter ici la semence de la vertu et de la vérité, il
permet que Romain soit atteint, ou sérieusement
menacé, par une persécution violente, qui le force
à s'expatrier.

Déjà au IVe siècle, Dieu s'était servi d'un exilé,
saint Athanase, l'hôte, l'ami et le disciple du grand
patriarche des cénobites d'Orient, saint Antoine pour

implanter la vie monastique dans les Gaules ; de
même, au commencement du vi° siècle, il se sert
encore de la persécution pour confier à l'ami, maître
et disciple du patriarche des cénobites d'Occident,
la mission de faire connaître la nouvelle règle qui va
réformer et coordonner les monastères gaulois.

« Vers cette même époque, dit Gislebert, la tourmente d'une persécution très violente grondait en
Italie. Les Goths, les Alains, les Wandales mettaient
tout à feu et à sang. On vit alors les églises renver-
sées, les monastères détruits, les villes saccagées,
les maisons désolées, les châteaux ruinés, les hommes massacrés par troupes innombrables et le sang
humain coulant à flots de toutes parts (1). »

Les historiens ont naturellement cherché à quelle
époque pouvait s'appliquer ce tableau lamentable,
à quelle date on devait fixer cette persécution, qui va
être pour saint Romain sinon la cause, du moins
l'occasion d'émigrer en notre pays.

Trois dates ont été mises en avant : le temps des
guerres des Goths et de Bélisaire, 535 à 538 ; les
dernières années du règne de Théodoric, 524 à 526 ;
l'époque qui suivit presque immédiatement la découverte de Benoît dans la grotte de Subiaco, 498 à
502.

Disons d'abord que l'auteur de la vie de saint Romain semble vouloir raconter un fait contemporain
de l'époque où il nourrissait Benoît dans sa retraite ;
d'autre part, le pape saint Grégoire le Grand, qui a
écrit la vie de saint Benoît, et qui, jusque-là, nous
parle de saint Romain, garde désormais le silence

____

(1) Bollandistes, 22 mai, *Vita sancti Romani.*

Planche n° 3.

Phototypie E. L, des Prés

MONASTÈRE DU SACRO-SPECO.

Construit en avant de la grotte de Saint Benoît

sur son compte. Tous deux semblent donc indiquer son émigration vers l'an 500 de notre ère.

Mais, parce qu'il est dit que les Goths, les Alains, les Wandales étaient les auteurs de cette persécution, certains historiens, entre autres Mabillon, Dom Cottron, ont reporté jusqu'en 535 et même en 538 l'époque de son départ d'Italie. Ils oubliaient que saint Romain aurait eu alors soixante-douze ou soixante-quinze ans, et que cet âge avancé ne lui permettait guère d'entreprendre un pareil voyage, dans les conditions où les voyages se faisaient alors ; que surtout il eut été trop âgé pour vivre ensuite en solitaire, habiter une grotte froide, dans un pays dont la température est beaucoup plus rigoureuse qu'en Italie ; que, du reste, il ne lui serait pas resté suffisamment de temps pour opérer ici les œuvres qu'il venait y accomplir.

Ce ne fut pas non plus à la fin du règne de Théodoric, bien que les deux dernières années de cet empereur arien reproduisent assez exactement le tableau tracé par Gislebert. On vit alors le prosélytisme arien et persécuteur se donner libre carrière, sous l'influence d'Eutharic, son gendre ; Théodoric avait d'abord interdit aux Romains le droit de porter des armes ; il menace ensuite de massacrer tous les catholiques de son royaume ; puis il détruit l'église de Saint-Etienne ; il emprisonne le pape Jean et le laisse mourir de faim et de soif en son cachot ; et, comme ce n'est pas assez pour satisfaire sa haine de sectaire, il fait égorger, sans forme de procès, les hommes les plus illustres du Sénat. Enfin, excité par un juif auquel il a donné toute sa confiance, et dont il a fait son secrétaire, il porte, le mercredi 26 août

526, un décret ordonnant que le dimanche suivant, 30 août, les Ariens hérétiques envahiraient toutes les églises catholiques. Mais la Providence veillait ; le décret était à peine signé et promulgué, que l'empereur fut frappé subitement, comme Arius, l'auteur de son hérésie, d'un mal étrange qui l'emporta en trois jours ; il mourut dans des souffrances atroces, le jour même qu'il avait fixé pour l'envahissement et le pillage des églises catholiques.

A cette époque, saint Romain avait déjà soixante-trois ou soixante-quatre ans ; c'était bien tard pour entreprendre ce qui lui restait à faire. De plus, comme nous l'avons dit déjà, on ne s'expliquerait pas le silence de l'histoire sur son compte, s'il fut resté encore à Subiaco pendant vingt-huit ou vingt-neuf ans après le noviciat de saint Benoît. Ce silence serait surtout incompréhensible à l'époque de la construction des douze monastères.

Ce départ a dû avoir lieu, comme l'insinue son historien, vers l'an 501 ou 502. C'est l'avis de plusieurs hagiographes, entre autres de M. le chanoine Blondel, dans sa *Vie des Saints du Diocèse* (1). C'est également l'avis des bénédictins de Subiaco et du Mont-Cassin, dont le prieur, Dom Ambrogio Amelli, répond à notre question que cette date est de beaucoup préférable et lui paraît la vraie.

Notre conviction était donc déjà faite sur ce point chronologique, quand il nous arriva un témoignage sérieux en faveur de cette date. C'est un passage du « Chronicon Sublacense », où il est dit à propos du départ de saint Romain, « qu'il s'est éloigné de Subiaco

______

(1) *Vie des Saints du diocèse de Sens et Auxerre*, p. 116.

« et a gagné la Gaule au temps d'une cruelle persécu-
« tion des Ariens contre les catholiques. Je crois,
« ajoute l'auteur de cette chronique, que cette per-
« sécution fut celle qui éclata après la mort du pape
« Anastase, et à l'occasion de l'élection de son suc-
« cesseur ; elle débuta à Rome et s'étendit bientôt à
« toute l'Italie : ce fut pendant quelque temps une
« affreuse guerre civile, dans laquelle les cruautés
« et les massacres étaient exercés surtout contre les
« prêtres. Elle commença vers l'an du Sauveur
« 498 (1). »

La mort du pape Anastase arriva le 16 novembre
498, l'élection du pape Symmaque eut lieu six jours
après, le 22 novembre ; mais la persécution qui
débuta aussitôt n'atteignit toute sa violence qu'au
mois de septembre 501, lors du troisième concile
réuni sous ce pape. Il est donc très probable que ce
fut alors, ou peu après, que saint Romain quitta
l'Italie. Les faits désolants, énumérés par son historien, prouvent que la persécution sévissait depuis
quelque temps déjà et même qu'elle avait accompli
son œuvre de destruction. Ce ne fut donc qu'à la fin
de l'année 501 ou au commencement de 502, à la
suite des cruautés plus violentes de cette triste
époque, que notre saint émigra d'Italie en Gaule.

Le *Liber Pontificalis* dit, en effet, à propos de l'an-
tipape Laurent et du concile réuni à Rome en l'an
501, que Festus et Probinus, tous deux consulaires,
promoteurs du schisme et soutiens de l'intrus, rem-
plirent alors la ville de Rome et toute l'Italie de
meurtres et de carnages. Chaque jour quelques clercs

(1) *Chronicon Sublacense,* édition 1885, p. 17.

tombaient sous le poignard des assassins. Les fidèles, qui communiquaient en public avec le pontife légitime, avaient la tête tranchée. Les veuves et les vierges étaient chassées de leurs maisons ou de leurs monastères, on les dépouillait de leurs vêtements et on les flagellait honteusement dans les rues. La cité était devenue un véritable champ de bataille, où l'on ne cessait d'égorger les catholiques fidèles (1). Le pape Symmaque est attaqué en plein jour dans les rues de Rome, en se rendant au concile ; une foule énorme l'accompagne cependant pour le protéger, et malgré tout, ce n'est que par miracle qu'il échappe à la mort.

Les partisans d'une date postérieure pour l'émigration de saint Romain nous objecteront peut-être que son historien attribue aux Goths, aux Alains, aux Wandales la persécution qui le décide à s'expatrier, et non pas à une lutte intestine et schismatique. Nous répondrons qu'il n'est pas surprenant que ces violences et ces meurtres soient attribués aux Goths et aux Wandales, puisque Festus avait soudoyé à prix d'argent ce qu'il y avait de plus violent parmi les barbares, alors répandus dans l'empire, pour les jeter contre les orthodoxes ; d'autre part, ces barbares se montraient d'autant plus audacieux, cupides et cruels, qu'ils avaient l'appui des consuls et d'une grande partie du Sénat ; ils en profitaient pour piller impunément et semer de tous côtés l'incendie et la mort.

La date que nous énonçons a seule l'avantage de concilier les textes anciens en apparence contradic-

____

(1) Darras, *Histoire générale de l'Eglise,* XIV, 53.

toires : celui de Gislebert, qui indique une époque rapprochée du temps où Romain nourrissait Benoît dans la grotte, et celui de la légende bénédictine qui prête à notre saint plusieurs années (1) de séjour à Subiaco après ces services rendus. En l'an 501, c'est bien, en effet, la même époque, tout en ayant près de cinq années d'intervalle entre les deux faits. Saint Romain était alors dans la force de l'âge, il n'avait que trente-neuf ans, il pouvait entreprendre un long et pénible voyage et recommencer une nouvelle existence plus laborieuse encore que la première.

La cause de ces meurtres et de ces dévastations explique même davantage la tristesse du saint moine et les prières qu'il ne cesse de répandre devant le Seigneur, en lui demandant « de jeter les yeux sur son Église, qu'il s'est acquise au prix de son sang, et de ne pas permettre qu'elle tombe sous le joug des nations barbares, mais qu'au contraire, Dieu veuille bien la conserver exempte de maux en témoignage de son nom (2). »

Comme il passait les jours et les nuits en prière, pour obtenir enfin le bienfait de la paix, une certaine nuit, pendant qu'il priait avec plus de ferveur encore qu'à l'habitude, il apprit par révélation d'en Haut, que ces événements étaient dans l'ordre de la Providence, et que toute la contrée avait été ainsi livrée aux impies, par suite des justes, mais secrets jugements du Seigneur ; que la sentence portée par Dieu ne pouvait être révoquée que par lui ; qu'il ne devait donc pas en concevoir

(1) Pluribus abhinc elapsis annis, Romanus in Gallias transmeavit, Brév. Bened., 22 mai.

(2) Acta sanctorum, 22 mai.

un si vif chagrin, mais plutôt glorifier le Seigneur, qui règle tout selon la justice et dans un but salutaire, frappe et guérit, blesse et cicatrise, et inflige des châtiments aux pécheurs pendant cette vie, pour qu'ils ne périssent pas dans l'éternité (1).

En outre, Dieu lui ordonnait de quitter l'Italie et de se rendre dans les Gaules pour y répandre partout la semence de la parole divine et donner à tous l'exemple d'une sainte vie (2).

La plupart des historiens modernes et des archéologues rationalistes n'aiment pas trouver le surnaturel dans leurs recherches, et, s'ils le rencontrent, alors, sans autre forme de procès et de leur propre autorité, ils le suppriment.

Nous en avons une preuve dans une note sur saint Romain communiquée à la Société des Sciences de l'Yonne (3), où il est dit à propos de notre saint : « que, *dégoûté* du spectacle que présentait alors l'I-« talie, déchirée par la guerre des Goths et de Béli-« saire (530-535), il *prétendit* avoir reçu de l'Esprit-« Saint l'ordre de se rendre dans la Gaule, pour « laquelle il partit *avec plusieurs compagnons,* précé-« dant de quelque temps saint Maur, le premier in-« troducteur en ce pays de la réforme bénédictine. « Après *avoir erré quelque temps*, il s'établit dans un « endroit du pagus Auxerrois appelé Fons-Regius, « que les Bollandistes et les auteurs des « Acta « sanctorum ordinis Benedictini » nomment par er-« reur Fons-Rogus, Fontrouge. C'est Druyes. Là, il « bâtit un monastère où il put donner l'hospitalité à

(1) Acta sanctorum, 22 mai.
(2) *Item.*
(3) Séance du 2 mars 1884.

« saint Maur, il mourut *avant* saint Benoît, vers 543.
« Les Bollandistes se trompent grossièrement en at-
« tribuant (??...) à l'invasion des Wandales et des
« Alains en 406 le départ d'Italie de saint Romain,
« car saint Benoît ne naquit qu'en 480. Malgré l'o-
« pinion de l'abbé Lebeuf, je crois que saint Romain
« de Font-Druyes et saint Romain de Sollago (Su-
« biaco) ne sont qu'un seul et même personnage (1). »

J'en demande bien pardon à l'auteur de cette note,
mais il aime trop la vérité historique pour ne pas me
permettre plus d'une rectification. A part le mot de
la fin sur l'identité de saint Romain, et la réflexion
géographique sur Druyes, il y a autant d'erreurs que
de lignes en ce rapport.

Je ne dirai rien de la date émise relativement à
l'émigration de saint Romain (535) ; cette opinion a
été prise dans Dom Cottron, elle pouvait donc paraître soutenable.

Mais nous n'avons lu nulle part, excepté dans le
Bulletin de la Société des Sciences de l'Yonne, que saint
Romain soit parti avec plusieurs compagnons. Pour
nous, nous ne lui connaissons, en fait de compagnons, que son bon ange et son bâton de pèlerin.

Nous ne savons pas qu'il ait erré quelque temps
avant d'arriver ici ; sans doute, il lui a fallu faire le
trajet à petites journées, car on ne voyageait pas
alors en train express. S'il n'était parti qu'en 535 et
s'il avait passé trois ou quatre ans en pérégrinations
diverses, il n'était plus jeune lors de son arrivée à
Druyes ; et il ne dut pas y faire un long séjour, si,
comme M. le rapporteur, on le fait mourir *avant*

(1) *Bulletin de la Société des Sciences de l'Yonne*, 38e volume,
page 428.

saint Benoît, ce qui, d'ailleurs, est contraire au dire de tous les historiens.

Disons aussi en passant que saint Romain a été attristé, mais pas précisément *dégoûté* du spectacle qu'offrait alors l'Italie ; de là, ses prières prolongées nuit et jour. Il est bien certain que les meurtres, les pillages, les persécutions dont souffraient alors les fidèles, n'étaient pas faits pour le réjouir, il était chrétien et patriote, et, à ce double titre, il ressentait vivement les maux de l'Eglise et de sa patrie. Cependant s'il est peiné, il se montre également résigné à la volonté de Dieu et soumis à la divine Providence qui récompense les hommes et les peuples comme ils le méritent.

Là où M. le rapporteur de la Société des Sciences en prend à son aise avec l'histoire, quand il s'agit des saints, c'est lorsqu'il insinue que saint Romain, voulant sans doute échapper au vilain et dangereux milieu dans lequel il se trouvait, « *prétendit* avoir reçu de l'Esprit-Saint l'ordre de se rendre dans la Gaule. » M. le rapporteur n'aime pas le surnaturel, sans doute, il ne croit pas que Dieu puisse communiquer sa volonté aux hommes. Mais alors il lui faut déchirer toutes les vies des saints, et l'Evangile avec elles.

Vous n'admettez pas que ce soit sur un ordre d'en Haut que saint Romain ait quitté l'Italie pour venir en France, mais vous croyez bien qu'il a abandonné sa famille, sa demeure, sa patrie, pour venir habiter ici, y vivre d'abord en solitaire, n'ayant pour palais qu'une grotte froide et humide, pour couche qu'une pierre dure, pour nourriture qu'un pain grossier, assaisonné de quelques légumes ou arrosé simplement de l'eau de nos sources. Or, je vous le demande, lequel des deux faits est le plus extraordinaire, et, disons le mot, le plus surnaturel?

Tous deux sont des faits historiques, et les croyants ont le droit de vous demander compte de la facilité avec laquelle vous adoptez l'un et repoussez l'autre. Pourquoi se permettre de couper en deux les documents de l'histoire et de n'en présenter qu'une moitié?... « La physionomie d'un fait, comme celle d'une époque, n'est vraie qu'autant qu'elle est complète ; la scinder, c'est la travestir, et, au lieu d'un portrait, il ne vous reste plus entre les mains qu'une caricature. »

Saint Romain, réellement inspiré du ciel, se dispose à obéir de suite aux injonctions divines, il estime qu'un chrétien n'a pas le droit de discuter avec le souverain Maître, et, en bon serviteur qu'il est, il veut mettre immédiatement à exécution l'ordre d'en Haut. Ni la longueur du voyage, ni les difficultés de la route ne l'arrêtent un instant, la perspective de l'inconnu ne l'épouvante pas ; Dieu le veut, cela lui suffit.

Dès le matin qui suit cette vision, il convoque ses frères en religion, et, quand tous sont réunis, il leur adresse le discours suivant, dont son historien nous transmet le texte :

« Mes frères et mes maîtres, vous, la douce lumière de mes yeux, gages les plus chers de mon amitié et de mon bonheur, écoutez-moi, moi le serviteur du Christ, moi l'ami et le compagnon de votre sainte communauté.

« Vous voyez de quels maux le monde est accablé, de combien de désastres il est écrasé. Partout la tristesse, partout la terreur et la mort sous toutes les formes. Ne croyez pas que ces événements soient dus au hasard, ils sont produits comme une manifestation évidente de la colère de Dieu.

« En effet, la patience divine, aigrie par les péchés des hommes, s'est tournée en fureur, sa mansuétude s'est changée en sévérité, et cependant, s'il y a quelque chose qui doive nous surprendre, c'est que Dieu montre encore de la tolérance, en infligeant aux pécheurs un châtiment moindre que celui qu'ils méritent, et ne consume pas des feux de la foudre la terre aujourd'hui remplie de crimes, comme il le fit autrefois pour les habitants de Sodome et de Gomorrhe.

« Cependant, frères bien-aimés, nous ne devons pas gémir des châtiments du monde, puisque nous savons qu'il s'est attiré lui-même ces fléaux mortels ; car le Christ nous a promis une autre vie, dont l'assurance demeure impérissable et immuable, une vie sans fin et exempte de douleur, une vie pleine de joie, une vie qui est comme un banquet au milieu d'une paix inaltérable, une vie où l'immortalité est heureuse et où la béatitude est immortelle, une vie, enfin, où règne une éternelle sécurité et une éternité mêlée d'aucune crainte.

« Puisque nous comptons tous sur cette autre vie, nous ne devons pas nous affliger outre mesure des malheurs de celle-ci ; mais plutôt attendre notre prochaine délivrance, la tête haute et le cœur rempli d'espérance.

« Si Dieu m'eut permis d'agir selon mes désirs et de vivre selon ma volonté, j'aurais préféré, mes très chers frères, affronter avec vous tous les dangers du siècle, j'aurais voulu unir mon courage au vôtre pour supporter ensemble tous les événements heureux et malheureux, vivre avec vous patiemment, mourir avec vous délicieusement.

« Mais, comme l'homme n'est pas le maître de sa voie, comme sa direction appartient à Celui qui dispose toutes choses avec la plus grande sérénité, je vous en prie, ne veuillez pas me retenir. Dieu m'ordonne d'aller dans les Gaules, je dois obéir. Il faut marcher. Je vous demande seulement de garder de moi un bienveillant souvenir, attendu que, de mon côté, tant que je vivrai, je vous porterai toujours dans mon cœur et dans mes entrailles comme il est permis et convenable.

« Que le Dieu tout-puissant vous entoure de sa sainte garde, et qu'après vous avoir arraché à ce présent siècle pervers, il vous donne le salut dans son royaume céleste ! Et qu'à moi, son faible et humble serviteur, il m'accorde de vous y accompagner et de vous y voir sans confusion ! » (1)

Ce langage, dicté par l'esprit de foi et empreint de résignation et de sainteté, nous montre saint Romain s'élevant au-dessus des évènements malheureux, pour ne voir dans les calamités qui affligent son pays, que les terribles représailles de Dieu contre un peuple obstiné à le méconnaître. Avec le Psalmiste, il adore la main du Seigneur qui frappe avec une verge de fer, couvre le monde de ruines, renverse les multitudes et les écrase pour les humilier et les sauver.

Sur ces mots, ajoute son historien, ayant pris

____

(1) Acta sanctorum, 22 mai.

congé d'eux, il se mit en route, « à peu de frais, inconnu au monde, mais inscrit parmi les citoyens du ciel. » Il quitte, non sans regrets, sa chère solitude, il revoit pour la dernière fois ces rochers, ces montagnes, ces torrents, si souvent témoins de ses prières ; et, jetant un suprême regard au loin sur la Ville-Eternelle en ce moment si agitée, il s'achemine, sans rien emporter, vers le pays où Dieu l'appelle.

Le lecteur s'étonnera, sans doute, de ne trouver dans ce discours d'adieux aucune allusion à saint Benoît ; c'est qu'alors celui-ci pouvait être déjà au couvent de Vico-Varo, à quelque distance de Subiaco ; en tout cas, il n'habitait pas le monastère de Saint-Blaise, où vivait saint Romain. Nul doute, cependant, qu'avant de partir, saint Romain ne soit allé voir et embrasser son élève, dont il va si utilement publier au loin la renommée et propager la règle monastique.

Planche n° 4.

Phototypie N.-D. des Prés

VUE DE LA SAINTE MONTAGNE

En bas : Ste-Scholastique et la Sancta Crocella. — Plus loin dans les arbres : le Sacro Speco. —
Au dessus à gauche : St-Blaise, le couvent de St-Romain

CHAPITRE IV

On se demande naturellement quel itinéraire
dut prendre saint Romain pour venir d'Italie en
Gaule et par quel chemin il passa pour arriver jusqu'à Druyes. Il est impossible de l'établir histori-
quement, les nombreuses recherches que nous avons
faites, pour retrouver les traces de ce passage, sont
restées infructueuses et personne ne s'étonnera
qu'après quatorze siècles de distance, les souvenirs de ce passage aient disparu. Il convient
d'ajouter que son voyage ne paraît pas avoir été une
marche triomphale ; il partit, nous dit Gislebert, à
peu de frais, inconnu au monde, mais inscrit parmi
les citoyens du ciel, ce qui est préférable.

Nous pouvons cependant reconstituer avec une
certaine probabilité ce voyage de notre saint. La
route la plus facile et la plus suivie alors, pour venir
d'Italie en Gaule, était le col du Petit-Montjou, pas-

sage aujourd'hui connu sous le nom du petit Saint-Bernard. C'est le mont le plus abaissé de toute la chaîne des Alpes. Il conduit du val d'Aoste dans la vallée de l'Isère.

C'est là qu'était passé, cinquante-trois ans auparavant, le grand évêque d'Auxerre, saint Germain, allant à Ravenne solliciter la clémence de l'empereur Valentinien et de sa mère Placidie, en faveur d'une peuplade révoltée de la Gaule. Le saint évêque mourut dans ce voyage, après avoir demandé que son corps fut ramené à Auxerre. Son clergé, averti miraculeusement du décès, se met immédiatement en route pour aller chercher la dépouille mortelle, il prend sans hésiter ce même chemin ; et, d'autre part, le cortège funèbre formé sur l'ordre de l'empereur pour ramener le corps prend également, en sens inverse, la même direction, si bien que les deux convois se rencontrent à ce passage des Alpes que saint Romain dut nécessairement traverser à son tour.

Quarante-deux ans plus tard, un autre ami de saint Benoît, saint Maur, son disciple de prédilection, viendra lui aussi en France pour y propager la règle bénédictine. Un de ses compagnons de voyage, Faustus, nous rendra compte, étape par étape, du chemin parcouru. Or, nous voyons cette petite caravane religieuse prendre également le chemin du Petit-Montjou ; de là, elle passe par Agaune, où elle va prier au tombeau des saints martyrs de la légion Thébaine, et s'en va ensuite s'agenouiller de nouveau dans le Jura, sur les tombes d'un saint Romain et de saint Lupicin, fondateurs d'un couvent célèbre.

Saint Romain, suivant le même itinéraire, aura sans doute fait halte à ces deux sanctuaires qui attiraient alors les pèlerins de tous les pays. Si, du reste, on veut bien convenir que de la Gaule Romain devait entretenir une correspondance avec Subiaco, et plus tard avec le Mont-Cassin, il ne sera pas défendu de penser que l'itinéraire de saint Maur a pu être tracé et fourni par lui, et qu'il n'aurait été que la reproduction du sien.

Arrivé au passage des Alpes, saint Romain se dirigea donc vraisemblablement sur Martigny et Saint-Maurice, appelé alors Agaune, où s'élevait un sanctuaire fameux en l'honneur des saints martyrs qui ont illustré ce pays par l'effusion de leur sang. « Ce sanctuaire était situé à l'entrée du principal passage des Alpes, dans un des plus beaux paysages du monde, là où le Rhône, après avoir fourni la première étape de sa course, s'échappe des gorges du Valais, pour aller précipiter ses eaux bourbeuses dans le limpide azur du lac de Genève. Là, saint Maurice et ses vaillants compagnons avaient mieux aimé être égorgés que d'aller massacrer les chrétiens engagés dans la grande insurrection nationale des Bagaudes, contre l'effroyable oppression de la fiscalité et de la conscription romaine. Leurs reliques y avaient été recueillies et déposées dans une église plus d'une fois écrasée par les éboulements des rochers qui se déchirent à peine pour laisser passer le fleuve impétueux (1). »

Cette basilique était très fréquentée à cause des miracles qui s'y multipliaient. Saint Germain d'Au-

____

(1) Montalembert, *Les Moines d'Occident,* I, 280.

xerre y était venu et avait obtenu des reliques des
saints martyrs. les avait rapportées en sa ville épiscopale où il avait fait bâtir une église en leur honneur.

Au temps où saint Romain dut arriver à Agaune,
le monastère était dirigé par un saint abbé du nom
de Sévérin. Les vertus surnaturelles et la piété
exemplaire du bon religieux l'avaient rendu célèbre
au loin et vénérable pour tous. Il se montrait, dit
son historien, plein d'affabilité pour les visiteurs et
pour tous ceux qui venaient lui demander un conseil
ou une consolation.

Saint Romain y fut donc reçu en ami et traité en
frère par saint Sévérin ; peut-être eut-il par la suite
occasion de revoir le saint abbé et même de lui
rendre l'hospitalité qu'il en avait reçue, lorsque,
quatre ans plus tard, saint Sévérin fut appelé à
Lutèce (Paris) par le roi Clovis, atteint depuis deux
ans d'une fièvre lente qui faisait craindre pour sa
vie. Le saint, en se rendant à cet appel, passa par
Nevers, où il accomplit un miracle éclatant. N'est-il
pas permis de penser, qu'en allant de Nevers à
Paris, il aura tenu à saluer, peut-être même à visiter celui qu'il avait reçu avec tant de bienveillance ;
les saints ont vite fait de se lier d'amitié, l'amour
de Dieu étant un excellent ciment de la charité.

Si nous continuons d'attribuer à saint Romain l'i-
tinéraire suivi plus tard par saint Maur, nous le ver-
rons aller d'Agaune à Condat, célèbre monastère,
dans le Jura, un des plus illustres de l'Occident. On
y cultivait les lettres latines et grecques. Ce monastère avait été fondé par un homonyme de notre
saint, un autre saint Romain, qui était mort quatre

ou cinq ans avant la naissance de l'ami de saint
Benoît. Notre pieux pèlerin ne put passer tout près
du tombeau de son saint patron sans aller implorer
ses lumières et sa protection ; on peut même croire
que cette visite influencera son avenir, car il est à
remarquer qu'il reproduira bientôt dans sa propre
existence plusieurs traits de la vie de son saint homonyme.

L'abbé de Condat, vers l'an 501, était Eugendre,
sous l'autorité duquel ce monastère était devenu la
première école de la Séquanie et l'une des plus célèbres de la Gaule.

Après avoir prié sur le tombeau de saint Romain
de Condat, notre voyageur reprit sa marche vers le
pays où Dieu l'appelait, il gagna sans doute la voie
romaine d'Autun, dut s'arrêter dans cette ville, au
tombeau des saints martyrs autunois, où notre grand
saint Germain aimait à prier, et où Dieu l'avait fa-
vorisé d'un pieux dialogue avec saint Cassien, sur le
tombeau duquel il était agenouillé. Là également le
grand évêque d'Auxerre avait guéri une jeune fille
infirme, qui lui était présentée par ses parents et
dont les doigts étaient tellement repliés dans la
paume de la main, que les ongles avaient pénétré
dans les chairs et n'étaient arrêtés que par les os.

D'Autun, saint Romain dut suivre la voie romaine
d'Orléans, en passant par Château-Chinon, où l'é-
glise est dédiée à un saint Romain, diacre, puis
prendre la vallée de l'Yonne. En passant près de
Corbigny, il aurait pu, un an plus tard, se rencontrer avec un saint prêtre du diocèse d'Autun, nommé
Eptade. Clovis, ayant entendu parler de ses vertus,
avait demandé à Gondebaud, roi des Burgondes, de

permettre qu'il sortît de son royaume pour devenir évêque d'Auxerre. Ce saint prêtre, effrayé de cet honneur, s'enfuit dans les bois du Morvan pour éviter l'épiscopat.

Mais, en l'an 501, le siège de Saint-Pèlerin était encore occupé par saint Censoire (1), évêque éminent, formé de bonne heure à l'étude des belles-lettres, renommé par ses vertus, par la ferveur de sa piété et la fermeté de son caractère. Ce fut sous son pontificat et sur ses instances que Constance, prêtre de grand talent, publia la belle vie de saint Germain, qui a si puissamment contribué à la renommée de notre grand évêque d'Auxerre.

Au moment où saint Romain va arriver au terme de son long voyage, on peut se demander pourquoi Dieu l'envoie en Gaule plutôt qu'en tout autre pays de l'Europe, et pourquoi, parmi les contrées de la Gaule, saint Romain choisit de préférence l'Auxerrois et Druyes?... Il convient, ce me semble, de répondre à cette triple question, avant de montrer notre saint en sa nouvelle résidence.

La religion catholique faisait en Gaule, à cette époque, des progrès rapides et considérables ; le souvenir des grands thaumaturges, saint Martin et saint Germain, avait attiré sur elle l'attention des peuples ; déjà elle apparaissait, aux yeux de tous, comme un pays de grand avenir. Il n'y avait que cinq ans que Clovis avait reçu le saint baptême, à Reims, mais sa conversion et celle de plus de trois

____

(1) M. Quantin, dans sa description des Saintes-Grottes, d'après Dom Fournier, fait mourir saint Censure ou Censoire en 500. Nous avons cru devoir suivre ici l'opinion de l'abbé Lebeuf et de M. le chanoine Blondel, qui le font mourir seulement en 502.

mille de ses guerriers francs avait donné un nouvel
élan à la foi chrétienne, son exemple avait provoqué
bientôt un nombre considérable de conversions nouvelles ; Clovis, du reste, était alors la seule tête cou-
ronnée qui fût vraiment catholique, et il se montrait
plein de zèle et de dévouement pour la propagation
de la foi véritable.

A cette même époque, sainte Geneviève était à l'a-
pogée de sa gloire ; Dieu manifestait par de nombreux prodiges la sainteté de sa servante, et les
peuples accouraient sur son passage pour être témoins de ses miracles. La renommée de sa haute
vertu se propageait de tous côtés et avait même
franchi les limites de la Gaule. De la Syrie, saint
Siméon Stylite faisait demander de ses nouvelles et
se recommandait à ses prières (1).

Cette merveilleuse transformation de la Gaule,
quelques années seulement après l'invasion des Barbares, était due surtout aux saints évêques d'alors,
dont le nombre et les vertus allaient toujours en augmentant. On admirait, à la fin du ve siècle et au
commencement du vi^e, saint Prosper, d'Orléans ;
saint Remi, de Reims ; saint Loup, de Lyon ; saint
Césaire, d'Arles ; saint Grégoire, de Langres ; saint
Avit, de Vienne ; saint Claude, de Besançon ; saint
Léon et saint Héracle, de Sens ; saint Censoire,
d'Auxerre, et vingt autres qu'il serait trop long de
citer.

Pour propager la foi chrétienne, détruire l'hérésie,
maintenir la discipline ecclésiastique et s'animer de

___

(1) M. le chanoine Blondel, *Vie des saints des diocèses de Sens et
d'Auxerre*, 198.

plus en plus au parfait accomplissement de leurs imposantes fonctions, les évêques des Gaules se concertaient souvent entre eux et tenaient de fréquents conciles. Tout annonçait donc déjà la mission de ce grand peuple ; sans doute, le pays n'était pas encore entièrement converti, les campagnes surtout restaient adonnées à l'idolâtrie, les paysans, plus attachés à leurs superstitions, ne voulaient pas abandonner le culte de leurs ancêtres.

Cette dernière métamorphose sera l'œuvre des moines. Déjà des monastères étaient élevés de tous côtés. Dès le IVe siècle, saint Martin avait fondé près de Poitiers l'abbaye de Ligugé et aussi celle de Marmoutiers, près de Tours ; il avait également, dans ses nombreux voyages, établi de place en place des « celles », petits monastères, où il laissait quelques religieux chargés de maintenir et de continuer son œuvre ; plusieurs de ces « celles » étaient devenues de véritables couvents. Saint Germain avait également fondé, près d'Auxerre, un monastère dédié à saint Côme et saint Damien, qui prit plus tard le nom de saint Marien. De toutes parts on se préparait à en élever de nouveaux, saint Romain ne contribuera pas peu à leur établissement par ses prédications et ses exemples, et aussi par la règle qu'il vient faire connaître en France.

On ne s'étonne plus, en présence de cette situation, qu'il ait été envoyé et attiré dans la Gaule, de préférence à tout autre pays, et qu'il y soit venu chercher la retraite et la paix.

Pourquoi, maintenant, l'Auxerrois ?

Ce pays venait d'être conquis par Clovis, il était un des plus tranquilles de la Gaule, puisque Sidoine

Apollinaire y envoie un diacre de son diocèse qui veut éviter les Barbares ; c'est donc une contrée favorable à la vie religieuse que désire mener notre saint.

Il y avait surtout, pour attirer le serviteur de Dieu, le souvenir de saint Germain. Rien de plus attrayant, en effet, pour l'amener dans l'Auxerrois, que la réputation extraordinaire du grand évêque ; ses nombreux miracles l'avaient fait connaître partout, et notamment en Italie ; son voyage à Ravenne où il mourut, les ovations continuelles qu'il y avait reçues, les miracles quotidiens qu'il y avait accomplis, entre autres la résurrection du fils de Volusien, premier secrétaire du patrice Sigiswult, avaient confirmé sa haute renommée dans la patrie de saint Romain ; notre saint avait été bien souvent émerveillé de tout ce qu'il entendait dire du saint évêque d'Auxerre ; il était donc tout naturellement porté à venir dans son diocèse et à s'établir non loin de son tombeau.

A cette même époque, la reine Clotilde, la pieuse épouse du roi Clovis, faisait bâtir sur ce tombeau une basilique, à la place de la modeste église construite par saint Germain lui-même en l'honneur de saint Maurice. Nous avons dit déjà que saint Censoire, successeur de saint Germain, venait d'obtenir du prêtre Constance, qu'il publiât la vie merveilleuse du saint évêque d'Auxerre. Tout donc proclamait au loin la réputation de saint Germain.

Et puis, dans ce diocèse, il y avait alors une grande contrée presque inhabitée, qui s'appellera plus tard la Forterre et la Puisaye, et qui était couverte de forêts séculaires ; là, on conserve le souvenir du martyre de saint Pèlerin, premier évêque d'Auxerre ; c'est là aussi qu'est le tombeau de saint Prix et de ses nombreux compagnons, nouvelle légion chrétienne massacrée pour sa foi ; là encore vivait, il y a une douzaine d'années seulement, un pieux moine, saint Marien. Et la contrée est toujours embaumée du parfum de ses vertus.

Dans cette contrée, saint Romain trouve un endroit qui lui rappelle Subiaco. Ce ne sont plus, il est vrai, les torrents impétueux, les précipices profonds, mais ce sont encore des rochers abrupts, des eaux abondantes et même alors des cascades merveilleuses (1). Il y a là, comme à Subiaco, une grotte dissimulée au milieu des rochers et des broussailles et toute préparée pour un solitaire.

Son but est donc atteint, sa mission est toute tracée, il a devant lui un vaste champ à exploiter. Saint Romain, le lecteur se le rappelle, a été envoyé en Gaule « pour y répandre la semence de la divine parole et pour y donner à tous l'exemple d'une sainte vie. » Or, nulle part ailleurs ses enseignements et ses exemples ne seront plus utiles et plus nécessaires qu'au milieu de ces populations perdues au fond des forêts, encore plongées dans les ténèbres du paganisme, dont les vestiges subsistent toujours et se montrent de tous côtés par les rochers druidiques,

(1) A l'époque dont nous parlons, le pays tout entier étant couvert de forêts, comme l'atteste l'abbé Lebeuf en son histoire d'Auxerre, les sources de Druyes étaient beaucoup plus abondantes encore qu'aujourd'hui ; il suffit, du reste, de considérer un instant et d'un peu près, la longue muraille de rochers qui se dressent à pic au-dessus du bassin des sources, pour constater à sept ou huit mètres au-dessus du niveau de l'eau, une longue ligne d'anciennes sources aujourd'hui taries, la pierre a été usée par le passage de l'eau, qui tombait alors en une immense cascade, sur une longueur de quatre-vingts mètres environ.

le culte des eaux et des arbres sacrés, le souvenir et l'invocation des fées, considérées comme les protectrices et les bienfaitrices des familles.

« Arrêtez-vous donc ici, pèlerin de la Foi, suspendez votre marche, apôtre du Christ. C'est ici que Dieu vous veut, c'est ce sol que vous devez fertiliser et sanctifier par vos sueurs et vos prières ; ce sont les habitants de cette contrée que vous devez ramener à Dieu, à la foi, à la vertu. Voilà, pour vous, la terre promise, voilà la patrie d'adoption que vous avez entrevue un soir, dans une vision céleste, du sommet des Apennins ; voilà le vaste champ que Dieu confie à l'ardeur de votre zèle (1). »

(1) R. P. Riblier, *Panégyrique de saint Romain,* 1891.

CHAPITRE V

Il convient de voir, ce nous semble, ce qu'était, avant saint Romain, ce pays que les historiens appellent « Fons-Rogi » et quelquefois « Fons-Regius. » Cette dernière expression n'a jamais indiqué ici une origine royale, mais simplement chez ceux qui l'ont employée le souci de se servir d'un nom qui ait un sens. Fons-Rogi n'en a pas. C'est un nom qui resta énigmatique pendant des siècles et qui l'est encore pour la plupart des écrivains locaux. Il a donné lieu à bien des conjectures et des interprétations diverses.

Les auteurs des derniers siècles l'ont traduit par Fontrouge, et cette traduction très libre, loin d'être un éclaircissement, n'a fait, au contraire, qu'embrouiller la question. Chacun a voulu alors donner son opinion sur l'étymologie de Fontrouge ; les uns ont pris ce nom dans le sens de « Fond de terre », creusez le sol, disent-ils, la terre est rouge ; pauvre explication. Les autres ne sont guère plus heureux, quand ils le rendent par « Fontaine rouge » et nous expliquent que les sources, venant à se dessécher, dans les années brûlantes, les parois de la pierre par où l'eau sort du rocher apparaissent rouges lie de vin. Qu'y a-t-il de vrai dans cette assertion?... j'avoue ne l'avoir pas contrôlée, mais le fait serait-il exact, qu'il n'y aurait pas encore là une explication plausible, « Rogi » n'ayant jamais voulu dire rouge.

Les connaisseurs eux-mêmes renonçaient à expliquer ce nom de Fontrouge, et nous avons entendu plus d'un archéologue qui déclarait y perdre son latin et qui répondait : C'est, sans doute, une expression celtique dont le sens nous échappe et qui peut n'avoir aucune relation ni avec le latin, ni avec notre langue actuelle.

L'abbé Lebeuf a deviné la vérité (1). Il y a là, selon lui, une simple erreur de copiste, qui n'a pas été relevée par les auteurs contemporains ou postérieurs, mais, au contraire, que tous se sont appliqués à copier aveuglément, même les savants comme D. Mabillon et les Bollandistes, qui nous disent gravement que Fontrouge a été dépouillé de son nom et de sa splendeur ancienne (2).

Druyes n'a pas changé de nom le moins du monde, ce nom a simplement été tronqué par un copiste qui, ne le connaissant pas, l'a mal orthographié, il a supprimé la première lettre du second mot et a écrit *Fons-Rogi* au lieu de *Fons-Drogi*.

Ainsi s'explique le passage de la vie de saint Romain, où il est dit que notre saint vint s'établir,

(1) *Prise d'Auxerre,* p. 34.
(2) *Quod nomine ac censu spoliatum est.*

non pas à Druyes, le bourg n'existant pas alors, mais
près les fontaines de Druyes *(ad fontem Drogi)*. On
pourrait tout au plus discuter le sens du second
mot et se demander s'il vise le village qui existait au
sommet de la montagne, ou bien le ruisseau, et, par
conséquent, s'il faut dire que saint Romain est venu
s'installer aux fontaines de Druyes ou bien aux
sources de la « Druyes. »

Ce qui prouve bien encore que Druyes n'a pas
changé de nom et qu'il faut lire *Drogi* au lieu de
Rogi, c'est qu'à la fin du même siècle, cette paroisse
est citée dans les statuts de Saint-Aunaire, sous ce
même nom de *Drogus*, et, de nouveau, cent ans
après, dans le synode de Saint-Tétrice, sous le nom
de *Droga* ou *Droja*.

L'étymologie de Druyes semble venir de sources,
eaux, rivière. Nous ne mentionnerons donc que, pour
mémoire, l'opinion de Guy Coquille (1), de Née de
la Rochelle (2), et autres, qui soutiennent que Druyes
vient des Druides, que ce pays était, avec Dreux, un
centre du culte national, et qu'il y avait ici, avant
la domination des Romains dans les Gaules, un collège de Druides ; ils appuyaient cette opinion sur le
voisinage des immenses forêts qui couvraient la
contrée, et qui, par leur situation et leur étendue au
centre des Gaules, pouvaient se prêter à la célébration de leurs sanglants mystères.

L'opinion généralement admise aujourd'hui est
que Druyes a pris son nom de ses fontaines. C'était
déjà l'avis de l'abbé Lebeuf, qui écrivait à son ami
Fénel en 1743 : « Depuis que j'ai vu Dreux, je me

(1) Guy Coquille, édition Paris 1612, pages 658, 660.
(2) Née de la Rochelle (junior), vol. I, 218, 219.

« suis confirmé dans la pensée qu'il n'y avait eu de
« druidisme en ce lieu qu'un léger rapport de nom.
« *Durocassis*, son vrai nom, est comme votre *Durogia*
« ou *Druya*, du diocèse d'Auxerre, pays d'eau, pays
« de sources. Plusieurs habitants se mettraient ce-
« pendant en quatre pour soutenir que c'était où les
« druides tenaient leur chapitre, et que Chartres n'é-
« tait que leur prison. On berce en ce pays-là les
« enfants avec ces chansons (1). »

Qu'est-ce donc que ce pays dont le nom ancien et
l'étymologie sont si discutés et qui attire de si loin
le grand ami de saint Benoît? Est-ce une ville importante, ou au moins un bourg populeux?... Pas le
moins du monde. Important et populeux, il a pu
l'être autrefois, mais à une époque déjà très ancienne
et antérieure à la conquête romaine. Au moment où
saint Romain y arrive, il y a déjà cinq cents ans qu'il
ne compte plus et c'est à peine s'il est encore habité.

Il semble avoir une histoire cependant, puisqu'il
est regardé comme l'une des plus anciennes locali-
tés de la Gaule. « Il ne faut pas douter, en effet, dit
M. Cotteau, que, dès les temps les plus reculés, les
populations se soient établies ici aux abords d'admirables sources, sortant de larges bassins de roches,
au fond d'une fertile vallée, abritée par les futaies
séculaires de la forêt de Frétoy.

« Bien antérieurement à la conquête romaine,
Druyes devait être un centre assez important de population et on a tout lieu de s'étonner que les Romains n'y aient pas laissé des traces de leur passage
ou de leur séjour.

(1) *Lettres de l'abbé Lebeuf*, vol. II, p. 431.

« La ville antique d'Entrain n'est qu'à quinze kilomètres ou trois heures de marche de Druyes. Ce voisinage ne semble pas avoir attiré les Romains ; du moins la tradition est muette à cet égard, tandis que, à propos des druides, les historiens du Nivernais se sont plu à disserter sur l'étymologie du nom de cette localité (1). »

Si nous admettons, avec l'abbé Lebeuf, qu'il n'y a entre Druyes et les druides qu'une légère ressemblance de nom, nous ne pouvons cependant douter qu'il n'y ait eu ici, sinon un collège de druides, au moins quelques prêtres de la religion gauloise ; leur existence se fonde sur plus d'un souvenir de l'époque celtique.

Nous avions d'abord le rocher de Saint-Martin, qui a été détruit il y a à peine douze ans, et dont les habitants ont conservé un grand souvenir. C'était une roche considérable, très élevée du côté de la vallée et dominant un peu le sol du côté de la colline ; elle s'avançait en forme d'auvent et formait un abri hospitalier pour les bergers et leurs troupeaux, ainsi que pour les nombreux touristes curieux d'admirer, avec le site, nos sources et les ruines de notre vieux château féodal (2).

Ce rocher avait un renom dans la contrée ; au sommet, sur la plate-forme, étaient creusées plusieurs cavités contenant habituellement de l'eau,

_____

(1) *Annuaire de l'Yonne*, 1861, G. Cotteau et Victor Petit, pages 249 et 250.

(2) Cette cavité pouvait mettre à couvert jusqu'à deux cents moutons. Les parois du rocher étaient couvertes d'inscriptions ; chaque visiteur ayant soin, malgré le vieil adage, de graver son nom sur la pierre.

même en été. Trois de ces cavités, assez profondes, avaient la forme d'un pas de cheval et étaient désignées dans le pays sous le nom de « Pas de Saint-Martin », la quatrième avait été dénaturée récemment. « Il est superflu, dit le savant M. Bulliot, d'insister sur l'affectation druidique de cette roche à bassins, si bien caractérisée comme au Beuvray, à Montigny et aux autres roches de Saint-Martin échelonnées sur le passage du grand évêque (1). »

Guy Coquille et Née de la Rochelle nous assurent qu'il y avait à Druyes un bois sacré, « et près la source d'une autant belle et ample fontaine qu'on puisse voir, qu'à la prochaine issue de son bassin fait tourner deux roues de moulin, tant l'eau y est abondante et vive... sont beaux boys et en pays plat (! *sic*) et sec, qui représentent cette antiquité des sacrificateurs Ethniques, car près des temples de leurs dieux, étaient belles souches de boys, qu'ils appelaient en latin « Luci. » (2). Née de la Rochelle ajoute à cette citation de l'auteur du *Nivernois*, que ce bois sacré était tellement respecté, qu'il ne fallait pas y *tuer* de gibier, ni aucun animal protégé par les dieux, et encore moins y couper des fagots pour se chauffer (3). »

La tradition nous rapporte aussi l'existence, près du rocher druidique dit de Saint-Martin, d'un arbre sacré, un de ces chênes gigantesques et plusieurs fois séculaires, qui fut sans doute, comme ses semblables, couvert d'offrandes ; arbre qu'on n'aurait pas

(1) M. Bulliot, *Mission de saint Martin au pays Eduen*, p. 436.

(2) Guy Coquille, *Le Nivernois*, édition Paris, 1612, p. 360.

(3) Née de la Rochelle, *Mémoires pour servir à l'Histoire du Nivernois*, vol. I, p. 218.

voulu couper pour rien au monde, dont surtout on refusait de brûler les branches ; c'était là probablement le « locus consecratus » dont parle J. César dans ses *Commentaires*, le lieu des offrandes, des dépouilles prises à l'ennemi et dévouées aux dieux en plein air. C'était peut-être aussi sur ce chêne que montait le grand-prêtre druide, armé d'une faucille d'or, pour couper le gui sacré.

Jean Née de la Rochelle, avocat à Clamecy, et dont la famille était originaire de Druyes, nous dit que « la ville de Druyes est très ancienne et qu'il y avait un temple dédié au dieu Mercure ou Teutatès, ainsi qu'une habitation spéciale pour les druides, l'un et l'autre étaient bâtis sur la montagne (1) », mais il ne nous dit pas laquelle. Les génies gaulois avaient été façonnés sans doute au culte des conquérants, puisque l'*Album historique du Nivernais* nous annonce également qu'il existait un temple de Teutatès à Druyes (2).

L'existence de la *Cave aux Fées* est encore un argument sérieux en faveur du culte druidique en ce pays. C'est une grotte profonde « dans laquelle se trouvent des congélations assez semblables à celles des grottes d'Arcy, excepté qu'elles sont moins dures et moins brillantes (3). »

Cette caverne, qu'on dit tenir une grande partie de la montagne et dont l'entrée seule reste accessible, se trouve près de la grotte de Saint-Romain, à vingt ou vingt-cinq mètres au Sud ; pour y entrer,

---

(1) *Mémoires historiques du Nivernais,* 1747, p. 372.

(2) *Album hist.* II, B. 82. Bulliot, *Mission de saint Martin,* 435.

(3) Née de la Rochelle, édition 1747, 372.

on suit d'abord un couloir très étroit et qui serpente dans une fissure du rocher ; on dirait vraiment que la pierre s'est fendue complaisamment, juste pour laisser passer dans ses sinuosités un homme de moyenne grosseur.

Mais à peine a-t-on fait quelques pas que, l'obscurité aidant, on est saisi d'une véritable frayeur à la pensée que les parois de la roche pourraient se rejoindre et vous ensevelir à tout jamais en cet antre ; ou bien qu'un de ces nombreux blocs qui forment voûte, pourraient se détacher et vous écraser subitement.

Et, en effet, quand on est parvenu à vingt ou vingt-cinq mètres dans cette gorge sauvage, on trouve tout à coup une roche échappée d'en haut depuis une quarantaine d'années et fermant l'étroit passage par lequel on arrivait à différentes salles souterraines.

Ceux qui ont pu, avant l'accident, pénétrer dans cette grotte, nous disent que dans une première salle d'une superficie de vingt-cinq mètres carrés environ, se trouve « une crèche » et un tas de moëllons ou cailloux assez petits qui ont dû y être apportés et dont la présence en cette caverne paraît bien étrange, il est assez probable qu'un examen de ces pierres pourrait fournir de précieuses découvertes ; au-delà de cette pièce, le couloir se continuerait jusqu'à une autre grande salle, située à cent cinquante mètres environ dans la direction et au-dessous de la ferme de Saint-Martin (1).

______

(1) C'est probablement cette caverne qui a donné lieu à la légende citée par l'*Album Historique du Nivernais* (II, 80), disant que les trésors des anciens seigneurs sont cachés dans un souterrain, entre Druyes et Sougères, et qu'ils y sont gardés par des dragons aux ordres de la fée qui présidait jadis aux destinées des nobles châtelains.

Quoiqu'il en soit des dimensions réelles de cette caverne, son nom de « cave ou grotte aux fées » dénote bien un souvenir de l'époque celtique. Il serait absolument étrange que cette dénomination ne soit pas une réminiscence du culte rendu autrefois par nos ancêtres gaulois à ces génies qu'on retrouve partout attachés aux rochers et aux fontaines.

Enfin, ce qui par-dessus tout a dû contribuer à faire de Druyes un pays habité et important à l'époque celtique, ce sont ses sources. Le culte des eaux était très répandu dans la Gaule et constituait, à proprement parler, avec celui du soleil, la véritable religion du peuple ; toutes les sources avaient leur sanctuaire, leur déesse. « Les fameux sanctuaires de la Seine et de ses affluents attiraient de toutes parts les pèlerins et les malades, aucune région de la Gaule peut-être n'avait pour ses sources un culte plus général et plus populaire. Tous les cours d'eau, tributaires de la Seine, étaient divinisés. Dans ce pays, chaque fontaine avait son génie, sa *dame,* sa *douée,* qui recevait les vœux et les offrandes des habitants (1). » De plus, il y avait ici cet avantage que la pierre se prêtait à la sculpture et facilitait la multiplicité des images et des idoles païennes aussi bien que des cancels ou oratoires qui s'élevaient de tous côtés sur les bords des sources.

Si ces différents souvenirs ou monuments du passé indiquent l'importance de Druyes à l'époque gauloise, s'il était un centre alors, la conquête romaine semble lui avoir été funeste et l'avoir considérablement amoindri ; peut-être a-t-il été dévasté, incendié

______

(1) M. Bulliot, *Mission et culte de saint Martin,* 56.

ou détruit d'une manière quelconque, toujours est-il
qu'on ne retrouve presque aucune trace ou souvenir
de l'époque romaine ; les conquérants qui semaient
partout sur leur passage des documents de l'histoire,
monuments, médailles, idoles, divinités, ne semblent
avoir laissé ici aucun vestige ; ils avaient cependant
une fabrique de ces idoles à Entrain. Toutefois, si nous
en croyons l'*Album historique du Nivernais*, on aurait
trouvé à Druyes deux statuettes qui pourraient venir
de cette ville. L'une n'a plus que la partie supérieure
et paraît d'un caractère exotique ; l'autre est entière
et semble, dit M. Bulliot, d'origine orientale, elle est
absolument monstrueuse, son authenticité paraît au
savant connaisseur d'autant plus incertaine que cette
représentation figure aujourd'hui encore dans les
images brahmaniques.

L'étrange magot muselé a une tête d'onagre, couverte d'un bonnet conique, quatre bras, dont deux
tiennent à la main un objet, fleur ou fruit. Une
longue tunique est serrée à la ceinture du personnage debout sur un socle artistement ouvragé (1).

Peut-on voir là un vestige des Romains ? C'est au
moins douteux. M. l'abbé Baudiau, dans son histoire
d'Entrain, nous parle d'une collection de statuettes
semblables, ou à peu près, ayant quatre bras et les
unes à tête d'onagre, les autres à tête d'éléphant. Il
croit que ces statuettes n'ont pas été fabriquées sur
place à l'époque romaine, mais qu'elles auraient été
rapportées par les vieux Gaulois de leurs expéditions
et de leurs séjours en Asie (2).

(1) M. Bulliot, *Mission de saint Martin*, page 436.

(2) Baudiau, *Histoire d'Entrain*, 26 et 28.

Pour revenir à la situation de Druyes pendant la période d'occupation romaine, s'il n'a pas été détruit par un événement quelconque, la dépopulation des campagnes et la concentration dans les villes auraient été la cause de son dépérissement. Auxerre d'une part, Entrain de l'autre, attiraient les populations qui avaient survécu à la conquête et qui, ne se sentant guère en sûreté dans les campagnes, émigraient vers les villes. Et c'est à peine s'il restait ici quelques familles de bûcherons qui demeuraient attachés au sol et aux foyers de leurs ancêtres.

Cependant, dans la seconde moitié du IVe siècle, vers l'an 375 ou 377 de notre ère, il devait y avoir ici un village habité, car saint Martin, le grand thaumaturge des Gaules, y passa dans un de ses voyages au pays Eduen.

On sait qu'il pourchassait partout les restes de l'idolâtrie, persistante dans les campagnes principalement, il s'appliquait de préférence à combattre le culte des eaux, plus tenace, sans doute, dans l'esprit des populations.

Le savant M. Bulliot, président de la société Eduenne, dans un travail remarquable (1) qu'il vient de faire paraître sur la mission et le culte de saint Martin dans le pays Eduen, nous montre le grand évêque de Tours remontant le cours de chaque fleuve, rivière, ruisseau, jusqu'à la source, et partout déterminant les populations converties à détruire elles-mêmes les temples, cancels, statues des divinités païennes encore existantes.

Saint Martin ne manqua pas, en suivant le cours

(1) Autun, librairie Jussieu ; Paris, Picard, rue Bonaparte, 82.

de l'Yonne, de venir à Druyes, où le culte des eaux
était particulièrement vivace.

Ce passage de saint Martin est établi d'abord par
la tradition locale. Elle nous dit que le saint évêque
aurait parlé du haut du rocher qui prit, à partir de ce
moment, le nom de « roches de saint Martin » ; nous
avons mentionné déjà les cavités creusées sur cette
pierre, que la légende populaire disait être l'empreinte des pas de sa monture gravée miraculeusement sur le roc, et qui n'était en réalité que les
bassins servant aux ablutions gauloises. Du haut de
cette tribune superbe, saint Martin parla aux foules
réunies de toute la contrée et assemblées au pied du
rocher. Sans doute, il réussit là comme partout
ailleurs ; le bois sacré fut coupé, ainsi que le chêne
séculaire ; le temple de Teutatès fut probablement
détruit, et c'est vraiment bien dommage que l'emplacement n'en soit pas connu ; des fouilles opérées en
cet endroit seraient apparemment très intéressantes
et apporteraient sans doute des documents nouveaux
à l'histoire locale.

La tradition mentionne aussi le passage du thaumaturge aux sources, dans le bassin desquelles il
existerait encore un « pas de saint Martin. » L'empreinte du sabot de sa monture serait restée gravée
sur la pierre pour conserver le souvenir d'un miracle
qu'il aurait fait en faveur d'une pauvre femme infirme.

Ce sont là des légendes, dira-t-on, c'est possible ;
mais les légendes elles-mêmes apportent leur témoignage en faveur de l'histoire, elles offrent un ensemble de détails qui, sans être tous également
vrais, se rattachent par le fond à un événement cer-

tain ; ce sont, si vous voulez, des témoins suspects, mais dans la déposition desquels on peut démêler quelque indice de vérité, et qu'il ne faut pas répudier systématiquement.

« La persistance du souvenir légendaire de saint Martin à Druyes est un appoint considérable en faveur de la tradition locale de sa visite ; si la légende n'eut été qu'une création de l'imagination populaire sans fond réel, sans assise historique, elle n'eut pas résisté à la dent des siècles, dans les conditions où elle se produisit. Elle eut été presque en naissant, supplantée bien vite par les faits positifs de la vie de saint Romain (1). »

Nous dirons, au chapitre suivant, ce que fit saint Romain pour conserver le souvenir de ce passage de saint Martin ; mais, dès maintenant, nous pouvons conclure que le fait existe. Druyes, du reste, était sur sa route et le but qu'il poursuivait partout devait l'attirer ici et motiver son apostolat en ce pays, de préférence à tout autre.

Telle paraît être la situation de Druyes à l'arrivée de saint Romain. En haut, le village ou petit *oppidum* perché au sommet du mamelon, comme tous les villages gaulois, composé de quelques huttes à peine habitées ; autour, quelques carrés de terre seulement sont cultivés en guise de jardins, les habitants vivant plutôt de chasse et de pêche que de culture.

En bas, les eaux considérablement plus abondantes qu'aujourd'hui et s'écoulant moins bien, à cause des bois, des broussailles ainsi que des herbes et

____

(1) *Mission de saint Martin,* p. 438.

joncs de la rivière, remplissent toute la vallée ; elles couvrent presque entièrement l'emplacement du bourg actuel et s'en vont battre les flancs du rocher au sommet duquel s'élèvera, six cents ans plus tard, le beau château féodal dont nous admirons encore les ruines.

Le reste du territoire est couvert de forêts ; les bois de Frétoy s'avancent jusqu'auprès du village et se relient avec ceux de Saint-Martin et même avec ceux du plateau d'Etais.

Les habitants sont mi-chrétiens, mi-païens ; sans doute le christianisme leur a été prêché, saint Martin surtout, avec sa réputation extraordinaire et ses miracles multipliés à chaque pas, a donné une sérieuse impulsion à la conversion de cette contrée ; mais il ne fit que passer et si, après son départ, on ne relève pas le temple de Teutatès, les cancels des fontaines sont d'une restauration plus facile et les pratiques idolâtriques, non encore oubliées, sont bien vite remises en honneur. Comment, dira-t-on, il y a plus de deux siècles que le christianisme a été apporté dans la contrée, et les populations n'étaient pas chrétiennes ?

« La Gaule, conquise en dix ans par Jules César, était loin de l'être par le christianisme après quatre siècles, et si l'on comptait des évêques dans les cités, des convertis plus ou moins isolés dans chaque *vicus*, les campagnes, ennemies du changement, présentaient un autre spectacle. Une fois qu'on s'éloignait des villes et des grandes voies romaines, qu'on entrait dans les chemins creux ombragés de chênes séculaires, qu'on pénétrait dans les cabanes des colons et des tenanciers des *latifundia,* dans les huttes des pâtres qui parcouraient les forêts du fisc, où les hauts fonctionnaires et le roi lui-même poursuivaient les faunes, on aurait cru reculer de trois siècles ; on rencontrait aux carrefours les simulacres de pierre, les arbres chargés de trophées de chasse et d'ex-voto, les cancels près des fontaines, où la foule se livrait à des ébats licencieux, lieux de repaires des démons, disait-on, chassés des villes par les saints et tellement accrédités dans l'esprit du peuple que les propriétaires chrétiens du sol n'osaient pas y toucher dans la crainte d'ameuter leurs esclaves (1). »

Nous répondrons encore, avec Ozanam : Non ! Tous les habitants ne sont pas convertis ; si les villes sont en grande partie gagnées à la vérité, les campagnes ont été plus difficiles à conquérir à la vraie religion. Les évêques, retenus par leur ministère au milieu des cités, s'en éloignaient peu, ils s'efforçaient d'y attirer les peuples des campagnes ; mais on ne les voit pas se répandre eux-mêmes à travers les villages pour instruire les fidèles, à plus forte raison pour convertir les païens. Les historiens d'alors les louent d'avoir soutenu les fidèles, d'avoir convaincu les hérétiques, mais jamais il n'est question d'avoir évangélisé les païens (2).

C'est peut-être oublier un peu vite les missions si multipliées de saint Martin, les voyages non moins nombreux de saint Germain et les merveilleux résultats obtenus par l'un et l'autre ; mais il est de fait que, si à cette époque on rencontre des saints, et même beaucoup de saints, on trouve peu d'apôtres.

(1) *Mission de saint Martin*, p. 36.

(2) Ozanam, *La Civilisation chrétienne chez les Francs*, p. 96.

Apôtre, saint Romain le sera pour le pays qu'il adopte et pour la contrée. En même temps qu'il y réhabilitera la culture, en faisant du défrichement une œuvre de piété et de civilisation ; il s'efforcera d'éclairer les intelligences et de faire prévaloir l'esprit sur la chair. Dans cette société, où la force est souveraine et la vérite méconnue, il inaugurera le règne de la foi et de la conscience, et fera briller la pure et resplendissante lumière de la sainteté chrétienne.

CHAPITRE VI

Saint Romain pénètre dans cette retraite obscure
peu visitée des vivants et où il lui sera permis d'être
tout à Dieu; il cherche, au milieu de ce chaos, un
endroit où il puisse vivre inconnu et ignoré des
hommes. Le bruit des eaux mugissantes et le site
sauvage des rochers attirent tout naturellement son
attention. En face de ces mille sources qui tombent
avec fracas de la montagne, il lui semble revoir son
cher Subiaco, et, pour compléter l'illusion, il aperçoit, au pied des rochers, au milieu d'une langue de
terre émergeant des eaux, une grotte qui lui appa-
raît comme la reproduction du « Sacro-Speco » ;
de suite, il veut, pour revivre la vie de son cher disciple, explorer cette grotte et y demeurer désormais.

Mais comment y parvenir?... En face, un lac considérable ; derrière, au-dessus, la montagne est à pic.
De chaque côté, le long du rocher, ce ne sont que

sources, torrents, chutes d'eaux et cascades, sur une longueur de cent cinquante mètres au Sud et trois cent cinquante à quatre cents mètres au Nord (1).

Notre saint, au moyen d'un long circuit, saura bien y arriver. Il pénètre dans la sombre forêt qui surplombe les sources, sans se laisser décourager par les broussailles qui arrêtent sa marche à chaque pas, en passant par des sentiers tellement tortueux et étroits, tellement hérissés d'épines qu'on peut à peine y poser un pied devant l'autre ; il arrive ainsi en haut du rocher qui domine la grotte ; il n'hésite pas à descendre l'escarpement et ce sera, au besoin, en rampant sous les branches entrelacées, qu'il parviendra à l'étroite et sombre caverne obstruée par les ronces ; s'il le faut, c'est à genoux qu'il approchera d'un tel repaire dont les bêtes fauves ellesmêmes redoutent l'entrée.

Là saint Romain trouve une grotte en forme de four, mesurant à peine trois mètres de diamètre sur un mètre cinquante de hauteur au milieu, il ne pourra donc y entrer qu'en se courbant et s'y tenir seulement assis ou à genoux (Voir planche n° 5).

« C'est bien le cas de rappeler la parole de l'apôtre parlant d'Abraham dans sa tente solitaire ; notre saint devait se reconnaître à ce texte sacré, « *in casulis habitando* », il se disait, sans doute, que peu importe le bien-être et le confortable ici-bas, si la demeure de là-haut en est plus belle. C'était là, pour

---

(1) Nous avons déjà fait observer que la contrée, étant alors couverte de bois, les sources étaient plus nombreuses et surtout plus abondantes qu'aujourd'hui ; elles étaient plus élevées et sortaient du milieu des rochers. Un examen tant soit peu attentif des lieux démontrera aux plus incrédules que nous ne sommes pas ici le jouet de l'imagination.

lui, la cabane, la cellule de l'exil où il attendrait avec confiance la fondation de la Ville éternelle dont Dieu lui-même est l'architecte. »

Son existence dans cette grotte est des plus mortifiées ; sa vie est une vie de privations, de pauvreté, de sacrifices continuels ; son temps se partage entre la prière et le travail ; il n'a pour toute nourriture qu'un morceau de pain grossier, assaisonné de l'eau des fontaines et accompagné quelquefois seulement de légumes qu'il cultive lui-même. C'est à peine s'il prend quelques heures de repos sur une légère couche de feuilles sèches. Alors, la nuit, couché sur la dure, et le jour, défendu contre toute irruption par les eaux, la montagne, d'épais ombrages et d'inabordables défilés, il s'abandonne aux délices de la prière et de la contemplation, aux visions de l'avenir céleste.

La prière, elle est sa première et sa principale occupation ; sans cesse prosterné devant le Seigneur, il implore, il supplie, il fait violence au ciel, pour ces malheureuses populations des environs, encore ensevelies dans les ténèbres du paganisme, ou peu fortifiées dans les enseignements de la foi.

La prière, c'est là sa force et son espérance, force immense, en effet, que « ces supplications toujours actives, toujours fécondes, que ces torrents de prières sans cesse versés au pied du Dieu tout-puissant ; ils allègent le poids des iniquités du monde, ils rétablissent l'équilibre entre l'empire du ciel et celui de la terre. Par sa bouche, la voix de l'Eglise montait sans relâche vers le ciel, pour en faire descendre la rosée des bénédictions divines, et en inondait toute la terre chrétienne comme d'un limon fertile, source inépuisable de grâce et de consolation (1). » S'il est vrai, comme le dit la Sagesse, que celui qui travaille prie, ne peut-on pas dire aussi que celui qui prie travaille et que ce travail est le plus fécond et le plus méritoire de tous ? Prier Dieu, dit saint Bernard, ce n'est pas être oisif, c'est la plus grande et la principale de toutes les affaires. Le nier, ce serait nier l'Évangile, puisque Notre-Seigneur Jésus-Christ lui-même a jugé cette cause et tranché cette question, quand il a pris le parti de Marie-Madeleine contre sa sœur.

Laissons donc sourire, à ce mot de prière, les libres-penseurs actuels qui ne voudraient pas s'agenouiller devant Dieu et que nous voyons si souvent prosternés devant les puissants du jour ou les riches de la terre, pour solliciter des places, des honneurs, des dignités, et n'en recueillir la plupart du temps qu'un sourire de dédain.

Rappelons-leur seulement que de plus grands, de plus savants et de plus dignes qu'eux ne craignent pas de recourir à cette toute-puissance de la prière. Nous pourrions citer bien des noms, mais, pour ne parler que de l'époque contemporaine à saint Romain, nous rappellerons seulement l'expérience que vient de faire Clovis sur le glorieux champ de bataille de Tolbiac, lorsque, voyant la victoire lui échapper et déjà son armée vaincue, il invoque le Dieu de Clotilde et immédiatement il est exaucé et victorieux.

Ah ! puissions-nous, à l'exemple de Clovis, recourir à cette arme puissante de la prière, le jour où les

____

(1) *Les Moines d'Occident,* Introduction, *Passim.*

fils des vieux Francs seront appelés sur ce même champ de bataille de Tolbiac, pour repousser de nouveau les barbares du Nord. Fasse le ciel que ce jour-là, tous les Français, unis dans la même vaillance et la même foi, invoquent encore avec confiance le Dieu de Clotilde qui est toujours le Dieu des armées, et voient de nouveau la victoire couronner leurs efforts héroïques !

N'en déplaise à nos incrédules, la prière est un besoin pour les individus comme pour les nations, et si on ne prie pas Dieu, on supplie les hommes ; eh bien, prière pour prière, j'aime encore mieux celle que les détracteurs de la religion signalent comme une marque de puérile naïveté, je préfère cette ardente confiance de l'homme de foi en Celui qui mène le monde, à ces humiliations inutiles d'un orgueilleux devant un plus orgueilleux que lui.

Le pieux solitaire de Druyes ne se contente pas de prier, ses invocations n'excluent pas le travail ; loin de là, il travaille en priant, mais aussi il continue de prier en travaillant.

Toutes les règles monastiques prescrivent le travail, non seulement le travail intellectuel, mais encore le travail manuel, extérieur ; même dans les monastères d'Egypte, où les hommes vivaient comme des anges et où le don de la contemplation était une grâce ordinaire, on maintenait le travail des mains avec une discipline exacte, non pas pour subvenir aux besoins des frères, car la charité des fidèles y suppléait, mais pour le salut de l'âme. Quelque perfection que les moines eussent acquise, il leur était impossible de contempler sans cesse les choses divines ; ils savaient, d'autre part, que demeurer un

instant dans l'inaction, c'était s'exposer à la tentation. Le travail extérieur était très propre à reposer l'esprit de l'application qu'il avait apportée à la prière et à la lecture. Aussi, il était prescrit partout et la grande maxime parmi les moines a toujours été « que celui qui est le plus occupé est en même temps le plus innocent. »

De là, cet article de la règle de saint Colomban, qui prescrit au religieux de se mettre au lit, si fatigué qu'il dorme déjà en y allant, et de se lever avant d'avoir dormi suffisamment.

La règle de saint Benoît appelle l'oisiveté l'ennemie de l'âme, elle fixe l'emploi de chaque heure de la journée, elle oblige en particulier chaque religieux à travailler de ses mains sept heures par jour. Personne n'est exempté de ce travail, pas plus l'abbé que le dernier des frères ; tous, fils de sénateurs ou d'esclaves affranchis, sont également astreints à cette loi du travail manuel.

Saint Romain se garde bien de s'en dispenser, bien au contraire ; seul encore, il entreprend un travail qui eut fait peur à toute une communauté. Nous avons dit déjà que sa grotte était au milieu des broussailles, dans un terrain depuis longtemps abandonné à lui-même. Dans le bas, une végétation spontanée avait recouvert d'arbustes, de ronces, d'épines, toute la partie de terre non submergée par les eaux ; au-dessus sont les chênes séculaires qui projettent leur ombre sur toute la vallée et en empêchent l'assainissement. Il s'agit de défricher tout cela.

C'est là une entreprise longue et difficile qui demande, pour être menée à bonne fin, toute l'énergie que donne une volonté fortifiée par la foi, et toute la persévérance qui naît de l'esprit de sacrifice.

Cette persévérante énergie ne lui fera pas défaut. Tout le terrain que lui a concédé un généreux propriétaire sera bientôt défriché, car nulle part il ne recule, nulle part il ne restitue volontairement au désert ce qu'il a entrepris de lui arracher. On le voit, au contraire, disputer aux rochers les derniers fragments du sol cultivable ; tantôt il s'attaque à la vallée inondée et réputée inaccessible, tantôt il porte sa bêche plus haut, sur la côte couverte de bois et parvient à déblayer un terrain propre à être ensemencé.

Il commence naturellement par le pourtour de sa cellule, par ce que nous appelons encore aujourd'hui le « Pré de Saint-Romain », il endigue les eaux, leur donne un écoulement régulier, arrive ainsi à assainir toute cette vallée et en forme la prairie telle que nous la voyons encore, avec cette différence qu'elle est traversée au milieu par une véritable rivière, au lieu du petit ruisseau qui la parcourt actuellement (1). Puis, s'étendant au-delà de ce cours d'eau, il assainit également et rend à la culture l'emplacement du bourg actuel.

Lorsque vous admirez ces belles et riantes campagnes fertilisées par une intelligente culture, vous demandez-vous quelquefois ce qu'elles étaient il y a quatorze cents ans ? Des déserts horribles, des

____

(1) Il y a quarante ans à peine, ce ruisseau, qui est au-dessus du grand bassin des sources et qui mesure aujourd'hui 1^m50 à 2^m de largeur, avait encore plus de quinze mètres de largeur. C'est M. Dhumez père qui l'a réduit à ses dimensions actuelles. Le chemin de fer a capté aussi une source qui l'alimentait.

forêts épaisses, abandonnées aux bêtes sauvages, des lagunes et des marais qui répandaient au loin les exhalaisons les plus pestilentielles.

C'est saint Romain, seul d'abord, puis plus tard aidé de ses moines, qui a opéré comme par enchantement cette véritable transformation et cette merveilleuse métamorphose.

C'est lui qui apporta le travail, la fécondité, la force de l'intelligence dans cette solitude jusqu'alors abandonnée aux désordres stériles de la végétation spontanée ; il passait son temps à transformer en gras pâturages, en champs soigneusement cultivés et ensemencés, un sol hérissé de bois et de halliers.

C'est au prix d'un labeur excessif qu'il rendit ce pays à la culture et à la vie. Ce qui n'empêche pas depuis longtemps quelques ignorants, n'ayant jamais rien fait de leur existence, de crier dans les estaminets que les moines sont des paresseux, et ces inutiles ne craignent pas d'ajouter qu'ils sont aussi les ennemis de la société ; sans doute parce qu'ils ne font pas prospérer, par leur consommation, le commerce de l'alcool.

Qu'ils ne viennent pas nous dire, ces censeurs, que c'était bon à l'époque de saint Romain, mais que depuis, les moines, comme le monde, ont dégénéré. Nous les invitons alors à visiter les Trappes d'Aiguebelles, de Septfonds, de La Meilleraie, de Bellefontaine, et ils nous diront s'ils connaissent des fermes-écoles, des fermes modèles comparables à ces monastères. Et puisque nous parlons de défrichage, ils n'ont, ces incrédules, qu'à s'en aller, tout près d'ici, dans le Morvan, à la Pierre-qui-Vire, et ils trouveront, là encore, une oasis au milieu du désert. Il n'y a pas cinquante ans, on n'y voyait que broussailles et rochers ; en quelques années, les rochers se sont transformés en une superbe église et en un monastère magnifique, et les buissons stériles ont fait place à de beaux jardins et de gras pâturages. Qui donc a opéré cette transformation ? un moine venant, comme saint Romain, de Subiaco et apportant dans ce même diocèse la régénération de l'ordre monastique.

De tout temps, la bêche ou la charrue, avec la croix du Rédempteur, ont servi d'enseigne et de blason à tous les moines, à ceux du vi° comme à ceux du xix° siècle, et en particulier à saint Romain. « *Cruce et aratro* », telle est la devise qui résume les premières années de son installation à Druyes.

L'influence de tels travaux et de tels exemples se fit promptement sentir sur les populations rustiques du voisinage, celles-ci venaient alors contempler les œuvres du solitaire, en admirer les résultats. De l'admiration elles passaient volontiers à l'imitation, elles demandaient même à devenir les coadjuteurs volontaires du moine, et l'aidaient à défricher, comme elles l'aideront plus tard à bâtir.

Saint Romain profite de ce sentiment de curiosité mêlé de respect, qui amène les foules à son ermitage, pour leur prêcher la vérité. Ceux qui sont déjà chrétiens se réveillent à sa parole, secouent leur indifférence et sont puissamment encouragés dans le bien ; ceux qui gémissent encore dans les ténèbres du paganisme apprennent de lui qu'on ne doit pas adorer les astres ou les éléments, mais seulement Celui qui les a créés et qui ordonne tout ici-bas. Si le soleil est puissant, les étoiles belles, la terre grande et les eaux utiles ; il est bien plus puissant, bien plus beau, bien plus grand et plus utile, Celui qui les a faits.

Ces âmes simples et droites sont touchées de ces enseignements ; elles reviennent le lendemain et les jours suivants, elles deviennent en quelque sorte les élèves du saint. Loin de les repousser, saint Romain les encourage ; aussi ce sont bientôt des populations entières qui, rassurées et confiantes, se familiarisent avec cette vallée sauvage, où les a précédés cet homme de paix, de travail et de charité.

Les uns apportent des offrandes, les autres demandent des aumônes, des prières, des conseils, tous implorent la guérison de quelque douleur du corps ou de l'âme. Riches et pauvres, grands et petits, infirmes et malades surtout accourent en foule en quête d'une vertu et d'une science également surnaturelles à leurs yeux.

Tout en répondant charitablement à la demande de chacun, saint Romain s'efforce de les instruire tous et de les amener, les uns à la connaissance du vrai Dieu, les autres à une pratique plus fidèle de leurs devoirs, celui-ci à une vie plus régulière, celui-là à une patience et une douceur inconnues jusqu'alors.

Il s'applique en particulier à les retirer des pratiques idolâtriques qui subsistaient encore. Nous l'avons dit déjà, la superstition avait conservé dans les campagnes les usages païens, les fontaines avaient leur oratoire plus ou moins luxueux, il y avait là des pèlerinages qui étaient l'occasion de fêtes, la foule s'y livrait à des ébats licencieux. On attribuait encore aux génies des eaux, aux fées, aux ondines, des vertus curatives. Une source, aujour-

d'hui disparue, semble avoir été alors tout spécialement l'objet d'un culte idolâtrique. C'est celle où les
habitants de l'*oppidum* allaient ordinairement puiser
l'eau nécessaire à leur usage ; elle était située au bas
du village d'alors, au couchant, dans le fond du val-
lon arrivant des bois de Frétoy, à l'embranchement
actuel de la rue Notre-Dame-de-Pitié et du vieux
chemin de Molesme.

Cette fontaine était, comme tant d'autres et plus
que ses semblables, divinisée aux yeux des habitants.

Il y avait là un cancel ou oratoire païen. C'était
également là, sans doute, que les habitants allaient
demander des oracles ; car, nous dit le savant M. Bulliot, c'est aux fontaines qu'on recourait en toutes
circonstances, tous les actes de la vie tombaient dans
leur domaine. L'enfant arrivait-il à la lumière ? c'é-
tait la fée de la fontaine, la Dame qui avait présidé
à sa venue, qui l'avait doué. Voulait-on savoir s'il
franchirait sans encombre le seuil fragile de l'existence ? s'il résisterait aux épreuves de la maladie ?
s'il atteindrait l'âge viril ? La fontaine, consultée au
moyen de certaines pratiques, rendait un oracle sans
appel.

Le bétail dépérissait-il ? un maléfice portait-il le
trouble dans la santé ? La fontaine avait des remèdes
pour tous les maux, des pronostics infaillibles, et, à
l'heure suprême, elle avertissait la famille du sort
du moribond (1).

Toutes ces illusions étaient profondément invété-
rées dans l'esprit du peuple, et il était aussi difficile
de l'en faire revenir que de faire admettre aujour-

---

(1) *Mission et culte de saint Martin*, p. 26.

d'hui à quelques bonnes femmes sans instruction, que le croassement d'une pie ou d'un corbeau n'est pas un indice de malheur. Saint Romain cependant parvint à faire comprendre à nos ancêtres la futilité de ces usages, il obtint, par son dévouement et les services rendus, que le culte païen fût aboli ; l'oratoire fut détruit, la déesse renversée, mutilée et probablement jetée dans la fontaine (1), laquelle fut comblée, afin de faire disparaître toute trace du culte idolâtrique et aussi tout essai de retour à ces usages condamnés.

En comblant cette fontaine, du reste, saint Romain et les habitants ne faisaient qu'obéir aux injonctions de plusieurs conciles de l'époque qui avaient ordonné cette suppression, comme unique moyen d'arriver plus sûrement à la disparition des pratiques païennes. Sur son emplacement, on construisit une chapelle qui fut dédiée à Notre-Dame-de-Pitié, et ainsi la Vierge incomparable remplaça, dans la vénération des peuples, la déesse gauloise ou la fée de la source. Et si, un jour ou l'autre, on fait des fouilles à cet endroit, on a des chances de retrouver, à l'emplacement de l'autel, une divinité gauloise, une déesse locale, une *Droga* quelconque.

Cette chapelle, qui a dû servir tout d'abord pour le culte paroissial, semble avoir été bâtie bien avant

---

(1) Les traces de cette fontaine supprimée sont encore visibles ; par les temps humides, l'eau arrive subitement en cet endroit sans qu'on aperçoive d'où elle vient, elle paraît suinter sur place. Un puits qui se trouve un peu plus haut, à une vingtaine de mètres environ, est assez souvent rempli en hiver, il n'est pas rare de le voir déborder, ce qui permet de supposer que cette source obstruée n'a pas encore suffisamment trouvé sa voie pour gagner le bassin des autres sources, qui est à peine à quarante ou cinquante mètres de là.

l'église ; elle était plus à la portée des habitants d'a-
lors, qui descendaient facilement de ce côté et qui,
à cause de la rivière et en l'absence d'un pont,
étaient obligés de faire un grand détour pour arriver
à l'emplacement de l'église actuelle, si tant est que
l'accès leur en fut possible.

La chapelle de Notre-Dame-de-Pitié a subsisté jusqu'à la fin du siècle dernier. En 1712, M. Sonnet,
curé de Surgy, chargé par l'évêque d'Auxerre de
faire un rapport sur l'état des chapelles de Druyes,
l'a visitée en compagnie de M. Archambault, curé
de la paroisse, et en présence de MM. Etienne Dejoyes,
procureur fiscal de la chatellenie de Druïe, de Jean
Rameau, R. Sellier, Trémeau et Bobin, praticien.

Ils la trouvèrent en assez bon état encore : elle
comportait six fenêtres, trois de chaque côté ; elle
était bien pavée ; l'autel était surmonté d'une statue
de la sainte Vierge (1), tenant le Christ mort sur ses
genoux ; cet autel, avec table en marbre, était revêtu
d'un dessus en damas bleu ; il y avait dans un meuble
spécial et fermant à clé les chasubles et autres ornements nécessaires pour la sainte messe ; en plus de
la statue de la Vierge, il y en avait deux autres, dont
une de sainte Anne (2).

On connaît déjà l'emplacement de cette chapelle ; ajoutons seulement que, de temps immémo-
rial, la rue où elle était située a été appelée rue
Notre-Dame-de-Pitié. Ce nom qui méritait à plusieurs titres d'être conservé, lui a été enlevé il y a

______

(1) Cette statue de la sainte Vierge a été transportée dans l'église
paroissiale où elle est placée au-dessus d'un petit autel dédié aussi
à Notre-Dame-de-Pitié.

(2) *Archives de l'Yonne,* G. 1658, Druyes.

dix ans, quand la municipalité d'alors a débaptisé toutes nos rues et les a rebaptisées avec des noms modernes. Celle dont nous parlons a pris administrativement le nom du général Chanzy, mais le langage populaire n'a pas cessé de lui donner son vieux nom chrétien.

Saint Romain construisit une autre chapelle dédiée à saint Martin, tout près du rocher qui portait son nom. Son but était sans doute de satisfaire sa dévotion personnelle envers le grand évêque des Gaules qui a été tout particulièrement honoré par les premiers bénédictins. Saint Benoît, en effet, lui bâtit une chapelle au Mont-Cassin, saint Maur à Glanfeuil, saint Romain à Druyes.

Nous croyons cependant que les pratiques idolâtriques, qui ont motivé la construction de la chapelle Notre-Dame-de-Pitié, l'engagèrent encore à construire ici ce nouvel oratoire chrétien. Le bois sacré, repoussé depuis saint Martin, et le rocher druidique étaient encore l'objet d'un culte idolâtrique ; ou au moins, depuis très longtemps, un lieu de réunion toujours fréquenté, une sorte de foire aux plaisirs licencieux (1).

---

(1) On venait là aussi pendant les grandes sécheresses et principalement au temps du printemps et des semailles d'automne ; les habitants des pays voisins y invoquaient le génie resté célèbre dans la contrée ; le druide armé de sa baguette magique agitait l'eau qui se trouvait dans les cavités du rocher, afin d'appeler l'ondée désirée ; et souvent les assistants pensaient la provoquer plus vite et plus sûrement en inondant le prêtre gaulois de l'eau qui restait dans les bassins aux ablutions. Cet usage fut christianisé en plusieurs endroits. Dans les trous qu'ils baptisèrent du nom de « pas de Saint-Martin », les paysans chrétiens versaient de l'eau bénite et l'agitaient avec un rameau de buis en faisant des prières pour obtenir la pluie ; il n'y a pas jusqu'à l'usage d'inonder le célébrant qui n'ait été conservé en certains endroits, comme moyen assuré de la faire

Saint Romain rappela aux habitants de Druyes et des environs la prédication et les miracles de saint Martin, la défense pour les chrétiens de participer aux orgies païennes, et, pour faire disparaître ces saturnales, il fit de cet endroit un lieu de prière et de pèlerinage à saint Martin. A cet effet, il construisit la chapelle qui était adossée au rocher et dont l'entrée se trouvait sur la plate-forme de la roche.

Ce pèlerinage s'est perpétué jusqu'au milieu du xvii² siècle. En 1680, cette chapelle était délabrée, « en désordre, dit le rapport de M. Chappuis, curé de Druyes, et servant de retraite aux bêtes » ; mais elle fut restaurée quelques années plus tard, et, en 1690, le 23 mai, M. Etienne Desjoyes, propriétaire, l'ayant fait rétablir de ses deniers, adressait une supplique à l'évêque d'Auxerre pour qu'il voulut y autoriser le culte ; il disait dans cette supplique que ce qui l'avait déterminé à la rebâtir, c'est qu'*elle avait été construite par saint Romain* « suivant qu'il est fait « mention dans sa vie, ladite chapelle scituée dans « les héritages du suppliant proche et sur les fon- « taines dudit lieu de druies où il y aurait eu cy « devant grande dévotion, qui aurait cessé despuis « cinquante ans, que la ditte chappelle est tombée, « ce qui aurait obligé le dit suppliant de la faire « restablir de fond en comble. De sorte qu'on y « peult dire à présent et célébrer la sainte messe, « et y aurait mesme fait mettre en propre l'image « de saint Martin, par la pure dévotion qu'il a en-

tomber plus vite (M. Bulliot, 358). L'histoire ne nous dit pas si saint Romain, en se substituant au druide, se laissa inonder ; il est probable qu'il eut accepté volontiers ce petit inconvénient, si sa patience avait dû contribuer à la conversion et à la sanctification des pauvres gens qui l'entouraient.

« vers les mêmes sainct Martin et sainct Romain,
« et pour conserver celle tant des habitants dudit
« Druïes que des lieux circonvoisins et passans,
« estant exposée sur un grand chemin.

« Ce considéré, Monseigneur, il vous plaise com-
« mettre tel prestre qu'il plaira à Vostre Grandeur,
« pour réconcilier ou bénir la dite chappelle sy
« besoing est, et de permetre au dit suppliant dy faire
« exposer un tronc pour recevoir les charités desdits
« habitants et passants, pour être employés à l'en-
« tretien de la ditte chappelle. Ce qui les obligera
« de prier Dieu pour la prospérité et santé de Vostre
« Grandeur. Et particulièrement le dit suppliant :
« signé Desjoyes. (1) »

A cette requête, monseigneur André Colbert,
évêque d'Auxerre, répondit en donnant commission
à M. Louis Davaut, curé de Taingy, « pour visiter la
chapelle, et dresser procez verbal de l'estat d'i-
celle, pour le tout à nous raporté, et veu, être ordonné ce que de raison, signé : † André, év. d'Auxerre. Et par monseigneur : De Roure. »

Le 22 octobre suivant, M. le curé de Taingy fit
son rapport : « Je Louis Davaut prêtre curé de Taingy
« me suis transporté en la parroisse dudit Druye, au
« lieu vulgairement appellé Saint-Martin, distant d'un
« demy quart de lieux du dit Druye, pour et au désir
« de la ditte commission voire et visiter une chapelle
« nouvellement réparez par le susdit sieur Desjoyes,
« où estant, j'ai trouvé La ditte chapelle bien fer-
« mant à clef, d'une porte neufve scytuée sur le
« hault d'un rocher, Distante du dit Druye d'un de-

____

(1) *Archives de l'Yonne,* G. 1658, Druyes.

« my quart de lieux, ayant au Levant pour voysinage
« une grosse métairie éloygnée d'une portée de
« fusil ; au midy et au couchant, une garenne ; et
« au septentrion, une place, dans laquelle il y a
« deux tillaux nouvellement plantez, au bort de la-
« quelle il y a un chemin, construite en figure quar-
« rée sur les vieux fondements d'une autre antienne
« dont il en reste des vestiges, d'hauteur et de lon-
« gueur au dehors de vingt cinq pieds et vingt de
« largeur, Bien enrochez et couverte de thuille
« neuve ; au dedans, de longueur de vingt pieds, et
« de seize de largeur ; la charpante est de boys neuf,
« et les chevrons à quartre à la Latte. Soubtenue
« d'une ferme de boys enclavée dans un tirant, dont
« les deux pilliers et le feste portent jusque sur les
« deux pignons ; les parois au dedans sont de douze
« à treize pieds d'hauteur, très unis et proprement
« blanchis. Eclairez de cinq jours, Dont l'un, estant
« au pignon du Levant, a quatre pieds au dessus de
« l'autel, est un grand vitral d'hauteur de quatre à
« cinq pieds, et de deux à trois de largeur, au bas du
« quel il y a une figure d'Evesque, d'hauteur de deux
« à trois pieds, et au dessoubs est l'autel d'élévation
« de quatre pieds et cinq à six de longueur, dont la
« pierre est celle qui a desjà servi à l'autel de l'an-
« tienne chapelle, à costé droit dudit autel, il y a une
« petite fenestre non fermée. Le marchepied et le
« tours dudit autel du depuis le degré pour y mon-
« ter ensemble l'endroit ou le prestre commance la
« sainte messe sont pavez de pierre Dure, le reste
« est un haire Bien unie, de terre ferme, auprès de
« la ditte porte sont des sièges de pierre élevés de
« deux pieds et un Eaubénetier de pierre de taille ;

« aux environs de la ditte chapelle, il y a de la place
« pour faire la procession ; qui est tout ce que j'ai
« remarqué et que je certiffie estre véritable. En foy
« de quoy, j'ai soussigné le présent procez-verbal tel
« an et jour que dessus : Davaut (1). »

Tels sont les débuts de saint Romain à Druyes ; il
a assaini la vallée, défriché une grande partie du territoire, christianisé la population du village et des
environs, bâti deux oratoires. Son œuvre va se par-
faire bientôt par la construction d'un monastère et
l'établissement du bourg.

(1) *Archives de l'Yonne,* G. 1658, Druyes.

CHAPITRE VII

Nous savons déjà que saint Romain avait vu les
fidèles accourir à sa grotte pour entendre ses enseignements, suivre ses conseils, mettre en pratique
ses exhortations ; à sa voix, le peuple avait abandonné le culte idolâtrique, il avait même détruit les
cancels des fontaines, mutilé les statues des divinités
païennes, et, sans doute, les avait enfouies sur place
ou précipitées dans « les abîmes des sources ». Au
lieu de faire des pèlerinages idolâtriques et de porter
leurs offrandes aux fontaines et aux fées, les populations de Druyes et des environs venaient prier avec
saint Romain aux sanctuaires de Saint-Martin et de
Notre-Dame-de-Pitié. C'est dans cette dernière chapelle que, chaque dimanche, les habitants de l'*oppidum* entendaient la sainte messe et le sermon du
saint.

Les œuvres du pieux solitaire excitent l'admiration de tous, sa réputation de sainteté se répand de plus en plus dans toute la contrée, les miracles qu'il accomplit la propagent de tous côtés, et, selon l'expression d'un ancien bréviaire de saint Germain d'Auxerre, sa renommée éclate en quelque sorte et porte de toutes parts les échos de ses vertus et de sa perfection (1).

Alors, l'affluence des fidèles augmente tous les jours. Les pèlerins viennent en foule à la grotte et aux chapelles qu'il a bâties, tous les chrétiens des environs veulent prendre conseil de sa sagesse, apprendre de lui les voies du salut.

Bien mieux, un bon nombre d'hommes ne se contentent pas de recourir à ses lumières ou de solliciter quelques prières et quelques faveurs surnaturelles ; ce n'est pas assez pour ces chrétiens plus touchés de la grâce, d'apprendre de saint Romain les règles de la vie chrétienne ; enflammés d'un saint zèle par ses instructions, entraînés par ses exemples, ils se détachent du monde et de ses biens périssables, ils lui demandent de vivre de sa vie, de les associer à son existence et de les guider dans les voies de la perfection évangélique.

Impossible de les repousser, pour beaucoup il y va de leur salut ; le saint donc, loin de les renvoyer, se montre bon et empressé pour tous, dévoué pour chacun ; malgré son désir bien sincère de vivre seul dans sa retraite, il ne peut refuser ceux qui, en venant à lui, se donnent à Dieu.

---

(1) *Festa particularia monasterii sancti Germani Altissiodorensis.* Il est dit, au 22 mai, à l'office de saint Romain : Erumpente in ipsis latabris fama ejus sanctitatis, multisque sub tali tantoque magistro Evangelicam perfectionem discere et profiteri cupientibus.....

Il lui faut donc un asile pour abriter ces recrues,
sa grotte s'entourera bien, tout d'abord, de quelques
cabanes rustiques, mais bientôt insuffisantes ; il lui
faut bâtir un monastère, c'est le vœu de tous ;
non seulement les novices le réclament, mais les
pèlerins ont besoin d'un abri, les pauvres sollicitent
un refuge, les malades implorent des soins et un
asile, tous ceux qui ont besoin d'instruction demandent une école.

Le monastère sera tout cela, une retraite pour les
moines, un asile pour les pèlerins et les pauvres, un
hôpital pour les malades, une école pour tout le
monde.

Un monastère !... Mais, dira-t-on, ce mot semble
indiquer une triste prison où viendront s'enterrer
avant le temps des intelligences jeunes, actives,
appelées à de meilleures destinées dans le monde et
à un emploi plus utile de leurs facultés dans la société. C'est peut-être là, en effet, l'idée que le monde
se fait d'un monastère, mais en cela, comme en
beaucoup d'autres points, il parle en aveugle et sans
connaître le premier mot de la cause qu'il juge.

Qui donc aujourd'hui sait ce que c'est qu'un monastère et un moine ? M. de Montalembert, qui a
écrit d'admirables pages sur les moines de tous les
âges, pose lui-même cette question, et s'écrie aussitôt : « Pour moi, je ne m'en doutais pas, quand je
commençais ce travail (*Les Moines d'Occident*), je
croyais bien savoir à peu près ce qu'était un saint,
ce qu'était l'Eglise, mais je n'avais pas la moindre
notion de ce que pouvait être un moine et un ordre
monastique ; j'étais bien de mon temps.

« Ne sommes-nous pas tous sortis du collège,

ajoute-t-il, sachant par cœur le compte des maîtresses de Jupiter, mais ignorant jusqu'au nom même des fondateurs de ces ordres religieux qui ont civilisé l'Europe et tant de fois sauvé l'Eglise (1). »

Que d'hommes, même instruits, qui sont de leur temps aujourd'hui !

Les hommes du jour n'ont entendu parler des moines que dans des articles de journaux plus ou moins ignorants de la question, passionnés contre les ordres religieux. Les feuilles catholiques ou libérales, pour les défendre, ont bien dit les services rendus par les moines aux sciences, aux lettres, à l'agriculture, « mais c'était vanter le superflu aux dépens de l'essentiel. Sans doute, il faut constater et admirer la mise en culture de tant de forêts et de tant de déserts, la transcription et la conservation de tant de monuments littéraires et historiques, et cette érudition monastique que rien ne saurait remplacer ; ce sont là de grands services rendus à l'humanité et qui eussent suffi, si l'humanité était juste, pour couvrir les moines d'une éternelle égide.

« Cependant parmi tant de fondateurs et de législateurs de la vie religieuse, pas un n'a imaginé pour but à ses disciples de défoncer la terre, de copier des manuscrits, de cultiver les arts ou les lettres, d'écrire l'histoire des peuples. Ce n'était là pour eux que l'accessoire, la conséquence souvent indirecte d'un institut qui n'avait en vue que l'éducation de l'âme humaine, sa conformité avec la loi du Christ et l'expiation de sa corruption native par une vie de sacrifice et de mortification (2). »

(1) Montalembert, *Les Moines d'Occident*, Introd. XIII et XIV.
(2) *Les Moines d'Occident*, Introd., XVI et XVII.

Le moine, c'est l'homme de Dieu ; plus que tout autre, il s'est voué au Seigneur par libre choix d'un genre de vie plus parfait ; pour lui, la nature n'a plus de lois, ni la volonté d'obstacles ; appliqué constamment à suivre les conseils évangéliques, il aspire uniquement à la perfection.

Il est aussi l'homme de l'Eglise, c'est pour Elle qu'il prie, qu'il étudie, qu'il travaille ; et, comme il s'affranchit de tout lien terrestre, comme il s'élève par la sainteté au-dessus de toute passion vulgaire, il mettra au service de l'Eglise plus de clairvoyance dans le jugement, plus d'énergie dans l'action, plus d'ardeur dans le sacrifice, plus de dévouement en toutes choses. Non pas qu'il recherche un rôle quelconque, ni qu'il s'attribue de lui-même aucune mission, il se borne à demeurer sous la main de Dieu, ne prétendant à rien, mais préparé à tout. *Ad omne opus bonum paratum* (1).

Le moine est encore l'homme du peuple. C'est vrai, de tous les temps, mais spécialement du vi[e] siècle. Les soins qu'il apporte pour initier les rustiques populations de la Gaule franque à des habitudes plus laborieuses et à de meilleurs procédés de culture le prouvent bien. Tout ce qu'il fait pour cultiver l'âme et l'élever, le démontre également.

Par leurs exemples, leurs exhortations, leur charité, les moines « creusent dans ces cœurs grossiers de profonds sillons où ils versent en abondance la semence de la vertu et de la vie éternelle », ils parlent sans cesse en faveur de la liberté de l'ouvrier, ils imposent aux maîtres de laisser la journée

______

(1) Mgr Freppel, *Oraison funèbre de Dom Guéranger*.

du dimanche et des fêtes aux pâtres perdus, avec
leurs troupeaux au milieu d'immenses forêts, et er-
rant continuellement dans les bois comme des bêtes
fauves.

Ils enseignent la véritable égalité, en rappelant aux grands et aux puissants du monde, que le
Maître de tous a méprisé les richesses et foulé aux
pieds les honneurs ; ils font mieux que de la prêcher,
ils la pratiquent ces hommes souvent issus des races
les plus nobles et les plus puissantes parmi les
maîtres et les conquérants, ils vivent dans leur monastère de la vie du peuple ; leur nourriture est celle
des paysans, ils partagent volontiers les fatigues et
les privations des habitants des campagnes, leur vie
est même plus rude encore.

Et s'il faut prendre la défense du peuple en face
du maître du fisc ou du potentat, le moine s'en va
courageusement devant les plus grands conquérants
plaider la cause des déshérités de ce monde, et ne
revient qu'après avoir obtenu plein succès. Pour le
peuple, le moine donne continuellement son temps
et sa vie.

C'est bien ce qu'avaient compris les habitants de
Druyes et des pays environnants. Dès qu'ils ont appris le besoin qui s'impose d'une maison de retraite
pour les nouvelles vocations, ils viennent avec empressement offrir leurs services et prêter leur concours pour cette construction. Tous se mettent à
l'œuvre, les uns font les terrassements, les autres
taillent la pierre, ceux-ci travaillent à la maçonne-
rie, ceux-là à la charpente ; tous veulent contribuer
à l'érection de cette maison de bien.

Tant de monde inaugure peut-être un peu bruyamment (*tumultuario opere,* dit Mabillon), la vie de silence et de retraite que devront mener là les moines ; mais, peu importe, tous les constructeurs ne sont pas des religieux soumis à la règle, et l'animation constatée prouve davantage encore l'entrain qu'ils y apportent.

Ce monastère fut bâti dans la vallée (1), en face de la grotte du saint, non loin du bassin des sources, un peu en avant de l'église actuelle, qui en était alors une dépendance, à l'endroit où s'élève aujourd'hui l'école des garçons et la mairie ; c'était un terrain concédé à saint Romain, et qu'il a eu soin d'assainir et de défricher à l'avance.

Cette construction se composait naturellement, comme toutes les constructions monastiques du temps, de plusieurs corps de bâtiments, ayant chacun leur but particulier.

Il y a tout d'abord le monastère proprement dit, l'habitation des moines, lieu cloîtré où pénètrent seuls les religieux soumis à la règle. Pour y entrer, ils doivent renoncer à tout ici-bas, quitter la famille, abandonner aux parents ou aux pauvres tout ce qu'ils possèdent ; et, ainsi détachés de tout souci terrestre, être prêts à servir Dieu jour et nuit dans la prière, la méditation et la pratique des conseils évangéliques.

Les religieux font sans cesse le sacrifice d'eux-mêmes, ce sacrifice implique surtout celui de la volonté, qui, libre et souveraine d'elle-même, abdique généreusement au jour de la profession, pour que l'âme, en s'élevant au-dessus de ses désirs et de ses passions, puisse se fixer pleinement en Dieu.

(1) In proxima valle, ad pedes montis Druidarum, juxta fontem Drogi, *Bréviaire de saint Germain.* (Manuscrit de la Cathéd. d'Auxerre).

Au moment où saint Romain fondait son monastère de Druyes, son disciple bien-aimé, saint Benoît,
donnait à ses moines d'Italie la règle qui porte son
nom. C'est un code parfait de législation monastique,
un véritable chef-d'œuvre de haut jugement, qui fait
depuis plus de treize cents ans l'admiration des
sages et qu'aucune autre règle n'a jamais dépassé.

Nul doute que saint Romain, en correspondance
constante avec son ami d'Italie, ne fut au courant de
cette œuvre et n'ait appliqué cette règle à son couvent.

Les auteurs locaux, comme Dom V. Cotron et
Pierre de Pesselière, affirment que le monastère de
Druyes était soumis à la règle bénédictine ; toutes les
traditions locales, et notamment celle de saint Germain, disent la même chose. Le bréviaire bénédictin
dit aussi que « saint Romain, ayant construit un
monastère à Druyes, y entretint avec soin les traditions monastiques, s'en fit le propagateur éminent,
et entra de suite, d'une manière admirable, dans les
intentions et les vues du célèbre patriarche que les
moines d'Occident appellent leur père et que saint
Romain nomme son élève (1). »

Le monastère de Druyes fut ainsi le premier couvent de bénédictins établi en France ; et, si sa réputation est bien inférieure à celui de Glanfeuil et autres,
on ne peut contester qu'il les ait précédés tous dans
l'observance de la règle de saint Benoît.

Le monastère, nous l'avons dit, n'est pas seulement une habitation pour les moines, il doit servir
encore d'asile pour les pèlerins, de refuge pour les

____

(1) *Office de saint Romain*, 22 mai.

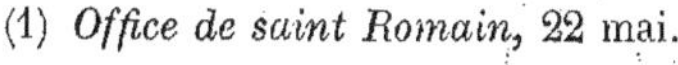

malheureux ; aussi, à côté du monastère, il y a l'hôtellerie, où tous reçoivent généreusement l'hospitalité.

De tout temps cette vertu fut recommandée dans toutes les maisons religieuses, mais spécialement chez les Bénédictins ; là, on pratiquait la charité active, matérielle, comme elle ne l'a jamais été avant eux et comme elle ne le sera jamais par d'autres. Les fils de saint Benoît ont déployé dans cette tâche tout ce qu'il est donné de dévouement, d'intelligence à l'homme.

A cette multitude de malheureux condamnés au travail et aux privations, et qui constitue l'immense majorité du genre humain, les moines ont toujours prodigué, non seulement du pain, mais une sympathie efficace et infatigable, en même temps que la nourriture de l'âme non moins indispensable que celle du corps. Après avoir donné tout ce qu'ils pouvaient donner pour leur propre compte, ils inspiraient des merveilles de générosité à tous ceux qui les aimaient et les entouraient. Leur seul aspect semble avoir été une prédication permanente en faveur de l'aumône.

Saint Benoît tient tellement à ce que ses religieux pratiquent l'hospitalité, qu'il a dans sa règle un chapitre spécial pour la recommander et même l'imposer. Dans chaque couvent, il doit y avoir un religieux spécialement chargé de recevoir les voyageurs ; il y a aussi l' « infirmier des pauvres », qui, plusieurs fois par jour, fait une distribution d'aliments à tous ceux qui se présentent.

Le saint fondateur veut que le prieur lui-même aille au-devant des hôtes annoncés, il doit traiter l'arrivant comme un frère, l'embrasser, lui laver les

pieds, et après l'avoir conduit à la chapelle pour saluer le véritable Maître de la maison, il doit l'introduire de suite au réfectoire pour prendre la nourriture
dont il a besoin. La règle veut même qu'il y ait toujours une cuisine fournie en prévision des étrangers
qui peuvent venir.

Ce n'est même pas suffisant pour les moines de
recevoir les visiteurs avec respect et de distribuer
charitablement aux pauvres tout ce dont ils ont besoin. Leur règle veut encore que pauvres et étrangers soient traités avec égards et avec honneurs.
« Ils doivent être accueillis comme le Christ lui-
« même, puisque Notre-Seigneur dira aux élus :
« J'ai demandé l'hospitalité et vous m'avez reçu. »
« A tous il faut rendre l'honneur convenable, mais
« surtout aux serviteurs de la foi et aux pèlerins ; les
« pauvres et les malheureux inconnus doivent éga-
« lement être l'objet de la plus tendre sollicitude,
« car c'est en eux que le Christ est plus particuliè-
« rement honoré (1). »

Et maintenant, j'interroge tout homme de bonne
foi, quelles que soient ses croyances, et je lui demande : Est-ce ainsi que le voyageur et le pauvre
sont traités de nos jours ?... Non, jamais on ne retrouvera nulle part, comme chez les moines, les
égards et les honneurs rendus aux pauvres, le respect avec lequel on lui parle, la place à table à côté
du maître, la première part dans le service, « la
part à Dieu », comme on disait autrefois. On voit
bien encore aujourd'hui, dans les vieux couvents sé-
cularisés, le guichet par où se faisait « la donne »,

____

(1) *Règle de saint Benoît,* chapitre LII.

mais comme les distributions ont disparu avec les moines, ces guichets sont aujourd'hui murés.

Notre siècle est devenu incrédule, et l'impie n'aime pas les pauvres, il se décharge des devoirs envers lui sur l'assistance officielle et sur l'Etat ; « ces pauvres lui rappellent trop la nécessité d'une justice rémunératrice, d'un avenir où chacun sera mis à sa place et pour l'éternité. Il n'aime pas même que d'autres s'en occupent, surtout avec complaisance et sympathie, comme le faisaient les moines. Il sent bien que la puissance du prêtre, par exemple, est enracinée dans les douleurs de cette vie, il répéterait volontiers, avec Barrère, que « l'aumône est une invention de la vanité sacerdotale. »

Hélas ! l'impie de nos jours a réussi trop souvent à faire regarder la charité comme une humiliation, l'aumône comme un impôt et la mendicité comme un crime ; et, plus impitoyable que le mauvais riche de l'Evangile, il ne veut même plus tolérer le malheureux Lazare sur les marches de son palais (1).

C'est précisément l'inverse de ce qu'ont fait les moines ; il ne leur a pas suffi de soulager la pauvreté, de l'honorer, ils ont voulu l'adopter pour eux-mêmes ; et fussent-ils dans le monde propriétaires d'un nom illustre et d'une fortune colossale, dans le cloître ils ne posséderont rien, ils n'auront rien en propre, pas même le vêtement qu'ils portent, pas même l'instrument dont ils se servent, la bêche ou la cognée, les tablettes sur lesquelles on écrivait alors et le stylet qui était le porte plume du temps ;

____

(1) *Les Moines d'Occident,* Introd., LXIV.

ils recevront tout de leur supérieur et à titre d'usage seulement.

Il est rigoureusement défendu de rien accepter de la famille, ni directement, ni par intermédiaire. Le noble gentilhomme, marquis, comte ou duc, le descendant des rois lui-même, en se faisant moine, descend au rang d'un simple frère, égal en tout au fils de l'ouvrier, il suivra la même règle, vaquera comme les autres au service de l'intérieur, et, à son tour, il nettoiera les chaussures du dernier des paysans devenu moine comme lui.

La troisième raison d'être d'un monastère, à l'époque dont nous parlons, c'est l'instruction qu'on y donne ; il y avait, dans cette partie du couvent de saint Romain, comme dans tous les couvents d'alors, une bibliothèque, une salle de copistes et une école.

Rappelons d'abord que les envahisseurs Francs ou Germains, qui s'étaient précipités sur l'Occident, n'étaient guère portés à l'étude ; on ne découvre parmi eux aucune trace d'éducation, au témoignage de Tacite. « Je vois les enfants toujours nus, vivant « parmi les esclaves et les bêtes de la ferme, et « grandissant de la sorte, sans soins, sans règle, « sans enseignement, jusqu'à l'âge où ils allaient « recevoir, dans l'assemblée des gens de guerre, « l'écu et la framée. » On n'aperçoit aucun de ces efforts qu'il faut pour dégager l'homme des premières impressions, pour le porter plus haut, pour l'élever enfin ! (1).

Les âmes restaient ainsi dans une éternelle enfance, sous la loi des sens, les intelligences étaient

____

(1) Ozanam, *Etudes germaniques,* vol. II, p. 356.

tombées, elles étaient ignorantes et paresseuses. Les Barbares, c'est incontestable, n'aimaient pas le travail, et moins que tout autre, le travail de l'esprit.

Saint Romain ne se décourage pas, il ne semble même pas trop effrayé de la grandeur de l'entreprise, il introduit chez les peuples qui l'entourent un culte dont le but et les efforts sont de faire l'éducation de la personne immortelle. Il relève leur intelligence par la prédication, leur volonté par la soumission à Dieu, toute l'âme par la prière. Il habitue ceux qui ne savent rien à la réflexion, à la méditation même, à tous ces difficiles exercices auxquels la philosophie antique n'avait appelé qu'un petit nombre de sages. Ce fut grâce à ses efforts multipliés et à ses utiles fatigues, qu'il dompta les paresseux instincts de ces peuples plus habitués à manier le cimeterre ou le javelot que la bêche et surtout que la plume.

Comme moyen d'instruire ces natures rudes et agrestes, saint Romain fonde d'abord en son monastère une bibliothèque, qui n'avait rien de commun avec celles que l'on rencontre un peu partout de nos jours, et dans lesquelles les volumes parfaitement rangés, sont conservés avec un tel soin, qu'on se garde bien de les couper. Les bibliothèques du vi^e siècle se composaient de manuscrits copiés patiemment, et dont on allait chercher les originaux non seulement dans les pays voisins, mais jusqu'en Asie et jusqu'en Afrique ; on trouvait dans ces bibliothèques une collection d'écrits de toutes sortes, depuis l'Écriture sainte, la théologie, l'histoire, jusqu'aux sciences positives et même des poésies.

Ces bibliothèques étaient assez importantes pour

qu'on les divisât toujours en deux sections, l'une pour
les ouvrages des philosophes chrétiens, l'autre pour
les écrits des Gentils, « de peur que si l'on confon-
dait les fidèles avec les infidèles, il n'y eut pas de
distinction entre ce qui est pur et ce qui ne l'est
pas. »

Les religieux montraient un grand zèle pour entretenir et augmenter leur bibliothèque. Dans chaque
monastère il y avait une salle spéciale réservée aux
copistes. Là, un certain nombre de moines étaient
continuellement occupés à transcrire les manuscrits
rares et précieux, qu'on avait pu se procurer au prix
de mille efforts et de démarches souvent multipliées.
On recommandait fréquemment à ces copistes de
choisir des textes bien corrects, et de prendre tous
les soins désirables pour ne pas les altérer par des
interpolations frivoles.

Il en était ainsi continuellement, de sorte qu'après
quelques années d'établissement, chaque monastère
se trouvait posséder tous les ouvrages littéraires et
scientifiques parus jusqu'alors. C'était bien le reste
par la suite des temps, quand ces bibliothèques
avaient été soigneusement entretenues, chaque jour
enrichies de nouveaux travaux, et religieusement
conservées pendant des siècles.

Aussi, les ennemis les plus acharnés des ordres
religieux sont eux-mêmes obligés de reconnaître que
les collections monastiques sont les plus précieuses
et même les seules qui existent. Et, de nos jours
encore, si les bibliothèques de nos grandes villes
possèdent quelques ouvrages rares et précieux,
c'est grâce aux bibliothèques des monastères spoliés
au siècle dernier. Sans les moines, une quantité

considérable de documents historiques, et même d'ouvrages anciens, auraient disparu complètement.

Les moines ne laissaient pas ces collections inutiles, ils les étudiaient continuellement, de sorte qu'ils étaient très versés dans toutes les connaissances ; ils n'ignoraient aucune des règles de la grammaire, de la dialectique, de la rhétorique, ni des autres sciences ; ils ne connaissaient pas seulement, comme on pourrait le supposer, l'Écriture sainte et l'éloquence chrétienne, ils possédaient encore les auteurs anciens.

Nous voyons, dans l'histoire, des moines qui répondent aux questions de leur supérieur par des citations d'Horace ou de Virgile. Colomban, qui vivait quelques années seulement après saint Romain, écrit des lettres en vers, où il cite tous les auteurs de l'antiquité. On parle également d'un frère du nom de Probus, qui professait pour Virgile et Cicéron un culte si religieux, qu'on l'accusait en riant de les ranger au nombre des saints.

Les moines ne savaient pas seulement pour eux ; dans tout monastère il y avait une école, où tout le monde pouvait venir apprendre, et même où tous étaient convoqués. Nous avons dit déjà qu'à cette époque, Condat était une école célèbre de la Séquanie ; on y enseignait avec succès les lettres grecques et latines, non seulement aux novices, mais à des jeunes gens destinés à rentrer dans le monde ; « l'étude des orateurs anciens s'y mêlait à la transcription des manuscrits, sous la direction de Viventiole, l'ami du célèbre saint Avit, évêque de Vienne, dont il corrigeait l'éloquence et les barbarismes dans une correspondance curieuse que tous les historiens littéraires ont rapportée (1). »

Le monastère de Druyes fut en petit ce qu'était celui de Condat, et tous ceux de l'époque. Cette maison que saint Romain avait destinée dans sa pensée à voir renouveler les austérités de Subiaco, et à servir d'abri à ses nouveaux amis, devint en réalité une école, où l'on enseignait aux religieux la théologie, la philosophie, l'Ecriture sainte ; et aux habitants toutes les sciences dont ils étaient capables d'apprendre les notions.

Saint Romain était très instruit, il avait appris dès son enfance toutes les sciences enseignées de son temps ; il avait même étudié le droit, comme tous les jeunes gens de son pays ; il s'était longtemps appliqué dans le cloître à l'étude et à la pratique de l'éloquence, il n'en ignorait pas les règles, comme en témoignent les deux fragments venus jusqu'à nous. Il put donc se faire professeur ; de plus, parmi ses religieux, un bon nombre étaient instruits, ils se firent, avec lui, les éducateurs de leurs frères moins privilégiés.

Le peuple d'alors était ignorant, très ignorant même. Hélas ! dans notre siècle des lumières, les choses ne sont peut-être pas si changées qu'on veut bien le dire ; en tous cas, le mérite de saint Romain et de ses religieux est d'autant plus grand que la tâche était plus laborieuse ; son école n'était pas obligatoire, tous s'y rendent cependant, attirés par le dévouement du saint ; mais, par contre, elle était absolument gratuite, attendu que ni les élèves, ni les

(1) Montalembert, *Les Moines d'Occident*, II, 275.

contribuables n'avaient aucunement à en supporter les frais.

Voilà ce qu'étaient ces monastères qu'on a voulu si souvent de notre temps nous représenter comme les asiles de la mollesse et de l'incapacité, comme les refuges de la misanthropie et de la pusillanimité, tout au plus bons à renfermer les tempéraments faibles et les hommes hors d'état de servir la société dans le monde.

Il serait vraiment temps de reléguer au rang des fictions les plus méprisables cette affirmation si longtemps répétée par une niaise crédulité ou une hypocrite fourberie. « Ah ! s'écrie l'immortel auteur des *Moines d'Occident*, on ne dira jamais suffisamment combien les moines ont rendu de services à l'humanité et à la science, et combien leur vie était merveilleusement adaptée à l'étude, à la culture ardente, active, assidue des lettres. On ne vantera jamais assez leur touchante modestie, leurs recherches infatigables, leur pénétration presque surnaturelle. On ne regrettera jamais assez les ressources et les garanties qu'offraient ces grands foyers littéraires aux œuvres les plus élevées de l'érudition, de l'histoire, de la critique, par cet esprit de suite, par cette transmission d'un héritage moral et intellectuel, qui encourageait aux entreprises les plus longues et les plus ingrates.

« Ah ! qui rendra, non seulement aux lecteurs studieux, mais surtout aux auteurs, ces vastes et innombrables bibliothèques, toujours tenues à jour et au courant de toutes les publications sérieusement utiles, et qui assuraient, par cela même, à ces publications, le débouché qui leur manque aujourd'hui et qu'on demande, comme tout le reste, avec un servile empressement, à l'Etat. Ajoutons qu'on ne regrettera jamais assez ce culte désintéressé de la science, en dehors de toute satisfaction d'amour-propre, de tout avantage matériel, qui semble avoir péri avec eux (1). »

(1) *Les Moines d'Occident,* Introduction, LXVIII.

CHAPITRE VIII

Etablissement du bourg de Druyes et construction de l'église.

Le travail intellectuel n'empêche pas saint Romain et ses religieux de vaquer en même temps aux travaux manuels. Nous avons dit, en racontant la vie solitaire de notre saint, comment il s'était appliqué au défrichage et à la culture ; il n'abandonne pas son entreprise maintenant qu'il a des auxiliaires ; bien au contraire, il la continue avec d'autant plus d'empressement et de succès que les bras sont plus nombreux.

Les moines se sont toujours donnés à tous les travaux ; tous les corps d'état ont leur atelier au monastère ; chaque religieux a son établi où il travaille le bois, le fer, la pierre ; et les chefs-d'œuvre sortis de leurs mains se comptent par milliers.

Mais ce fut surtout la culture du sol qui eut la principale part dans la distribution du temps consacré aux occupations extérieures. Tous doivent parti-

ciper à ce travail ; le supérieur y est tenu comme le
dernier des frères. Saint Romain continue donc à
donner l'exemple sur ce point, comme sur tous les
autres.

Cette culture, entretenue par saint Romain et ses
religieux, outre qu'elle excitait l'étonnement et l'admiration des populations environnantes, elle produisait,
d'autre part, de merveilleux résultats ; elle faisait vivre
le monastère et ses hôtes. Bénis de Dieu, les travaux
des moines étaient fructueux, ce qui encourageait
les habitants à imiter leurs exemples ; et ainsi, le
monastère de Druyes ne fut pas seulement pour le
peuple une école destinée à lui donner l'instruction
intellectuelle, on y enseignait également une culture
plus intelligente et plus pratique que celle qui avait
été suivie jusqu'alors.

Aussi le nombre de ceux qui viennent visiter saint
Romain augmente sans cesse ; ce ne sont plus seulement des infirmes qui sollicitent une guérison surnaturelle, des âmes endolories ou inquiètes qui demandent ses prières et ses conseils ; le désir de
s'instruire et même la curiosité ne contribuent pas
peu à grossir le nombre des arrivants.

Le monastère de Druyes devient bientôt insuf-
fisant pour loger tout ce monde, il faut aviser à
construire des logements indépendants ; d'autant
qu'un bon nombre de visiteurs ne veulent plus s'é-
loigner de ce lieu béni à leurs yeux. Ils s'installent
donc autour du monastère. Puis ce sont de petits
commerçants, qui, eux aussi, veulent construire là
leur demeure ; ils rencontrent dans cette vallée une
clientèle chaque jour plus nombreuse et fréquemment renouvelée. Ce sont encore des infirmes qui ont

recouvré la santé par les prières du saint. Ce sont
des chrétiens qui, sans s'astreindre aux rigueurs de
la vie monastique, trouvent là les commodités de
l'existence, la protection et le dévouement des
moines, des soulagements dans la pauvreté, des
soins et des remèdes en cas de maladie, des secours
spirituels plus prompts, des offices divins plus im-
posants et plus grandioses. Là surtout, il y a saint
Romain, dont la bonté et les miracles déterminent
un bon nombre de familles à demeurer non loin du
monastère. De sorte que cette agglomération a bientôt formé un nouveau village, le bourg d'en bas, qui
ne tarde guère à atteindre et à dépasser en importance le vieil *oppidum* gaulois toujours perché au
sommet du mamelon voisin.

Sous la direction de saint Romain et de ses religieux, la vallée a été assainie, la rivière canalisée,
les marécages desséchés ; de tous côtés on voit s'é-
lever à leur place des habitations, qui, sans doute. ne
sont pas des palais, mais comme les moines s'entendaient très bien à bâtir, et que d'autre part, on avait
sur place et en abondance une pierre facile à travailler, on peut croire que ces demeures primitives
possédaient tout le confortable que permettait le
mode de construction de l'époque.

C'est ainsi que fut fondé le bourg de Druyes,
comme du reste la plupart des villes et villages de
France. Ceux qui seraient tentés d'en douter, n'ont,
pour se convaincre, qu'à consulter tous les ouvrages
qui traitent de l'origine des paroisses et des communes (1), ils verront que c'est précisément à l'époque

____

(1) L'institution des communes est de beaucoup postérieure à la

de saint Romain que les premières paroisses rurales
ont commencé à être régulièrement organisées dans
notre contrée.

« Nous disons et nous répétons, dit M. Marlière,
que les paroisses des environs de Clamecy, comme
la majorité des communes de France, sont presque
toutes d'origine monastique ; c'est l'avis du protestant Guizot et de tous ceux qui ont étudié cette question. C'est un principe, dit-il encore, que, pour
marquer approximativement l'origine de chaque
cure ou paroisse, il suffit d'en connaître le patron. »

Cela s'explique tout naturellement. Des terres
étaient assignées au monastère pour faire vivre la
communauté ; dans ces terres mises en rapport par
leurs soins et sous leur direction, ils érigeaient des
oratoires, des chapelles ou des églises, selon l'importance de la population ; ils établissaient, pour le
service religieux de ces sanctuaires, des chapelains
ou vicaires perpétuels, et le monastère restait le curé
primitif, qui désignait le successeur en cas de va-
cance (1).

Cette affirmation générale est particulièrement
vraie pour Druyes. Le curé primitif fut bien saint
Romain d'abord, puis les religieux bénédictins qu'il
y avait établis. De tout temps, ce sont eux qui dé-
signent le prêtre chargé du soin de la paroisse ; et
quand plus tard, le monastère de Druyes fut trans-

paroisse ; les peuples ont été constitués religieusement bien avant de
l'être politiquement et civilement. L'établissement de la plupart des
paroisses en cette contrée date du vi^e au ixe siècle ; tandis que la
constitution des communes ne remonte pas au-delà du xiiie et
xive siècle.

(1) Marlière, *Statistique des communes de l'arrondissement de
Clamecy,* pages 126-127.

féré à Andryes, les moines n'en restèrent pas moins,
dans la suite des temps, les promoteurs de la cure
de Druyes. Nous avons trouvé, aux archives de
l'Yonne, un document établissant qu'en 1707, ils
jouissaient encore de ce privilège, puisque M. Pierre
Claverie, prieur d'Andryes, présentait à l'évêque
d'Auxerre, pour la cure de Druyes, « M. René Archambault, prestre du dit diocèse, en remplacement
de M. François Lemoine, décédé ; laquelle présenta-
tion fut agréée par monseigneur de Caylus, évêque
d'Auxerre. »

Ainsi, plus de onze cents ans après saint Romain,
ses successeurs sont encore chargés de pourvoir
aux soins spirituels de la paroisse qu'il a établie lui-
même.

Une nouvelle preuve que le bourg de Druyes doit
son existence à saint Romain, c'est la construction
de l'église.

Le lecteur est peut-être surpris que je n'aie encore
rien dit de cette œuvre importante. C'est qu'à mon
avis, saint Romain n'a dû bâtir la première église de
Druyes qu'après l'établissement du bourg actuel.
Auparavant, les religieux avaient leur oratoire dans
l'intérieur du couvent ; les colons et les habitants
avaient les chapelles de Saint-Martin et de Notre-
Dame-de-Pitié, qui suffisaient pour la population ;
mais, à mesure que de nouvelles familles vinrent
s'installer autour du monastère, ces sanctuaires devenaient trop étroits ; ils étaient du reste un peu éloignés et d'un accès difficile ; il fallut donc chercher
un nouveau moyen de pourvoir aux besoins religieux
du pays nouvellement bâti et augmentant tous les
jours d'importance.

Phototypie N.-D. des Près

DRUVES

(Vue prise du viaduc du chemin de fer)

Planche n° 6.

Phototypie N.-D. des Prés

DRUYES

(Vue prise du viaduc du chemin de fer)

C'est alors que saint Romain construisit, dans les dépendances de son monastère, et au centre du bourg, non pas une simple chapelle, mais une grande église, et, comme disent tous les historiens, une véritable basilique.

Nous ne pouvons faire la description de ce monument, ni même dire sous quel vocable il fut consacré ; cette église ayant pris le nom de son fondateur aussitôt après sa mort.

Le nom de basilique, qui lui est donné dès le principe, semble indiquer que ce monument n'était pas une simple construction rectangulaire, mais qu'il était bâti sur le plan des basiliques romaines, ayant, comme aujourd'hui, trois nefs, avec le fond terminé en absides demi-circulaires.

Si nous en croyons une tradition locale, cette église aurait duré jusqu'à la fin du xi° siècle, époque où ayant été la proie des flammes, elle a été remplacée par l'église actuelle.

Bien que sans preuves, ce récit traditionnel n'est pas invraisemblable. Nous savons, en effet, qu'à la fin du xi° siècle, des incendies fréquents et considérables détruisirent une partie de nos villes et villages et firent disparaître bon nombre de monuments anciens. Saint-Bris fut brûlé en 1057 par Hugues, fils du duc de Bourgogne (1). En 1060, le château de Toucy eut le même sort, il fut réduit en cendres par Thibaut, comte de Tours et de Chartres. En 1064, le 31 mars, à Auxerre, un autre incendie détruisait le château Saint-Germain, une partie du monastère et

---

(1) La *Chronique d'Auxerre* marque qu'un grand nombre d'habitants s'étant retiré dans l'église, cent dix personnes périrent dans cet incendie.

tout un quartier de la ville. Ce désastre était à peine
réparé, qu'en 1075, un autre incendie plus violent
encore détruisait l'église Saint-Père, la cathédrale
et tout le faubourg situé sur le bord de la rivière,
depuis le pont jusqu'aux moulins de Chanteraine.
Druyes, ou au moins son église, ont pu subir le même
sort, soit à cette époque, soit un peu plus tard.

C'est, en effet, à la fin du xie siècle, ou au commencement du xiie, qu'a été bâtie l'église actuelle.
Cependant, d'après plusieurs archéologues, « l'œuvre
« ne semble avoir été terminée que vers l'an 1140,
« époque que l'on s'accorde à reconnaître dans le
« style du célèbre porche de l'église de Vézelay,
« dont les arcades, alternativement plein-cintre et
« ogive, se retrouvent avec une analogie très grande
« dans l'église de Druyes (1). »

Cette église est bâtie en forme de croix ; elle com-
porte trois nefs, terminées toutes trois par des absides
rondes et voûtées en demi-coupoles. Le portail offre
l'un des plus purs exemples de l'architecture romane
dans nos contrées. La voûte principale est en berceau ogival, disposition très rare ; les chapiteaux,
notamment ceux du chœur, sont très remarquables.
Tout, à l'exception des deux grandes fenêtres du
transept, refaites à la fin du xve siècle, remonte à
l'époque où s'élevaient les grandes églises de Nevers,
de La Charité, de Vézelay, d'Avallon, et la tour de
Saint-Germain d'Auxerre (2).

Nous croyons pouvoir attribuer à Guillaume II,
comte d'Auxerre, et troisième de ce nom comme comte
de Nevers, la reconstruction de cette église. Nous

____

(1) G. Cotteau et V. Petit, *Annuaire de l'Yonne*, 1861, p. 250.
(2) Item.

savons qu'il se montra toute sa vie plein de piété et
de générosité pour les œuvres chrétiennes ; il demeurait souvent dans l'Auxerrois, dont son oncle
était évêque ; il contribua puissamment à la construction de plusieurs églises et à l'établissement de
beaucoup de monastères ; il donna une église à l'abbaye de Saint-Michel de Tonnerre ; les abbayes de
Pontigny, de Molesmes, de Bourads, aussi bien que
les religieux de Fontenoy, lui doivent de nombreuses
libéralités. C'est lui également qui fonda et dota
l'hôpital de Clamecy. Il s'était croisé en 1100 ; c'est
probablement ce que l'architecte de notre église a
voulu rappeler dans le chapiteau du sanctuaire, à
gauche, où l'on voit un palmier, et de chaque côté
un personnage armé en chevalier.

Le comte Guillaume aimait Druyes, car il s'y fit
construire un magnifique chateau-fort, situé dans
une position défensive excellente, et bien certainement la plus forte qu'il fût possible de trouver alors
entre Auxerre et Nevers.

C'est un vaste parallélogramme, qui domine l'escarpement formé par un massif de roches s'élevant
à deux cents pieds au-dessus du bourg et des fontaines ; il est flanqué de sept tours, sans compter
celles de l'enceinte.

Aujourd'hui encore cet édifice, en ruines depuis
des siècles, reste très imposant et attire vivement la
curiosité des touristes et l'attention des voyageurs,
qui, de loin, aperçoivent cette masse grandiose des
constructions d'un autre âge.

C'est dans ce château, au temps de sa splendeur,
que Pierre de Courtenay reçut les ambassadeurs
d'Orient, venant lui offrir la couronne de Constanti-

nople ; c'est là également que, un peu plus tard, sa fille, la comtesse Mahaut, délivra aux bourgeois d'Auxerre la charte d'affranchissement de cette ville, le 15 août 1223 (1).

Mais revenons à saint Romain et à ses œuvres. C'est donc à lui que nous croyons devoir l'existence du bourg et la première église de Druyes.

C'est à lui aussi, très probablement, que nous sommes redevables du premier pont établi sur notre rivière, afin de relier les deux portions du pays, la partie ancienne et celle qu'il vient de faire construire.

Ainsi ce pieux moine, sans fortune, par sa seule activité, grâce à de longs et infatigables efforts, a couvert ce pays de travaux merveilleux et de constructions remarquables.

Il a accompli ces œuvres dans un véritable désert, sans route, sans machine, sans aucun des instruments puissants de l'industrie moderne, mais avec une patience et une constance inébranlables.

Tant de bienfaits devraient du moins exciter la vénération du pays et la reconnaissance, non seulement des contemporains, mais encore des siècles suivants. Ce ne serait vraiment que justice. Cette reconnaissance, nous la devons à saint Romain comme réparation envers un bienfaiteur trop souvent méconnu, et peut-être traité de fainéant par des paresseux qui n'ont jamais rien fait d'utile pour la société.

(1) Voir *Annuaire de l'Yonne,* 1840.

CHAPITRE IX

Le zèle de saint Romain ne se borne pas à des constructions aussi variées qu'utiles, ni même à des améliorations agricoles et sociales ; son but est plus élevé, ce sont les âmes qu'il veut atteindre. Ce n'est pas assez, à ses yeux, de se dévouer pour les chrétiens qui viennent le consulter, il veut encore éclairer les indifférents, les incrédules et les païens, qui restent plus ou moins volontairement éloignés de la vérité.

Chaque pèlerin, qui arrive au monastère de Druyes, lui expose les plaies morales du village qu'il habite et des populations qui l'entourent ; en entendant ces récits, notre saint constate avec une profonde tristesse que, de tous côtés, règnent encore l'ignorance, l'erreur et la superstition.

Il n'oublie pas que Dieu, en l'envoyant dans les Gaules, lui a recommandé « de répandre partout la

divine parole et de donner à tous l'exemple d'une
sainte vie. » Il se met alors à parcourir tous les pays
environnants ; pas un village n'est oublié, pas un
hameau n'est laissé de côté, pas une maison, pas
une hutte qui ne soit visitée.

« Il enseignait efficacement à tous les préceptes
d'une vie sainte et parfaite, employant le temps qui
lui restait après les exercices religieux, à la prédication de l'Evangile, suivant l'ordre qu'il en avait
reçu de Dieu, lequel donna une grande bénédiction à
son travail, par la conversion d'un grand nombre de
personnes, qui, laissant les vanités du siècle, venaient se ranger à son obéissance (1). »

Enflammé du zèle de la charité, saint Romain s'en
va donc, comme les apôtres, porter à tous la lumière de la Foi. Il gémit avec larmes quand il voit
des populations égarées qui restent obstinément re-
belles à la vérité ; il sait que le salut éternel est
l'œuvre essentielle, l'unique nécessaire pour chacun
de nous ; il s'efforce de communiquer cette conviction à tous ceux qu'il rencontre. Pour les convaincre,
il ne compte ni ses démarches, ni ses fatigues ; il
multiplie ses prédications et ses prières ; il veut les
sauver tous.

D'excellents résultats, et même de merveilleux
succès, couronnent ses efforts ; un grand élan de foi
se manifeste bientôt, la contrée se transforme rapidement, et nos campagnes, qui ne comptaient jus-

---

(1) *Chroniques Générales de l'ordre de saint Benoît,* par le R. P.
Dom Anthoine de Yêpes, traduit de l'espagnol par le R. P. Dom
Martin Réthelois, de la Société de Saint-Vanne. Toul, 1684. vol. I,
page 159. — Nous devons la communication de cet ouvrage à l'obli-
geance extrême de M. le comte des Vosseaux, chef d'escadron à
Saint-Mihiel.

que-là qu'un nombre restreint de chrétiens, voient
se former des paroisses fidèles, qui s'en vont courageusement jusqu'à Auxerre pour y célébrer les offices de la semaine sainte, ou pour assister à quelques prières particulières.

Parmi ces paroisses déjà formées au vi^e siècle,
avec Druyes qui est citée la huitième du diocèse,
nous trouvons dans les environs : Courson, Ouanne,
Levis, Thury, Varzy, Bouhy et Entrain. La plupart
des autres pays qui nous entourent actuellement
n'existaient pas encore, comme paroisses du
moins (1).

Saint Romain semble avoir porté son zèle évangélique au-delà des limites du diocèse d'Auxerre.
Une paroisse qui était autrefois du diocèse d'Autun,
Domecy-sur-Cure, l'a pour patron ; sans doute en
souvenir de son apostolat et de quelque fait extraordinaire, miracle éclatant ou bienfait signalé, qui aura
gravé son nom dans le cœur des habitants et les aura
décidés à le prendre pour protecteur.

Auxerre le vit souvent. C'était la résidence de l'é-
vêque, et les conciles prescrivaient son approbation
pour toute fondation monastique ; ceux d'Orléans,
d'Epaône assujétissaient complètement les monastères à son autorité et à sa surveillance. Les abbés
ne pouvaient ni s'absenter, ni disposer d'aucune
propriété de la communauté sans la permission
épiscopale ; une fois par an, ils devaient aller trouver
leur évêque pour recevoir ses avis et, au besoin, ses
corrections.

Saint Romain fut certainement très fidèle à cette

____

(1) Synode de saint Aunaire, abbé Lebeuf, *Hist. d'Auxerre*, I, 126.

visite prescrite, et profitait de chacun de ses voyages pour évangéliser les populations auxerroises.

Il dut même exercer plus loin son apostolat. Une autre paroisse, du diocèse de Sens, a toujours été consacrée au saint abbé, et aujourd'hui encore porte son nom ; c'est Saint-Romain-le-Preux. Quelle est l'origine de cette dédicace ? je ne puis le dire ; mais quand on sait avec quels soins nos pères choisissaient le patron de leur église et le nom de leur village, on est en droit de supposer qu'il a fallu un fait notoire et important pour déterminer les habitants de ce pays à ce changement de nom.

Et comme cette dédicace et l'adoption de ce nom semblent se reporter à l'époque même du saint, il est permis de croire que saint Romain a passé dans ce village, qu'il a évangélisé et peut-être converti les habitants, qu'il a au moins marqué son passage par un miracle éclatant (1).

Ce qui tend à confirmer cette opinion d'un voyage au pays sénonais, c'est que Sens a eu aussi une grande dévotion à saint Romain, bien avant que ses reliques y fussent transportées. Une église lui fut bâtie en cette ville, tout de suite après sa mort. Quand, aux siècles suivants, vient l'usage d'honorer plus spécialement les corps saints et de se partager leurs reliques, l'archevêque de Sens, Anségise, n'a pas de repos qu'il n'ait trouvé le corps de saint Romain et n'en ait obtenu une notable partie ; son

____

(1) Domecy-sur-Cure et Saint-Romain-le-Preux eurent tous deux dans la suite une fondation bénédictine ; mais la dédicace de leur église à saint Romain est antérieure à ces établissements, qui ont dû avoir eux-mêmes pour origine un souvenir de notre saint.

clergé et son peuple ne sont pas moins enthousias-
més que lui à cette heureuse nouvelle, et ils s'en
vont ensemble processionnellement jusqu'à Auxerre
pour en rapporter les précieuses reliques.

Qui pourrait croire que toute une ville s'enthousiasme ainsi pour un saint inconnu et étranger?
Cette piété devait donc nécessairement être excitée
et entretenue par des souvenirs locaux, qui liaient
intimement le clergé et les fidèles avec le culte de ce
serviteur de Dieu.

En même temps qu'il évangélisait les populations,
saint Romain propageait la règle de saint Benoît, et
travaillait avec ardeur à la réforme des monastères.

Tous les auteurs s'accordent à dire qu'une certaine obscurité règne sur les premiers temps de l'é-
tablissement de la règle bénédictine en France ; ils
se demandent tous comment les communautés, si
nombreuses et si diverses, en sont venues à reconnaître dans cette règle, celle qui devait assurer leur
durée et leur prospérité.

Il est à remarquer, en effet, qu'en parlant des fondations monastiques, l'histoire de ce temps nous dit
bien ceux qui ont bâti ou doté les monastères ; elle
s'étend sur les bienfaiteurs, mais elle ne dit rien, ou
presque rien, de l'esprit religieux qui servait de guide
à la communauté, ni de la règle ou de la discipline
qui régissait les moines.

Cette obscurité a fait dire à plusieurs historiens que
la règle de saint Benoît n'avait été publiée et propagée qu'après la mort de son auteur ; et qu'en France
notamment, elle était inconnue avant l'arrivée de
saint Maur. Ce sentiment est erroné. La règle de
saint Benoît fut publiée par le saint patriarche lui-

même et par ses disciples, du vivant du saint abbé
du Mont-Cassin.

L'auteur des *Chroniques générales de l'ordre de
saint Benoît* nous assure que cette règle était connue dès l'an 531, et que l'Italie, la Sicile, la France,
l'Espagne « embrassèrent cet institut céleste, incontinent après que le saint législateur en eut donné
connaissance (1). »

« Nous allons faire voir par des démonstrations
palpables, écrit-il, que notre saint patriarche la publia luy mesme, et les disciples qui demeuroient avec
luy, la publièrent aussi de son vivant par toute l'Italie ; et mesme presque tous les monastères de l'Europe luy prêtèrent obéissance pendant sa vie, ainsi
que nous l'avons appris de Fauste... qui nous a faist
connoître évidemment que saint Benoist pendant sa
vie avoit esté père d'une infinité de moynes, et qu'au
mesme tems un très grand nombre de monastères
avoient esté édifiez en Italie, en Sicile, en France,
en Espagne, et autres royaumes et provinces; lesquels sans aucun doute, on n'auroit pas fondés et faist
bastir, si sa Règle n'avoit esté auparavant publiée et
receue (2). »

« Quelle apparence y peut-il avoir que saint Benoist eust voulu cacher par humilité une Règle que
Dieu luy avoit commandé de mettre en lumière, et de
faire connoître à tout le monde ? N'estoit-ce pas, en
faisant cela, résister à la volonté divine ? En l'an cinq
cens trente et un, nous avons faist un détail des monastères que saint Benoist fit construire en grand
nombre dans l'Italie, en France, en Espagne, et en

____

(1) *Chroniques générales de l'ordre de saint Benoist*, I, 221.
(2) *Item*, page 435.

Sicile ; et faist voir, par des témoignages incontes-
tables, que les moines en nombre prodigieux, presque incroyable, selon le rapport de saint Fauste en
la vie de saint Maur, qui furent receus en iceluy, y
gardèrent la Règle que luy pendant sa vie y avoit
establie, ou que ses premiers disciples y establirent
incontinent après sa mort (1). »

Ce même auteur fixe en l'an 530 et 531 les fondations de Saint-Erasme et de Saint-Paul, à Rome ; à
l'année suivante, les établissements de Saint-Sauveur de Magella, de Novalez, de Notre-Dame de
Trémety, en Italie ; puis en 536, la construction d'un
monastère considérable bâti en Sicile par saint
Placide dans les propriétés de son père Tertullus ; en
537, les monastères de Saint-Pierre de Cardaigne, de
Saint-Turibe de Léviane, de Saint-Claude de Léon,
en Espagne ; de Lorban, en Portugal.

Comment croire que la France, la nation très
chrétienne, et la fille aînée, sinon la fille unique de
l'Eglise, se serait laissée devancer par des peuples
ariens , quand surtout dans ce pays, à l'âme ardente et généreuse, il y avait depuis longtemps déjà
l'ami le plus dévoué du législateur monastique ?
L'auteur, dont nous venons de parler, nous dit
« qu'il n'est pas croyable combien les peuples français furent incitez, par les enseignements et bons
exemples de nos premiers bénédictins, à renoncer
aux vanités du siècle, pour suivre Jésus-Christ hu-
milié et crucifié. » Ce qui ne serait plus vrai si la
France avait été la dernière à connaître et à suivre
cette règle admirable.

(1) *Chroniques générales de l'ordre de saint Benoist*, t. I, p. 442.

Notre pays, au contraire, est cité par tous les historiens comme ayant adopté ce code monastique le premier après l'Italie. Il fallait donc qu'il y fut déjà connu et pratiqué avant la venue de saint Maur.

Sans doute, saint Maur donna une nouvelle et considérable impulsion pour propager cette règle ; tellement, qu'au témoignage d'Anthoine de Yêpes, « pendant qu'il vécut en ce pays, il vit bastir six vingts monastères. » Mais, au même témoignage, « quarante austres estoient déjà fondez avant sa venue en France, qui embrassèrent la règle de saint Benoist, induits à cela par la sainteté de vie des premiers disciples d'un maistre qui enseignait une doctrine toute céleste (1). »

D'autre part, nous savons par Belleforest, Paradis, en son « Traité de Bourgogne », et le fameux Italien, Piedro de Crescenzi, dans son docte « Traité des religions », que « sainte Clotilde, la gloire de sa nation et de l'ordre de saint Benoist, dont elle prit l'habit dans les dernières années de son aage, s'était mise sous la conduite des bénédictins, et qu'elle avait fondé en France un grand nombre de monastères, dont plusieurs du vivant de saint Benoist », et par conséquent, avant l'arrivée de saint Maur.

Or, la pieuse épouse du grand Clovis était de la maison de Bourgogne, elle était venue plusieurs fois à Auxerre, où elle fit reconstruire l'église de Saint-Germain ; elle avait donc dû voir et entretenir saint

(1) *Chroniques générales de l'ordre de saint Benoist*, I, 175. — L'auteur parle évidemment ici de fondations bénédictines, puisque bien avant saint Benoît, et dès le cours du IVᵉ siècle, on comptait déjà 84 nouveaux établissements monastiques dans la vallée de la Saône et du Rhône ; 94 des Pyrénées à la Loire ; 54 de la Loire aux Vosges et 10 des Vosges au Rhin (*Les Moines d'Occident*, II, 286).

Romain, et apprendre de lui à apprécier la règle composée par le nouveau législateur monastique.

Et maintenant, si des faits généraux de l'histoire nous passons à l'examen des chroniques locales, nous constaterons que saint Romain est regardé par tous les auteurs comme un disciple de saint Benoît après en avoir été l'éducateur ; on le dit positivement moine bénédictin ; on le compare à saint Palémon, qui ayant été le maître de saint Pacôme, en devint ensuite le disciple. Le monastère de Druyes était donc bien un monastère bénédictin, régi et gouverné d'après la règle de saint Benoît.

Si cette règle était pratiquée à Druyes, peut-on croire logiquement que saint Romain n'ait pas essayé de la faire connaître et de la répandre dans la contrée ? Tous les historiens disent encore de lui, « qu'il était venu préparer les voies à saint Maur, le propagateur de cette règle dans toute la France. » Or, pour préparer les voies, il fallait nécessairement faire connaître cette règle, au moins dans un certain rayon.

C'est ici surtout que nous devons regretter l'absence de documents oubliés ou détruits. Nous avons tout lieu de supposer, en effet, que le rôle de saint Romain a été des plus importants dans le mouvement de régénération qui se manifestait alors en France ; nous pensons, en particulier, qu'il a dû contribuer à l'établissement de deux monastères fondés de son vivant dans notre diocèse actuel, et alors qu'il venait de bâtir son couvent de Druyes. Je veux parler de Saint-Germain d'Auxerre et de Saint-Pierre-le-Vif de Sens.

Dom Cottron, en sa *Chronique de saint Germain*, reconnaît que « saint Romain, ayant construit un

monastère à six lieues d'Auxerre, et ayant amené
un grand nombre d'hommes à suivre ses exemples
et à vivre de sa vie, il n'est pas douteux qu'il ait répandu les rayons de sa lumière sur les monastères
environnants, et notamment sur celui de Saint-
Germain d'Auxerre ; il est incontestable, ajoute-t-
il, qu'il a enseigné aux moines de la contrée, et principalement à ceux d'Auxerre, à vivre d'après les
conseils et les habitudes de la règle bénédictine ; et
cela, soit avant, soit après la venue de saint Maur
dans les Gaules (1). »

Un autre historien, Pierre de Pesselière, va plus
loin ; il affirme que saint Romain est le véritable
fondateur du monastère de Saint-Germain. Voici, en
effet, ce qu'a écrit cet auteur en marge de l'histoire
des abbés de ce couvent : « Depuis l'an 280, époque où saint Pèlerin, premier évêque d'Auxerre,
sema les premiers enseignements de la foi chrétienne
en ce pays, jusqu'en 541, époque où saint Romain,
éducateur de saint Benoît, posa les premiers fondements de la discipline régulière en ce couvent, et
dans l'église de Saint-Maurice, appelée depuis de
Saint-Germain... C'est ce même saint Romain, aidé
par saint Maur, disciple de saint Benoît, qui établit
ici les moines de l'ordre de saint Benoît, et construisit ce monastère de Saint-Germain, tel que nous le
voyons aujourd'hui, en l'an indiqué ci-dessus (541),
en l'honneur de saint Germain qui y avait été inhumé dès l'année 440 *(sic)* de notre ère (2). »

(1) *Chronicon sancti Germani altissiodorensis*, manuscrit de la
bibliothèque d'Auxerre, page 490.

(2) Ab anno Dom^ni 280, quò Beatus Peregrinus, primus Autissiod. episcopus, prima Fidei Christianæ fundamenta jecit Autissiodori

Pierre de Pesselière qui écrivait ces lignes vers
1550, était religieux et prieur de Saint-Germain ;
c'était un érudit qui avait étudié sérieusement l'histoire de son ordre ; il a publié un certain nombre
d'ouvrages, entre autres une vie de saint Germain,
écrite en vers par Héric, au ixe siècle. Il n'a pas pu
avancer sans preuves l'affirmation que nous venons
de citer.

Si, en effet, ce savant auteur a attribué à saint
Romain l'établissement de la règle bénédictine à
Saint-Germain, et même la construction de ce monastère, en ayant soin d'en préciser la date, c'est
que, indubitablement, il se faisait l'écho d'un autre
auteur, ou d'une tradition locale conservée jusque-là
et disparue depuis.

L'abbé Lebeuf, qui était imbu de préjugés jansé-
nistes sur saint Romain, et contestait son identité
avec l'éducateur de saint Benoît, a très bien pu, en
écrivant son histoire d'Auxerre, ne pas connaître ces
témoignages, ou bien n'en tenir aucun compte, faute
de les avoir étudiés et approfondis.

Dom Cottron, qui vivait un peu plus d'un siècle
après Pierre de Pesselière, ne s'explique pas, il
est vrai, cette assertion, tout en la rapportant ;
mais, s'il doute que saint Romain ait réellement
fait bâtir le monastère de Saint-Germain d'Auxerre, il avoue qu'il a eu sur ce couvent une in-

usque ad annum 541, quò Beatus Romanus, sancti Benedicti insti-
tutor, prima regularis disciplinæ fundamenta jecit in hoc cænobio et
ecclesia S^{ti} Mauritii, et postmodum S^{ti} Germani ; quiquidem Romanus, adjutus opera S^{ti} Mauri, S^{ti} Benedicti discipuli, monachos ordinis S^{ti} Benedicti constituit, et monasterium, quod hodie cernitur,
construxit anno supradicto, in honorem S^{ti} Germani, qui in eadem
erat sepultus ab anno 440. (Cité par Dom Cottron, *Chronicion sancti
Germani,* p. 490).

fluence réelle, et il semble admettre qu'il a pu y faire
adopter, au moins dans ses grandes lignes, la règle
du Mont-Cassin.

Et que pourrait-on voir d'invraisemblable au dire
de Pierre de Pesselière ? Les nombreux historiens
du monastère de Saint-Germain ne précisent rien
quant à la date et à l'auteur de sa fondation ; ils
nous disent que saint Germain lui-même avait établi
là des prêtres ; mais ces prêtres n'étaient pas des
moines, et ce n'est pas de cette époque que date la
fondation monastique ; tous, au contraire, finissent
par placer cette fondation dans les vingt dernières
années de la vie de saint Romain ; ils sont donc à
peu près d'accord avec Pierre de Pesselière qui la
fixe en 541.

Un détail qui peut être interprété encore en faveur
de cette opinion. Tous les historiens s'accordent à
dire que saint Romain avait réuni dans son monastère de Druyes un nombre considérable de disciples.
Or, en 543, c'est-à-dire deux ans après la date fixée
par Pierre de Pesselière pour l'établissement du couvent de Saint-Germain d'Auxerre, saint Maur, venant à Druyes, n'y trouvera plus qu'un petit nombre
de religieux ; et saint Romain, à son départ, lui dé-
clarera que ces religieux sont si peu formés à la vie
monastique, que sa présence est nécessaire pour les
conduire dans les voies du salut.

Que conclure?... sinon qu'en 541, saint Romain
appelé réellement à établir le monastère de Saint-
Germain sur de nouvelles bases, avait choisi ses
meilleurs sujets et les avait installés à Auxerre.

Le lecteur me permettra encore de justifier cette
assertion par un autre fait. Trois cents ans plus tard,

les religieux de Saint-Germain revendiquent avec
force et autorité, contre le peuple et l'évêque d'Auxerre, le corps de saint Romain déposé provisoi-
rement en l'église Saint-Amatre ; ils finissent par
l'obtenir, mais non sans peine et sans une grande
résistance (1). Quel droit auraient-ils eu à ce dépôt
sacré, si saint Romain n'avait été pour rien dans
leur existence, ou dans la législation de leur monastère ?

Sans doute, cette introduction de la règle bénédictine ne fut pas l'œuvre d'une de ces trans-
formations subites, radicales et éphémères, aux-
quelles l'histoire moderne nous a habitués. Saint
Romain n'introduisit pas la règle de saint Benoît à
jour fixe, après conseil et délibération des religieux ;
mais il a très bien pu être choisi, comme on l'affirme, pour donner à ce monastère sa manière de
vivre; et, naturellement, il s'est inspiré de la règle
qu'il avait auparavant établie à Druyes, et à laquelle
saint Benoît devait déjà une grande partie de sa renommée en France.

Ce qui nous paraît incontestable pour Saint-
Germain d'Auxerre, semble probable pour Saint-
Pierre-le-Vif de Sens ; seulement, là, nous n'avons,
pour appuyer notre opinion, que les raisons déjà
émises en ce même chapitre pour croire aux voyages de saint Romain en cette ville. Il ne pouvait
guère être appelé ou attiré à Sens qu'en vue de
la diffusion de la règle bénédictine, ce pays étant
converti au christianisme depuis très longtemps déjà.

Le culte de saint Romain à Sens a été entretenu

(1) Licet ægerrime ac cum magni sudore laboris, tandem obtinere
meruerunt.

par les moines, et l'archevêque, qui, au neuvième
siècle, réclama avec tant d'instances une part de ses
reliques, était moine lui-même ; enfin c'est à des bénédictins que la garde de ces reliques fut confiée.

Ajoutons qu'à cette époque les religieux passaient
facilement d'un couvent dans un autre, et que les
monastères consentaient très bien à se prêter mutuellement des sujets destinés à ranimer la ferveur
première.

Si donc on veut bien se rappeler que la renommée
de saint Romain était alors considérable dans la région, on ne trouvera pas extraordinaire que les fondateurs ou les directeurs du monastère de Saint-
Pierre-le-Vif se soient adressés à lui pour en obtenir
une règle de vie, et aussi des religieux qui fussent
des exemples vivants pour leurs frères.

Le lecteur trouvera peut-être que nous nous
sommes beaucoup étendu sur la propagation de la
règle bénédictine ; c'est que, en démontrant le rôle
prépondérant de saint Romain dans la connaissance
et l'extension de cette règle, nous lui attribuons par
là même une influence considérable sur la société de
son temps ; et à ce seul titre de propagateur de la
règle de saint Benoît, il aurait droit, non seulement
à la reconnaissance du pays qu'il a adopté, mais de
la contrée tout entière et même de la France.

« L'ordre de saint Benoît, en effet, couvrit la terre
de monastères et peupla le monde de saints et de
saintes, il épura la société à demi-sauvage, il donna
à l'Eglise une longue série de souverains pontifes,
formés à l'ombre de ses cloîtres ; il présida aux destinées du monde nouveau et lui créa des institutions
fondées uniquement sur la loi morale, et destinées

à neutraliser la force brute, qui sans lui eut prévalu ; il fournit des évêques innombrables, sortis de ses écoles, qui appliquèrent aux provinces et aux cités ses prescriptions salutaires ; il donna au monde les apôtres de vingt nations barbares, qui affrontèrent les races féroces et incultes, portant d'une main l'Evangile et de l'autre la Règle de leur père. Durant de longs siècles, les savants, les docteurs, les instituteurs de l'enfance appartiennent tous ou presque tous à la famille de saint Benoît (1).

« Quel cortège autour d'un seul homme, que cette armée de héros de toutes les vertus ; de pontifes, d'apôtres, de docteurs, qui se proclament ses disciples et s'unissent à l'Eglise entière pour glorifier le Seigneur dont la sainteté et la puissance ont paru avec un tel éclat dans la vie et les œuvres de Benoît (2). »

Saint Romain a droit à la première place, auprès de saint Benoît, dans ce cortège magnifique, lui qui fut l'éducateur de ce héros, et aussi le premier propagateur en France de la règle qui a opéré toutes ces merveilles, et devant laquelle toutes les autres règles disparaissent successivement, comme les étoiles pâlissent au ciel quand le soleil vient à se lever.

Nous ne devons plus nous étonner de l'enthou-

---

(1) Broissinière, en son *Dictionnaire théologique et historique*, nous dit que selon Hostiensis, en sa *Chronique de Cassine*, livre I, chap. ɪᵉʳ, l'on comptait alors dans l'ordre de saint Benoît jusqu'à 33.000 abbayes et 14.000 prieurez. « Et cet ordre a non seulement fleury en richesses et estendüe, mais aussi en sainteté, dignité et doctrine, car d'iceluy sont sortis 24 papes ; près de deux cents cardinaux ; 1,600 archevêques ; 4,000 évesques ; 15,700 abbez, signalés par leurs sciences et escrits, et plus de 15,559 canoninez. »

(2) Dom Guéranger, *Année liturgique*, Fête de saint Benoît, 21 mars.

siasme qui régna pendant tout le Moyen-Age pour saint Romain, il n'y a plus lieu d'être surpris que des populations entières se soient levées pour honorer ce grand saint ; le peuple d'alors connaissait ses véritables amis et ses insignes bienfaiteurs, il goûtait les services éminents de l'ordre bénédictin, et il se montrait reconnaissant envers celui qui avait été son premier initiateur parmi nous.

Aussi nous pouvons appliquer à saint Romain ce qui est dit de saint Maur : « Qu'il fut fécond votre apostolat, ô sublime ami du grand Benoît ! La règle que vous avez propagée a été véritablement le salut des peuples de notre Patrie, et les sueurs que vous avez versées sur l'héritage du Seigneur n'ont pas été stériles ; mais quand du haut du séjour de la gloire, vous considérez la France, jadis couverte de cette multitude innombrable de monastères, du sein desquels la louange divine montait sans cesse vers le ciel, et que vous n'apercevez plus que les ruines des derniers de ces asiles sacrés, ne vous tournez-vous pas vers le Seigneur pour lui demander que la solitude refleurisse enfin ?...

« Que sont devenus ces cloîtres, où s'élevaient les apôtres des nations, les pontifes éclatants de doctrine, ces défenseurs intrépides de la liberté de l'Eglise, ces docteurs de toutes sciences, ces héros de la sainteté qui vous appelaient leur second père ?

« Qui nous rendra ces fortes maximes de la pauvreté, de l'obéissance, du travail et de la pénitence, qui ravirent d'admiration et d'amour tant de générations, et poussaient vers la vie monastique tous les ordres de la société à la fois ? En place de cet en-

thousiasme divin, nous n'avons plus que la timidité
du cœur, l'amour d'une vie terrestre, la recherche
des jouissances, l'horreur de la croix et tout au plus
les habitudes d'une piété molle et stérile. »

Priez pour nous, ô grand Romain, « obtenez que
les mœurs chrétiennes de notre temps se retrempent
à l'étude de la sainteté, qu'un peu de force renaisse
dans nos cœurs attiédis, que la décadence morale,
qui nous désole, s'arrête dans son cours ; initiez-
nous à votre doctrine et à vos exemples, et faites que
les destinées de l'Eglise redeviennent aussi grandes
et aussi belles que nous les espérons dans nos rêves
impuissants (1). »

(1) Dom Guéranger, *Année liturgique*, fête de saint Maur, 15 janvier.

CHAPITRE X

Tandis que saint Romain s'appliquait en France à
évangéliser les peuples et à propager la règle bénédictine, saint Benoît ne restait pas inactif en Italie ;
il poursuivait, au Mont-Cassin, l'œuvre féconde qu'il
avait commencée à Subiaco, et confirmait par des
prodiges sans nombre la divinité de sa mission.

Comme saint Romain à Druyes, saint Benoît avait
trouvé au Mont-Cassin les derniers vestiges de la superstition idolâtrique ; il y avait sur ce sommet es-
carpé un antique temple d'Apollon et un bois sacré,
où les grossières populations du voisinage conti-
nuaient à offrir des sacrifices païens. L'homme de
Dieu renversa l'idole et l'autel, et, sur leurs débris,
il éleva deux oratoires, l'un dédié à saint Martin et
l'autre à saint Jean-Baptiste ; puis, appelant les multitudes autour de lui, il leur prêchait sans interruption la vérité évangélique.

Sa vertu admirable et la puissance surnaturelle qui éclatait de plus en plus dans toute sa vie, portèrent bientôt sa réputation de sainteté jusqu'aux confins de l'Italie.

La plupart des anciens monastères commencèrent alors à adopter la règle qui florissait au Mont-Cassin ; de nouvelles colonies s'établirent de tous côtés. Placide, le disciple chéri de Benoît, le fils du riche sénateur, avait porté en Sicile le nom et la règle de son maître. Dans toute la Péninsule, de nombreuses troupes de moines luttaient contre la dépravation des mœurs romaines et calmaient la violence des Barbares.

Le monde extérieur, l'élément laïque, comme on dirait aujourd'hui, a lui aussi les yeux fixés sur le nouveau fondateur d'ordre.

Le peuple voit, en effet, en saint Benoît un bienfaiteur généreux, un protecteur des pauvres laboureurs contre les violences et les rapines des nouveaux maîtres de l'Italie.

Les consulaires, patrices et sénateurs de Rome, s'en vont le visiter, et lui demandent comme une faveur d'être inscrits à la suite des membres de sa société sainte. Totila lui-même, ce roi barbare, désire le voir et éprouver l'esprit prophétique qu'on lui attribue ; et quand, après un subterfuge immédiatement découvert, il se présente lui-même et voit l'abbé assis qui l'attend, ce vainqueur des Romains, ce maître de l'Italie a peur, et n'osant approcher, il se prosterne jusqu'à terre devant le serviteur de Dieu.

En France, la réputation de saint Benoît n'avait pas moins de succès ; saint Romain lui avait fait

franchir depuis longtemps les frontières de la Gaule
et l'avait proclamée dans toute la région (1). Nous la
voyons bientôt répandue dans le Maine et l'Anjou,
où l'évêque du Mans, Innocent, « instruit par la renommée des merveilleux résultats obtenus par saint
Romain » et sans doute, après lui avoir inutilement
demandé des religieux, se décida à envoyer jusqu'au
Mont-Cassin pour solliciter une colonie formée par les
disciples du nouveau législateur des cénobites d'I-
talie.

Saint Benoît fit droit à la demande de l'évêque ; il
choisit pour cette mission le plus cher et le plus fer-
vent de ses disciples, le diacre Maur, que tous les religieux considéraient comme le successeur naturel de
leur fondateur. Il lui confia un exemplaire de la règle,
écrit de sa main, et portant pour signature ces mots :
« Code du pécheur Benoît. »

Quatre religieux furent désignés pour suivre Maur
dans sa mission lointaine ; C'était Faustus, Simpli-
cius, Antoine et Constantinien. Le législateur leur
remit le poids du pain et l'hémine ou mesure de vin
que chaque religieux pouvait consommer en un jour,
comme type invariable de cette abstinence qui devait constituer l'une des forces principales du nouvel
institut (2).

Le matin du samedi, cinquième jour des fêtes de
l'Epiphanie (11 janvier 543), Maur et ses compagnons, le bâton de voyage à la main, s'agenouil-
laient devant saint Benoît pour lui demander sa bénédiction. La communauté fondait en larmes en

(1) Patrologie, Migne, t. LXVI, p. 935.
(2) Montalembert, *Les Moines d'Occident,* II, 283.

présence de cette séparation. Après des adieux émouvants, les pieux pèlerins quittèrent le Mont-Cassin, emportant dans leur cœur les promesses prophétiques du patriarche.

A leur première halte, au domaine d'Euchelia, dépendant du monastère, pendant qu'ils célébraient l'office de nuit, arrivèrent deux frères qui apportaient de la part de saint Benoît un coffret d'ivoire rempli de reliques précieuses, et une lettre pour saint Maur.

Dans cette lettre, Benoît disait à son fidèle disciple : « Aujourd'hui même, après ton départ, le Seigneur a daigné me révéler l'avenir qui vous attend. Quand viendra pour toi la soixantième année de la profession monastique, tu seras introduit dans la joie de ton Sauveur. Le but de votre voyage ne sera pas atteint sans difficulté, vous aurez peine à trouver un asile où vous fixer. Le Seigneur vous ménagera cette épreuve et l'ennémi du genre humain déploiera contre vous toutes ses ruses. Mais la miséricorde de Dieu ne vous fera défaut nulle part. Après un long retard, elle vous fera trouver, dans un lieu différent de celui que nous espérions, un séjour parfaitement convenable. Adieu ! sois heureux dans ta profession sainte, et plus heureux encore dans le terme qui doit la couronner. »

Cette lettre de son maître, Maur ne s'en sépara jamais ; toute sa vie il la porta sur sa poitrine, et lors de son trépas, elle fut déposée dans son tombeau. Le petit reliquaire d'ivoire, que le patriarche y avait joint, devint le plus riche trésor de l'abbaye de Saint-Maur-sur-Loire, et plus tard de Saint-Maur-des-Fossés, près Paris.

Arrivés à Verceil, les voyageurs durent y séjourner plusieurs jours par suite d'un accident très grave dont fut victime Harderade, vidame de l'évêque du Mans ; en visitant la ville et ses curiosités, il tomba du haut d'une tour très élevée et fut relevé dans un tel état, qu'on désespérait de sa vie ; les médecins avaient décidé l'amputation d'un bras, quand, à la prière de Flodogare, archidiacre du Mans, saint Maur se prosterna devant le Seigneur et implora la guérison du patient ; il appliqua ensuite sur le bras meurtri et considérablement enflé le reliquaire envoyé par Benoît, et instantanément le malade fut guéri.

En passant les Alpes, leur serviteur, Sergius, tomba de cheval et se fit une entorse si grave que son pied n'offrait plus de forme naturelle, mais ressemblait à une masse arrondie. En proie à une excessive douleur, le pauvre malade était à chaque instant sur le point de se trouver mal. Saint Maur s'approchant de lui, prit de la main gauche le pied malade, et, faisant le signe de la croix avec la main droite, la douleur et l'infirmité disparurent aussitôt.

En sortant de l'église d'Agaune, où, avec ses compagnons, il avait prié sur le tombeau des saints martyrs, Maur rendit la vue à un aveugle qui se recommandait à ses prières. Dans le Jura, non loin du tombeau de saint Romain de Condat, il guérit subitement un enfant qui, depuis plusieurs jours, était à l'agonie, et consola ainsi la mère, pauvre femme veuve, accablée de douleur à la pensée de perdre son fils unique.

Le bruit de ces miracles remplissait tout le pays ; les foules accouraient de tous côtés sur le passage des pieux envoyés de Benoît : « les hommes et les femmes, les vieillards et les enfants faisaient retentir partout les louanges de Dieu qui glorifie ainsi les saints. »

C'est dans ces conditions que saint Maur et ses compagnons de voyage arrivèrent sur le territoire d'Auxerre, au jour ou l'on célèbre la Cène du Seigneur, c'est-à-dire le jeudi saint.

« Dans ce pays, dit Faustus l'un des pieux voyageurs, était le séjour vénéré de saint Romain ; et le bienheureux Maur, se rappelant les recommandations de saint Benoît, désirait ardemment se rencontrer avec ce grand saint qui, dans le commencement, avait été l'aide et le coopérateur de notre père vénéré. De plus, saint Maur savait que le surlendemain notre maître devait passer de ce monde à Dieu, c'est pourquoi il souhaitait plus vivement jouir de la conversation du bienheureux Romain et passer avec lui cette journée mémorable, ainsi que les fêtes de Pâques.

« Il demanda donc des guides, continue le même Faustus, pour nous conduire à Druyes. » Les envoyés de l'évêque du Mans, qui déjà connaissaient la réputation de saint Romain, loin d'objecter la nécessité du retour, consentirent très volontiers à venir eux-mêmes s'édifier des exemples et des instructions de l'abbé de Fontrouge.

Ils prirent ensemble le chemin de Druyes, hâtant le pas pour arriver plus tôt ; ils parvinrent en ce pays le lendemain, vendredi saint, à l'heure de sexte, c'est-à-dire vers midi (1).

(1) L'affirmation de Faustus relativement à la date de Pâques en 543, a été contestée par la plupart des chronologistes. Cette asser-

« Nous fûmes très affectueusement reçus par le bienheureux Romain, reprend Faustus. Un peu après notre arrivée, tandis que nous tous qui voyagions avec le bienheureux Maur, nous étions occupés à préparer ou à acheter ce qui était nécessaire pour le jour de la fête, ces deux saints s'entretenaient ensemble, et semaient mutuellement dans leurs âmes les douces paroles de l'éternelle vie.

« Après les vêpres, et à la suite de l'office solennel qu'on a coutume de célébrer ce jour-là, l'homme de Dieu, saint Maur, dit au bienheureux Romain : « Demain, notre père Benoît laissera le fardeau de « son corps terrestre et montera plein de joie et « d'allégresse vers la céleste Patrie. »

« A ces mots, le bienheureux Romain, accablé

---

tion a donné lieu à de nombreuses discussions ; elle a passionné les savants depuis des siècles.

Ceux qui calculent d'après le comput de Denis le Petit observent que, cette année-là, la lettre dominicale étant D, le 21 mars était bien un samedi, mais, disent-ils, la solennité de Pâques fut partout célébrée le 5 avril, soit quinze jours plus tard ; et, par conséquent, saint Benoît serait mort le samedi, veille du dimanche de la Passion, fête que les calendriers d'autrefois appelaient alors *premières Pâques*.

D'après les autres, le cycle de Denis le Petit, adopté dès l'an 532, n'aurait été réellement mis en vigueur que plus tard, et en 543, la France et l'Occident n'auraient pas eu encore de règle absolument uniforme pour fixer la date de Pâques ; même au siècle suivant, Colomban et les Irlandais discutaient encore sur ce point, avec les pères du concile de Sens.

Devons-nous conclure, avec l'auteur des *Chroniques générales de l'ordre de saint Benoît*, que, suivant le témoignage de Faustus, la fête de Pâques dut être célébrée en France, cette année-là, le 22 mars. Ou bien, avec plusieurs historiens, que le récit de Faustus a dû être interpolé sur ce point ? Nous laissons à de plus compétents le soin de trancher cette « question épineuse, véritable épouvantail pour tous ceux qui s'aventurent dans l'étude des annales primitives de l'Eglise. »

par cette nouvelle, fondit en larmes et pleura longtemps sans qu'il fût possible de le consoler, tant
était grande sa douleur d'apprendre la mort prochaine de celui qu'il aimait à la fois comme un fils
et comme un père.

« Cependant, le bienheureux Maur, essayant de
le consoler, lui disait : « Nous devons plutôt nous
« réjouir que pleurer à cause de son passage de ce
« monde à l'autre, car nous voyons partir avant nous
« un grand protecteur, et il nous sera désormais
« bien plus propice dans le ciel que s'il restait vi-
« vant de la vie de la chair. » Mais, tout en parlant ainsi, il ne pouvait lui-même retenir ses larmes (1). »

Le souvenir des grands mystères de ce jour, et
aussi la pensée du décès de saint Benoît, excitèrent
nos deux saints et leurs disciples à passer toute la
nuit suivante en prières. Saint Maur et ses compagnons, ainsi que saint Romain et ses religieux, tous
ensemble restèrent dans l'église, sans rien prendre,
s'occupant à lire les psaumes et à réciter des prières
pour le trépas de leur très cher père en Dieu, Benoît.
Ils voulaient ainsi lui rendre de loin les mêmes devoirs qu'ils lui eussent rendus, s'ils avaient été présents à sa mort.

Après que le jour eut paru, ils récitèrent prime (2)
et tierce. Ensuite, saint Romain et les autres religieux sortirent de l'église et rentrèrent au monastère. Saint Maur seul resta devant l'autel, attendant

______

(1) Acta sanctorum, *Vita sancti Romani.*

(2) C'est à saint Benoît que l'on attribue l'introduction dans l'E-
glise de cette heure canoniale.

le passage de Benoît de ce monde au ciel, et ne sachant pas à quelle heure de la journée il aurait lieu ; quoique fort éloigné, il s'employait avec ferveur à le fortifier par ses prières et par la récitation des Psaumes.

Vers neuf heures du matin, comme il était prosterné sur le pavé du temple, il fut tout à coup ravi en extase et se vit subitement transporté en esprit au Mont-Cassin, d'où il était parti soixante et quelques jours auparavant ; il aperçut un chemin couvert de tapis précieux, jonché de fleurs et tout resplendissant de l'éclat d'innombrables lampes ; cette voie partait de la cellule de Benoît dans la direction de l'Orient et s'en allait jusqu'au ciel.

Pendant qu'il admirait cette vision merveilleuse, survint un homme vénérable, aux vêtements éclatants, qui lui demanda s'il connaissait la route qu'il avait sous les yeux, et, comme il avouait son ignorance, il lui dit : « Ce chemin est celui que vient de suivre pour monter au ciel le bien-aimé du Seigneur, Benoît. »

Ce même jour, en effet, et à la même heure, les religieux du Mont-Cassin étaient réunis autour de leur père expirant. Benoît, qui venait de perdre sa sœur, sainte Scholastique, avait annoncé à plusieurs de ses fils spirituels le jour et l'heure de sa mort ; six jours avant la date qu'il avait prédite, il fit ouvrir son tombeau. Une fièvre violente le saisit ensuite. Le sixième jour de la maladie, il se fit porter par ses disciples dans l'oratoire de Saint-Jean-Baptiste. Là, debout au pied de l'autel et au bord de la fosse qu'il avait fait préparer, il reçut le saint viatique ; puis, étendant les mains vers le ciel, et murmurant les

prières de l'oraison, il exhala son dernier soupir.
C'était le 21 mars 543 (1).

Mourir debout, dit M. de Montalembert, c'est bien
la forte et victorieuse mort qui convenait à ce soldat
de Dieu.

On l'enterra à côté de sa sœur, dans le tombeau
creusé par lui sur le site même de l'autel d'Apollon
qu'il avait renversé.

Plus tard, ses précieuses reliques furent transfé-
rées en France, à l'abbaye de Fleury, appelée depuis
Saint-Benoît-sur-Loire, où elles reposent encore
maintenant sous la garde d'une nouvelle colonie bénédictine (2).

Saint Maur, prosterné dans l'église de Druyes,
n'avait donc pas été victime d'une illusion. Dès qu'il
fut revenu à lui, appelant de suite saint Romain et
tous les religieux, il leur raconta clairement les détails de tout ce qu'il avait vu.

En apprenant la mort de saint Benoît, saint Romain et saint Maur, loin de se laisser aller à une
douleur exagérée et toute humaine, se réjouirent,
au contraire, de savoir leur ami près de Dieu, à l'a-
bri des pièges du démon et heureux dans la gloire
pour l'éternité.

« Ils passèrent donc dans la joie cette journée du
samedi saint ; le lendemain, ils célébrèrent ensemble
la glorieuse fête de la résurrection du Sauveur. »

Au moment des adieux, saint Romain exprima à

---

(1) Lancelot et M. l'abbé Darras reportent jusqu'en 547 la mission
de saint Maur, et conséquemment la mort de saint Benoît. Les chronologistes donnent également à ce décès des dates différentes, mais
la tradition bénédictine a été constante à le fixer en l'an 543.

(2) Darras, *Histoire générale de l'Eglise*, xiv, 503.

son hôte les vœux qu'il formait en faveur du succès
de sa mission. Il avait été question sans doute d'aller
ensemble fonder ce monastère demandé par l'évêque
du Mans ; soit que saint Benoît l'eut conseillé à son
cher disciple, soit que Maur voulut abriter sa jeunesse derrière l'expérience et les cheveux blancs du
saint vieillard, toujours est-il que saint Romain,
écrasé déjà par le poids des ans et attaché à Druyes
et aux religieux qu'il y dirigeait, lui dit à l'heure du
départ :

« Si, sans danger pour mon âme, j'avais pu quit-
« ter ce lieu-ci, j'aimerais mieux habiter avec toi que
« de terminer ailleurs la fin de ma carrière ; mais,
« comme il y aurait péril à abandonner ces compa-
« gnons, et que mon dernier jour est très proche (1),
« va sans encombre où tu es envoyé ; et que ton sort
« soit heureux ; que le Dieu tout puissant soit toujours
« avec toi et avec les frères qui voyagent en ta com-
« pagnie ; qu'il vous conduise tout droit à la vraie
« terre promise, qu'il a daigné assurer à tous ses élus,
« et où il leur a préparé des choses délicieuses que
« l'œil de l'homme n'a point vues, que son oreille n'a
« point entendues, que son esprit ne peut ni deviner
« ni concevoir ; si ce n'est pourtant l'esprit de ceux
« qui, foulant aux pieds les choses de la terre et les
« avantages de ce monde pour l'amour de Dieu, re-
« noncent aux biens d'ici-bas par le désir des biens
« célestes. Ceux-là peuvent soupçonner combien le
« Seigneur est libéral et généreux envers ses servi-
« teurs ; car, selon la parole de l'Apôtre, Dieu leur
« a révélé ces choses par son Esprit. »

____

(1) Jam jamque imminet dies.

Après l'avoir affectueusement embrassé, saint Maur et ses compagnons prirent congé de saint Romain et dirigèrent leurs pas du côté d'Orléans. Arrivés en cette ville, ils apprirent avec un profond chagrin la mort de l'évêque du Mans qui les avait fait appeler. Mais, la Providence aidant, et selon la prophétie de saint Benoît, ils trouvèrent bientôt un site très avantageux, et fondèrent, au milieu des forêts qui dominent la Loire, le célèbre monastère de Glanfeuil, qui prit plus tard le nom de Saint-Maur-sur-Loire.

« Ce site, perdu aujourd'hui dans les vignobles de l'Anjou, mérite le regard reconnaissant de tout voyageur dont la pensée ne reste pas insensible aux bienfaits qui, de cette colonie bénédictine, ont découlé sur la France entière.

« Le fils chéri de saint Benoît y passa quarante années à la tête de sa colonie française ; il y vit officier jusqu'à cent quarante religieux. Quand il mourut, après s'être retiré pendant deux ans dans une cellule isolée, pour s'y préparer en silence à paraître devant Dieu, il avait déposé sur le sol de la Gaule un germe qui ne devait ni s'épuiser ni périr ; et qui, après mille ans encore, devait produire, sous le nom du modeste fondateur de Glanfeuil, une nouvelle efflorescence du génie monastique, destinée à devenir le synonyme de l'érudition laborieuse, et l'une des gloires les plus incontestées de la France (1).»

« Le monastère de Glanfeuil communiqua sa législation à tous nos principaux centres d'influence

---

(1) *Les Moines d'Occident*, II, 284 et 285. — On sait que la congrégation de saint Maur, immortalisée par les travaux de Mabillon, de Montfaucon, de Ruinard et de tant d'autres, fut définitivement organisée en 1618.

monastique : Saint-Germain de Paris, Saint-Denis
en France, Marmoutiers, Saint-Victor de Marseille,
Luxeuil, Jumièges, Fleury, Corbie, Saint-Vannes,
Moyen-Moutiers, Saint-Wandrille, Saint-Vaast, La
Chaise-Dieu, Tiron, Chezal-Benoît, Le Bec et mille
autres abbayes de France se glorifièrent d'être les
filles du Mont-Cassin par le disciple chéri du grand
patriarche.

« Cluny, qui donna entre autres au siège apostolique, saint Grégoire VII et Urbain II, se reconnut
redevable à saint Maur de la règle qui fit sa gloire et
sa puissance.

« Que l'on compte les apôtres, les martyrs, les
pontifes, les docteurs, les ascètes, les vierges qui
s'abritèrent sous les cloîtres bénédictins de la France
pendant douze siècles ; que l'on suppute les services
rendus par les moines à notre Patrie, dans l'ordre
de la vie présente et dans l'ordre de la vie future,
durant cette longue période ; on aura alors quelque
idée des résultats qu'opéra la mission de saint
Maur (1). »

Telle fut l'origine de l'ordre bénédictin en France.
Etabli d'abord à Druyes (2) et dans le centre de la
Gaule par saint Romain, il fut installé dans l'ouest
par saint Maur qui fit connaître de plus en plus la
sainte règle du Mont-Cassin, donna à son établissement en France une nouvelle et énergique impulsion et travailla efficacement à concentrer et à dis-
cipliner les forces monastiques jusque-là éparses,
irrégulières et intermittentes.

(1) Dom Guéranger, *Année liturgique*, fête de saint Maur, 15 janvier.

(2) Voir ce que nous avons dit chapitre VII et IX, p. 97 et 125.

Pendant que les rois francs se déchiraient entre eux, ou bien, qu'à la tête de leurs farouches guerriers, ils envahissaient l'Espagne ou l'Italie et faisaient trembler sur son trône le successeur de Théodose et de Constantin, leurs peuples étaient eux-mêmes subjugués par les fils de saint Benoît ; et ces races fougueuses et encore barbares se laissaient émouvoir, convertir et diriger par ces pacifiques conquérants.

CHAPITRE XI

Mort de saint Romain. — Il est enseveli dans l'église de Druyes. —
Son tombeau devient un lieu de pèlerinage.

Quand saint Maur quitta le monastère de Druyes,
pour s'en aller dans l'Anjou continuer l'œuvre commencée par saint Romain dans l'Auxerrois, le vénérable abbé de Fontrouge était parvenu à une
vieillesse avancée. La mort de saint Benoît, son disciple et son maître, était comme un avertissement
de son heure suprême. Dieu voulut lui en donner
un autre plus positif en lui annonçant, par une révélation spéciale, que le moment de la récompense
allait venir et que le jour de son trépas approchait.

A dater de cet avis, saint Romain se détacha de
plus en plus de ce monde ; il s'appliqua tous les jours
davantage à dénouer les fils qui le retenaient encore
à cette terre.

Son œuvre, du reste, est achevée. Venu en ce
pays « pour y répandre partout la semence de la divine parole et y donner à tous l'exemple d'une sainte

vie », il a répondu admirablement à la mission que Dieu lui avait confiée.

La parole de Dieu, il l'a fait entendre pendant de longues années, non seulement aux habitants de Druyes, mais à toute la contrée ; grâce à ses prédications, la population de ce pays est maintenant chrétienne, fervente même, fidèle à tous ses devoirs envers Dieu.

Quelle différence avec l'époque de son arrivée ! Nous ne voyons pas seulement des terrains incultes, devenus fertiles ; des broussailles et des forêts impénétrables, remplacées par une culture florissante ; un village et une église qui ont surgi, comme par enchantement, au milieu des marécages desséchés et assainis. La foi véritable a également succédé à la superstition ; l'esprit chrétien, esprit d'union et de dévouement, se manifeste maintenant, à la place de cet esprit étroit, égoïste, querelleur, qui se montrait naguère encore dans les mœurs de ces populations. Les efforts et les exemples d'un saint ont absolument transformé ce pays.

La contrée a aussi changé de face ; les habitudes païennes ont disparu ; le culte idolâtrique a fait place partout à l'amour du vrai Dieu ; le Seigneur est maintenant loué et honoré de tous ; et Romain, son serviteur, est regardé comme le salut de cette province.

Les exemples d'une sainte vie, il les a également prodigués à tous ; aux simples fidèles d'abord, puis aux ministres de Dieu, aux cénobites, qui vivaient la plupart du temps séparément, sans règle uniforme, ou simplement soumis à la volonté plus ou moins mobile d'un supérieur ; et par conséquent exposés à des changements brusques et démoralisateurs.

Voici que maintenant, grâce à la règle importée par saint Romain, les monastères seront unis entre eux et vivront sous l'influence d'une discipline éminemment sage et fertile en bienfaits.

La mission de notre saint est donc accomplie ; sa vie, comme le disent tous les historiens, est pleine de vertus et de mérites.

En considérant le passé, il peut dire comme le pieux Ezéchias : Seigneur, « souvenez-vous que j'ai marché en votre présence dans la voie droite. » Son existence, en effet, a toujours été préservée de toute faiblesse morale ; son enfance et sa jeunesse se sont passées, pures et saintes, à l'ombre des autels, à prier Dieu, à chanter ses bienfaits ; il a consacré de longues années à travailler avec ardeur à la gloire du Très-Haut et au salut des âmes ; sa vieillesse a couronné les efforts de toute sa vie pour le bien général.

Maintenant encore, quoiqu'accablé sous le poids des ans, son zèle défie l'âge et étonne la nature ; son temps est entièrement consacré à la prière, à la mortification ; il ne cesse pas de pratiquer le sacrifice de lui-même et le dévouement pour autrui.

Pour récompenser tant et de si grands mérites, Dieu voulut illustrer ses dernières années par une abondance considérable de faits merveilleux et surnaturels. Au témoignage de l'histoire, saint Romain multipliait les guérisons en faveur de toutes les infirmités d'ici-bas ; ses miracles devenaient plus nombreux et plus éclatants, à mesure qu'il approchait du terme de son pèlerinage : Dieu, sans doute, au moment de le rappeler à lui, tenait à lui communiquer sans restriction ce don divin des miracles.

C'était là une sorte de glorification anticipée. Dans ces conditions, pourrait-il craindre la mort ? Saint Cyprien nous dit qu'elle est redoutable seulement pour celui qui ne se soucie pas d'aller à Jésus-Christ. Or, saint Romain a toujours vécu pour cet au-delà de la vie présente, toutes ses pensées ont été pour l'éternité, ses paroles et ses actes n'ont jamais eu d'autre but que la récompense promise ; s'il s'adresse à ses frères d'Italie, ou s'il s'entretient avec saint Maur, c'est toujours du ciel qu'il parle, « de cette vie sans fin, exempte de douleur, pleine de joie, qui sera comme un banquet délicieux au milieu d'une paix inénarrable. »

Gislebert nous assure que, loin de redouter la mort, notre saint désirait depuis longtemps être uni à son Dieu ; la mort, elle lui apparaissait comme une délivrance ; avec l'Apôtre des nations, il la regardait comme un gain. Il la voit donc venir avec sérénité ; il l'attend tranquillement, comme un voyageur attend la barque qui doit le transporter à l'autre bord du fleuve.

« Saint Romain, dit un pieux auteur, sentait allumer dans son cœur un cuisant désir d'être déchargé du pesant fardeau de la chair mortelle, pour marcher par ce chemin tapissé et triomphant par lequel saint Benoist étoit monté à la gloire de son Créateur, ornant et augmentant tous les jours la couronne de ses vertus et mérites, jusqu'à ce que son âme se sépara de son corps (1). »

En vain ses disciples veulent le retenir par la vé-

____

(1) *Chroniques générales de l'ordre de saint Benoist,* tome I, page 159.

hémence de leurs prières, l'ardeur de ses désirs l'emporte sur leurs instances ; il s'efforce cependant de modérer leur chagrin, de fortifier leur courage ; il leur répète les paroles prononcées par saint Maur deux mois auparavant : « Du haut du ciel il leur sera plus utile encore que sur la terre ; loin donc de pleurer, ils doivent plutôt se réjouir de son passage de cette vie à l'autre. »

Ses dernières recommandations faites, sa suprême bénédiction donnée, il se fait porter, à l'exemple de saint Benoît et de presque tous les anachorètes d'alors, jusqu'au pied de l'autel, pour y recevoir les sacrements de l'Eglise, l'onction sainte, le viatique du salut. Puis, de retour en sa cellule, il peut dire comme le vieillard Siméon : « Maintenant, Seigneur, laissez aller en paix votre serviteur. » Comme un des premiers solitaires, il peut interpeller son âme et lui crier : « Sors, mon âme, qu'est-ce qui t'arrête, il y a plus de soixante-dix ans que tu sers Jésus-Christ et tu craindrais la mort ? »

Et ainsi le regard porté vers le ciel, le cœur rempli d'une sainte componction, parvenu au terme suprême, il rend doucement son âme au Seigneur et s'endort tranquillement dans le sein de Dieu. C'était le 22 mai de l'année 543, la quarante-deuxième de son séjour à Druyes et la quatre-vingt-unième de son existence (1).

« A vrai dire, s'écrie son historien, ce ne fut pas

______

(1) Mabillon ne fait mourir saint Romain qu'en 545, sans nous expliquer sur quel témoignage il s'appuie pour fixer cette date ; Anthoine de Yêpes ne le fait mourir qu'en 546, sans être plus explicite ; Lancelot et M. l'abbé Darras reportent jusqu'en 547 la mort de saint Benoît et par là même celle de saint Romain.

pour lui le crépuscule, mais l'aurore de la vie. Il
cessa de mourir pour commencer à vivre ; délivré
des ténèbres du monde, il se vit revêtu de la clarté
du ciel. Et maintenant face à face avec Dieu, il
règne dans la gloire au sein de l'immortelle béatitude. »

Nous n'entreprendrons pas de dépeindre la douleur de ses disciples, quand ils se virent privés de
leur fondateur. Un double sentiment, dit Gislebert,
se partageait leur âme. D'une part, ils savaient leur
père spirituel près de Dieu et se réjouissaient de son
bonheur et de son triomphe ; ils étaient aussi pleins
de confiance en son appui et en ses promesses.
D'autre part, sa mort leur faisait un vide considérable ; sa présence était bien utile au milieu d'eux,
nécessaire même, le saint vieillard l'avait reconnu
quelques semaines auparavant. Qu'allaient-ils devenir, maintenant qu'ils étaient privés de ses lumières
et de son dévouement ?

Les habitants de Druyes ne furent pas moins sensibles à ce deuil, ils comprenaient très bien l'importance de la perte qu'ils venaient de faire ; et, s'ils
comptaient sur un protecteur auprès de Dieu, ils
n'en déploraient pas moins son départ. Le saint ne
serait plus là désormais pour les conseiller et les
guider, pour consoler leurs peines, éclairer leurs
doutes, guérir leurs malades, travailler à leur sanctification et à leur salut.

Tous, religieux et habitants, s'unirent pour lui
faire des funérailles dignes de lui ; ils l'ensevelirent
dans l'église même qu'il leur avait fait bâtir, « en sa
propre basilique », dit son historien.

On se demande nécessairement quel fut l'empla-

cement du tombeau de saint Romain dans l'église de
Druyes, et s'il ne resterait pas encore, sous le dal-
lage, quelques vestiges de sa première sépulture.

Nous pensons que son corps fut déposé dans un
cercueil de pierre, selon la coutume de l'époque, et
que ce cercueil fut inhumé au milieu du chœur, ou
bien dans le sanctuaire, au pied de l'autel ; comme
il convenait à un fondateur, à un chef de famille,
autour duquel viendront plus tard se grouper ses
enfants de prédilection.

Toutefois, pour fixer aujourd'hui cet emplacement, il faudrait savoir si l'église actuelle a été rebâtie exactement sur les fondations de l'ancienne.
C'est très probable, mais nous ne pouvons pas l'af-
firmer. On devait connaître encore le lieu de cette
sépulture au commencement du xiiᵉ siècle ; il pourrait donc se faire qu'on eut voulu honorer cet endroit
en le faisant concorder, dans la nouvelle église, avec
l'emplacement du maître-autel.

Ce serait donc, selon nous, sous l'autel principal,
ou bien en avant, jusqu'au milieu du chœur, qu'on
aurait des chances de retrouver le cercueil vide de
saint Romain, qui n'a pas dû être transporté à Auxerre lors de la translation de ses reliques.

A partir du jour où le corps du saint y fut
inhumé, l'église de Druyes perdit son ancien vocable, dont le souvenir n'est même pas venu jusqu'à
nous ; elle prit désormais le nom d'église de Saint-
Romain.

En même temps, elle devenait le but d'un pèlerinage très suivi, où se donnaient rendez-vous toutes
les infirmités physiques et morales. Les miracles, qui
avaient lieu fréquemment à ce tombeau, y attiraient

les foules et rendaient partout glorieux le nom du saint abbé.

C'est ainsi que se continua le pèlerinage déjà établi de son vivant. Les habitants des pays voisins, ceux qui avaient connu le saint, vinrent tout d'abord prier sur sa tombe ; puis ce furent des pèlerins éloignés qui accoururent à leur tour pour implorer sa protection et son appui auprès de Dieu. Et, comme tous obtenaient les grâces sollicitées, un concert de louanges et de reconnaissance s'éleva de toutes parts pour glorifier saint Romain.

Le diocèse d'Auxerre tout entier retentit bientôt de ses éloges, et bon nombre de paroisses des diocèses de Nevers, de Sens, de Langres, d'Autun, s'associèrent à ce chant de reconnaissance.

Ceux qui avaient été l'objet de ses faveurs et qui avaient obtenu par lui des grâces de choix, élevaient des sanctuaires en son honneur, notamment à Sens, où une église importante lui est construite peu après sa mort, « alors que la renommée se répandoit partout de la bonne odeur de la vie de saint Romain, par une infinité de miracles et aussi par les escrits du grand saint Grégoire qui escrivoit alors ses dialogues, où il presche hautement ce grand saint (1). »

Et, en effet, à la fin du vi^e siècle, pendant que Dieu multipliait les merveilles au tombeau de son serviteur, Grégoire, l'illustre chef de l'Eglise, retiré au monastère de Saint-André, à Rome, composait son immortel ouvrage et publiait ainsi aux extrémités de

____

(1) M. Rousseau, manuscrit de la bibliothèque de Sens, n° 66, *Histoire de la Ville de Sens,* paroisse saint Romain.

l'univers, non seulement la sainteté de Benoît, mais aussi celle de son éducateur.

Tant qu'il vécut ici-bas, le pieux solitaire avait voulu fuir le monde et n'avait jamais ambitionné qu'une existence humble et cachée ; et voici que, pour glorifier cette humilité, les hommes mettent leur empressement à le chercher et à louer ses bienfaits. Son tombeau est plus célèbre et plus honoré que celui des conquérants et des maîtres du monde ; tandis que ceux-ci ont à peine quitté la terre que déjà ils sont oubliés, saint Romain, au contraire, voit tous les jours grandir sa réputation et augmenter le nombre de ses admirateurs.

Saint Chrysostôme avait donc raison de dire que les tombeaux de ceux qui ont servi Jésus-Christ l'emportent sur les palais des rois, non pas toujours par la grandeur et la magnificence du monument, mais par des choses infiniment plus précieuses, et spécialement par la multitude de ceux que la piété y attire.

Les protestants et les rationalistes modernes ont reproché aux catholiques le culte des saintes reliques, et les pèlerinages des fidèles aux tombeaux des saints ; les premiers ont traité cette dévotion d'invention moderne, et les autres la qualifient tous les jours de superstition ridicule.

Il n'entre pas dans notre cadre de réfuter ces accusations ; disons seulement que le culte des reliques est aussi ancien que l'Eglise, et même que le monde ; Dieu l'a approuvé avec évidence par des miracles éclatants, et l'Eglise, elle aussi, a donné son approbation à la dévotion des fidèles. Enfin, ceux qui traitent ce culte de supersti-

INTÉRIEUR DE L'ÉGLISE DE DRUYES

(Vue prise en 1887)

INTÉRIEUR DE L'ÉGLISE DE DRUYES

(Vue prise en 1887)

tion ridicule, oublient sans doute leur propre manière d'agir. Ne voyons-nous pas, en effet, l'Allemagne protestante conserver religieusement tout ce qui rappelle Luther ; et nos philosophes du xixe siècle ne renouvellent-ils pas chaque année certains pèlerinages aux tombeaux ou à la demeure de prétendus grands hommes, dont ils voudraient faire des demidieux, et pour lesquels ils réclament de temps en temps les honneurs du Panthéon.

« Ne leur en déplaise, rien ne fait pénétrer plus avant et plus sûrement les racines de la foi dans le cœur des populations que le culte de nos saints locaux ; leur cendre est éternellement féconde et on ne peut remuer les souvenirs de leur vie sans qu'il s'en échappe des parfums inépuisables de vertu. Ce culte et ces souvenirs seront toujours le palladium de la foi pour les peuples au milieu desquels les saints ont vécu (1). »

Laissez donc les croyants prier au tombeau des saints, lors même qu'ils n'y obtiendraient pas toujours des prodiges surnaturels et des guérisons miraculeuses, ils y trouveront au moins des exemples de vertus, pour les aider à marcher dans la voie du bien ; ils y puiseront aussi des consolations dans les épreuves et des espérances dans l'adversité, cela vaudra bien les découragements qui excitent à la haine de la société et les déceptions pleines de colère qui conduisent à la violence.

Les pieux fidèles qui affluaient à Druyes pour prier au tombeau de saint Romain y obtenaient certainement des grâces signalées et des bienfaits im-

____

(1) M. l'abbé Mémain, *Semaine religieuse* du 4 juin 1870.

portants. Aussi, le nombre des visiteurs augmentait tous les jours ; ce n'était plus seulement des particuliers, mais des paroisses entières qui faisaient ce pèlerinage, priaient devant le glorieux sépulcre et entouraient saint Romain de louanges et d'honneurs. Même les villages les plus éloignés voulaient lui apporter le tribut de leurs hommages et lui présenter leurs offrandes ; en échange, ils emportaient dans leur demeure quelques morceaux de l'étoffe ou quelques débris de la soie qui recouvrait son tombeau. « C'en était assez pour la foi de nos pères et pour la simplicité de leurs mœurs. Ils s'en revenaient dans leurs foyers plus heureux et plus fiers d'un tel trésor que les triomphateurs de l'ancienne Rome, quand ils montaient les marches du Capitole tout chargés des dépouilles des peuples vaincus (1). »

Le succès de ce pèlerinage, tout en contribuant puissamment à la glorification de saint Romain, devint funeste à la paroisse de Druyes, puisqu'il servit d'occasion ou de prétexte pour la dépouiller des précieuses reliques.

La dévotion des fidèles, leur affluence, aussi bien que la multiplicité et l'éclat des miracles avaient attiré depuis longtemps l'attention des évêques d'Auxerre. Ils observaient que, selon la parole de l'Ecriture, la lumière ne devait pas être ensevelie sous le boisseau ; que le corps de saint Romain, resplendissant d'une vive clarté et brillant de l'éclat des dons les plus merveilleux, ne pouvait pas rester en un lieu si retiré et dont l'accès était si difficile ; qu'il convenait donc de transporter ce précieux trésor

____

(1) Mgr Besson.

plus au centre des fidèles, de le manifester davantage devant le monde chrétien, et de mieux divulguer sa puissance en le plaçant au chef-lieu du diocèse.

Naturellement, les habitants de Druyes ne goûtèrent pas beaucoup ce raisonnement, ils tenaient à garder les précieux restes de leur saint patron. Un jour vint cependant où, d'un commun accord, on reconnut la nécessité de cette translation, dont nous ferons l'historique au chapitre suivant.

Disons de suite que, même après cet enlèvement, les habitants de Druyes n'en continuèrent pas moins à garder précieusement le culte et le souvenir de celui qui avait illustré et sanctifié leur vallée. D'après Gislebert, au milieu du xie siècle, l'église de Druyes, dédiée à saint Romain, était toujours fréquentée par de nombreux pèlerins et très illustre encore à cause des miracles obtenus par l'intercession du saint.

C'était également en invoquant le saint patron de cette paroisse que les puissants seigneurs de Druyes, les comtes d'Auxerre et de Nevers, rendaient la justice ; ou qu'ils s'en allaient combattre en Terre-Sainte.

Dans tout le cours des siècles suivants, nous retrouvons constamment la fidélité au saint moine et même aujourd'hui, en notre temps d'indifférence et d'incrédulité, après treize cent cinquante années passées sur sa tombe, le souvenir de ce saint protecteur n'a pas cessé d'être en honneur à Druyes et dans les environs.

L'Ecriture nous dit que « les ossements des saints refleurissent dans leur tombeau, parce qu'ils ont fortifié le peuple de Dieu, et qu'ils se sont rachetés par leur foi pleine de courage (1). » Cette parole s'applique avec une merveilleuse exactitude à saint Romain, aussi bien pour la période que nous venons de parcourir, que dans les diverses translations qu'il nous reste à rapporter. Ses pieuses reliques ne cessent de prophétiser, elles reverdissent en quelque sorte de siècle en siècle, tant que la foi ardente, la confiance naïve, la charité parfaite sollicitent de nouveaux prodiges.

(1) *Ecclésiastique,* XLIX, v. 12.

CHAPITRE XII

Premières translations des reliques de saint Romain : 1º à Saint-
Amatre d'Auxerre ; 2º à Saint-Germain, en 845. — Le curé de
Bonnard s'empare d'un ossement de la tête. — En 876, Anségise,
archevêque de Sens, sollicite et obtient la moitié du corps qu'il
confie aux moines de Vareilles.

Combien de temps le corps de saint Romain de-
meura-t-il dans l'église de Druyes ? Il est bien difficile de répondre nettement à cette question et de
fixer la date de son transfert à Auxerre. L'histoire est
restée muette sur ce point chronologique.

L'auteur de la *Vie de saint Romain* n'est pas très
explicite quand il s'agit de désigner la période
de temps durant laquelle le corps resta à Druyes
et celle de son séjour en l'église Saint-Amatre (1) ;
il emploie dans les deux cas une expression qui peut
signifier tout aussi bien trois ou quatre ans que plusieurs siècles.

Mabillon, à propos des actes du synode de Saint-

(1) Per aliquot annos... aliquot anni jam fluxerant.

Aunaire, vers 578, dit : « qu'il y est fait mention de Druyes, village du *pagus* Auxerrois, où était construit le monastère de Fontrouge, bâti par saint Romain, lequel était peut-être déjà détruit et le corps de saint Romain déjà transporté dans l'église Saint-Amatre (1). » Le *peut-être* n'est pas de trop, car cette supposition nous paraît bien problématique. C'est cependant cette appréciation du savant bénédictin qui a fait dire aux auteurs modernes que le corps du saint abbé était resté peu de temps dans l'église de Druyes.

Dom Fournier paraît être l'écho d'une tradition plus exacte, quand il dit : « Dans la suite des temps, le corps de saint Romain fut apporté à Auxerre dans l'église Saint-Amatre, d'où saint Héribalde le fit transférer dans celle de Saint-Germain, en 845 (2). »

Ce langage d'un auteur local indique que, selon lui, le corps du saint serait resté assez longtemps à Druyes avant d'être transporté au chef-lieu du diocèse. Et de fait, il paraît difficile d'admettre que cette translation ait eu lieu dans le siècle de sa mort, et même dans le courant du siècle suivant.

Il n'était guère dans les mœurs de cette époque d'exhumer les corps saints et de les transporter ailleurs. A moins d'une révélation d'en haut, on regardait généralement comme une profanation sacrilège d'ouvrir un tombeau.

L'histoire de l'Eglise nous dit, en effet, que le pape

(1) *Annales ord. Benedict.* t. I, p. 172. Quod tunc forte jam destructum erat.

(2) *Description des saintes Grottes de l'Abbaye de Saint-Germain d'Auxerre,* p. 12.

Grégoire-le-Grand, ayant fait exécuter des travaux importants à la basilique de Saint-Pierre de Rome, ainsi qu'à celle de Saint-Laurent, il fut nécessaire de creuser très profondément pour établir les bases de la construction nouvelle. Les moines chargés de ce travail craignaient de découvrir involontairement les tombeaux des saints apôtres et celui du diacre martyr. C'est précisément ce qui arriva en l'église Saint-Laurent ; un coup de pioche atteignit le sépulcre, cassa le couvercle, laissant voir les ossements du saint. Les ouvriers, auteurs involontaires de cet accident, se regardèrent comme coupables de profanation et condamnés à une mort prochaine ; et, en effet, ils moururent tous dans le mois qui suivit.

L'histoire de France rapporte également que Clovis II, époux de sainte Bathilde, fut regardé comme un profanateur et un sacrilège, parce que, étant venu prier sur le tombeau de saint Denys, il voulut se faire ouvrir le sépulcre des martyrs, et s'empara d'un ossement du bras. Son escorte, témoin de cette violence, fut saisie d'horreur, et entraîna aussitôt le roi loin du théâtre de son crime. Le monarque, frappé de démence, mourut deux ans après, sous le coup de la malédiction de Dieu et des hommes.

Superstition, dira-t-on de nos jours ; lors même que cette appréciation serait exacte, les faits cités prouvent bien qu'au vi° et au vii° siècle, on n'exhumait pas facilement les corps des saints. Les rares exceptions qu'on pourrait produire ne font que confirmer cette règle générale.

Dans la seconde moitié du vii° siècle, il est vrai, le corps de saint Benoît est apporté du Mont-Cassin à Fleury-sur-Loire ; mais c'est d'après les ordres d'une double révélation. Il y avait près de cent ans qu'il gisait sans honneurs sous les décombres du monastère détruit par les Lombards ; les moines réfugiés à Rome pleuraient de loin sur l'abandon où il était ; chaque année une députation de quelques religieux allait y prier secrètement. Il ne leur vint pas à la pensée d'exhumer les restes de leur fondateur et de les emporter dans leur nouvelle résidence. C'eut été un crime à leurs yeux.

Et quand les envoyés de Fleury et du Mans eurent accompli leur pieux larcin, le pape Vitalien les traita de sacrilèges et lança contre eux l'excommunication ; il ne fallut rien moins, pour faire lever la sentence, que l'intervention royale, et surtout les nombreux miracles opérés par l'intercession des saintes reliques.

L'histoire d'Auxerre nous fournit également l'exemple de saint Optat, évêque, contemporain de saint Romain, et de deux prêtres, ses collaborateurs dans le ministère pastoral, qui furent inhumés dans une église bâtie de leurs deniers et consacrée à saint Christophe, martyr. Deux siècles plus tard, cet oratoire menaçait ruine ; l'évêque d'Auxerre hésitait pourtant à exhumer les corps de ces saints personnages, malgré l'indécence qu'il y avait à les laisser sous les décombres. Il crut devoir consulter les nobles et le clergé avant de se décider à transporter les cercueils en l'église Saint-Germain qui était tout à côté.

Cette translation, nous dit l'abbé Lebeuf, est la première que l'on vit à Auxerre. Or, c'était au huitième siècle ; le corps de saint Romain n'y avait donc pas encore été apporté.

C'est, en effet, à la fin du huitième siècle et surtout au neuvième, que se répandit l'usage d'exhumer les corps des saints et de partager leurs ossements. La première translation du corps de saint Germain eut lieu en 841. Celle de saint Savinien, à Sens, en 847. Celle de sainte Colombe et de saint Loup, en 853.

Précédemment, on ne distribuait à titre de reliques que l'huile des lampes brûlant devant le tombeau des saints, ou bien les étoffes et tapis recouvrant leur monument (1).

Pour toutes ces raisons, nous croyons que le corps de saint Romain n'a été transporté à Auxerre qu'au neuvième siècle, à l'époque des grandes translations de reliques. Un événement important qui eut lieu ici, ou tout près d'ici, nous semble même avoir été l'occasion de cette première translation.

Le samedi 25 juin 841 s'engageait à Druyes même, selon Lebeuf, Amédée Gabour et beaucoup d'autres historiens, à deux lieues au-dessus, selon les modernes, la fameuse bataille de Fontenay ou Fontenoy (2), entre les fils de Louis-le-Débonnaire, « lesquels venans à se rencontrer auprès de Fontenay en Auxerrois, livrèrent une des plus sanglantes et furieuses batailles qui se lisent dans les histoires, comparée au combat donné dans les plaines de Chaalons entre ces deux capitaines, Attila, roy des Huns et Etius, général des

____

(1) Au sixième siècle, saint Nectaire, évêque d'Autun, qui venait de bâtir une cathédrale en l'honneur de saint Nazaire et de saint Celse, martyrs, fait le voyage de Milan pour obtenir de leurs reliques ; il en rapporte simplement un linge teint de leur sang.

(2) Lebeuf veut que Fontanetum soit Fontenailles, entre Druyes et Andryes.

Romains ; car on n'avoit pas encor veu en France
des armées si nombreuses, ny plus acharnées au
sang ennemy ; aussi mourut-il en ce combat un
monde infiny, et le royaume de France qui foison-
noit en noblesse, commença dez lors de tomber en
décadence, de sorte que depuis il a eu peine à re-
monter à cette haute grandeur que les siècles précé-
dens avoient admiré (1). »

Cette lutte, en effet, fut longue, la victoire vaillamment disputée, la plus sanglante dont fasse mention
l'histoire du Moyen-Age. Les deux rois vainqueurs,
Charles-le-Chauve et Louis-le-Germanique, furent
eux-mêmes épouvantés de leur triomphe ; et, au lieu
de chanter le cantique d'actions de grâces, ils firent
célébrer un service funèbre pour tous les morts, amis
et ennemis. Les évêques présents furent consultés
après coup sur la légitimité du combat, et décidèrent
un jeûne de trois jours pour implorer la miséricorde
du Seigneur.

Si on en croit l'abbé Lebeuf, la bataille se termina
par l'écrasement de Lothaire, vers la fontaine de
Bretignelles (Brittas) ; dans ce cas, le service funèbre
et la délibération épiscopale auraient eu lieu à
Druyes. Mais, même en suivant l'avis de M. Paultre
des Ormes, qui place dans la vallée de Briottes,
entre Fontenoy et le Deffand, cette sanglante épopée,
il est bien certain que la lutte s'est étendue jusqu'à
Druyes, comme le démontrent les nombreux sque-
lettes avec armures trouvés sur le territoire.

On peut donc préjuger, en tenant compte des habitudes chrétiennes du temps, et de la dévo-

____

(1) *Chroniques générales de l'ordre de saint Benoît,* t. IV, p. 213.

tion toute spéciale qu'avait Charles-le-Chauve pour
les saints, particulièrement pour ceux qui ont illustré l'ordre de saint Benoît, que le roi tint à prier
sur le tombeau de saint Romain, comme il aimait à
le faire sur celui de saint Germain.

Quoi qu'il en soit du lieu principal de la lutte, il
est évident que l'attention du roi et des évêques fut
tout particulièrement attirée en cette circonstance sur
le tombeau de saint Romain. Les translations étaient
alors très fréquentes. Ce fut à la prière des deux rois
vainqueurs, et deux mois après la bataille, qu'eut lieu
celle de saint Germain. Louis et Charles se trouvaient
au monastère d'Auxerre ; ce dernier surtout y
fit à cette époque de fréquents et longs séjours ; il
eut donc tout le temps de se concerter avec les
moines sur le transfert des restes de saint Romain.

Ajoutons que cette translation devenait nécessaire
alors, les Normands commençant leurs dévastations
dans plusieurs provinces avoisinantes. Un certain
nombre d'entre eux étaient même venus jusqu'ici, engagés comme mercenaires, sans doute, dans l'armée
de Lothaire et de Pépin, et, suivant leurs instincts impies et cruels, ils avaient massacré des ecclésiastiques appelés par leur ministère sur ce champ de bataille (1). Il y avait tout lieu de prévoir de leur part
un retour offensif.

La crainte des Normands aura donc été la cause
de la translation du corps de saint Romain, comme

---

(1) L'endroit où ces prêtres furent égorgés et enterrés porte encore aujourd'hui le nom de « la Fosse aux Prêtres ». Au Moyen-
Age, c'était un fief de la châtellenie de Druyes, c'est aujourd'hui
une métairie. Voir *Le Nivernois*, par Morellet, II, 80.

la bataille de Fontenay l'occasion ; les deux motifs
réunis auront fait prendre cette détermination dans
l'année qui a suivi cette sanglante mêlée.

C'est même ce qui explique le consentement de la
population de Druyes à l'enlèvement du corps de
son saint patron ; enlèvement qu'en toute autre circonstance elle n'eut pas laissé faire sans de violentes
récriminations.

Si le monastère de Druyes existait toujours, comme
nous le croyons, les religieux ont dû suivre le corps
de leur saint fondateur, afin de se mettre eux-mêmes
à l'abri des Danois, qui attaquaient plus spécialement
les églises et les monastères ; et afin de chercher un
refuge avec leur précieux trésor chez leurs frères de
Saint-Germain d'Auxerre, qui habitaient un lieu inex-
pugnable.

Mais en 841, les cryptes étaient seulement en
voie de construction ; il n'y avait pas au monastère d'endroit propice pour la sépulture des saints ;
il fallut donc, en attendant l'achèvement des cryptes, laisser le corps de saint Romain dans l'église
Saint-Amatre où se trouvait la nécropole chrétienne de la ville depuis l'établissement du christianisme.

C'était le lieu saint d'Auxerre. C'est là qu'avaient
été inhumés les successeurs de saint Pèlerin, les
saints Marcellien, Valérien, Hellade, évêques, à côté
des saints Marse, Corcodome, Jovinien et Jovien.
C'est là aussi que saint Amatre avait voulu reposer
à son tour.

Cet illustre pontife avait construit, au milieu de
ce cimetière chrétien, une église dédiée à saint
Symphorien ; mais, après la mort de saint Amatre,

elle perdit de suite son premier vocable et prit le nom de son saint fondateur (1).

Le corps de saint Romain reposa donc trois ou quatre ans seulement dans cet oratoire. En 845, les cryptes étant finies, les religieux de Saint-Germain le réclamèrent.

L'évêque et les fidèles auraient voulu garder les précieuses reliques, car, nous assure Gislebert, « la dévotion à saint Romain avait pénétré dans tous les cœurs, et la vénération des fidèles pour son nom grandissait continuellement. »

Chacun fit valoir ses droits à la possession du corps ; ceux des religieux étaient trop évidents pour ne pas prévaloir ; ils réussirent donc malgré toutes les difficultés.

La nouvelle translation se fit très solennellement, elle donna lieu à une magnifique cérémonie. On organisa une procession dans laquelle les assistants portaient des cierges et chantaient les « mélodies sacrées. »

Le cortège traversa toute la ville pour se rendre de Saint-Amatre à Saint-Germain, où le corps du saint abbé fut déposé dans une chapelle bâtie en l'honneur de saint Benoît et de saint Romain. Les deux amis se trouvaient ainsi réunis dans la vénération des fidèles, comme ils avaient été unis pendant leur existence.

Cette chapelle des saintes Grottes de Saint-Germain est située au bout de la petite nef septentrio-

____

(1) Cette église, aujourd'hui détruite, était située à l'entrée de la ville, au sud-ouest, sur le mont Artre ou Autricus. On voit encore les restes de la crypte qui avait été rebâtie à la fin du XIIᵉ siècle, avec arcades ogivales à colonnes munies de crosses.

nale, à gauche, à l'angle de cette nef et de l'allée
transversale, qui passe derrière le tombeau de saint
Germain.

Un incident qui eut lieu durant cette cérémonie
mérite d'être rapporté ici. La solennité avait attiré à
Auxerre beaucoup d'étrangers tant clercs que laïcs.
Parmi eux, le curé de Bonnard, du diocèse de Sens,
appelé Aaron, et un peu juif comme le nom qu'il
porte. Connu des religieux de Saint-Germain et
même familier avec eux, il profite de ses relations
pour approcher du brancard sur lequel étaient déposées les reliques ; il se mêle aux porteurs, offre ses
services et au besoin les impose ; puis, saisissant le
moment où l'attention des religieux était ailleurs,
Aaron s'empare d'un ossement de la tête, le cache
sous son vêtement et, fier de son larcin, il s'en retourne bien vite dans sa paroisse. Le pieux voleur
expose la relique dans son église, la fait vénérer
à ses paroissiens et, par l'intercession de saint Romain, un bon nombre de malades recouvrent la santé.

Peu de temps après, Dieu se servit d'un des plus
illustres pontifes de l'église de Sens pour honorer
saint Romain d'une manière plus éclatante encore.
Anségise, moine de Saint-Pierre-le-Vif, devenu abbé
de Lobbes ou de Saint-Michel de Beauvais, occupait
le siège archiépiscopal de Sens. Doué d'un remarquable talent de parole, jouissant d'une grande réputation de science et de vertu, il avait été chargé
par Charles-le-Chauve de plusieurs missions auprès
des souverains pontifes Adrien II et Jean VIII.

Cet illustre ambassadeur, qui discutait la possession d'une province et obtenait la couronne impériale
pour son roi, avait reçu en récompense le titre de

primat des Gaules et de Germanie, et aussi celui de vicaire du Saint-Siège. Il avait rapporté également de Rome des reliques bien précieuses : la tête de saint Grégoire le Grand, le bras de saint Léon Ier, et quantité d'autres ; mais il y en avait une qu'il désirait ardemment et dont la possession lui causera plus de joie que tous ses titres honorifiques. Son rêve et son ambition, au milieu de ses succès diplomatiques, étaient d'avoir une relique de saint Romain.

Comme il recherchait les moyens de l'obtenir, il apprend qu'une paroisse de son diocèse, Bonnard, possède l'os principal de la tête. Rempli de joie à cette nouvelle, l'archevêque en fait venir immédiatement le curé, s'informe auprès de lui de la précieuse relique, de son authenticité, de la manière dont elle a été acquise ; puis, rendant grâces à Dieu, il part immédiatement pour Bonnard, se fait montrer le précieux trésor, le prend dans ses mains, le vénère pieusement, le contemple avec amour et le couvre d'ardents baisers. Ayant ensuite obtenu de l'emporter, il s'en retourne plein de joie en sa ville métropolitaine.

Quel que soit son bonheur de posséder cette relique insigne, Anségise n'est pas encore au comble de ses vœux ; il brûle du désir d'avoir le corps tout entier, et, pour se le procurer, il est bien décidé à employer toutes les démarches et toutes les instances.

Il s'adresse d'abord à Hugues, abbé de Saint-Germain, proche parent du roi Charles-le-Chauve. Comment refuser à un tel personnage, ambassadeur des rois, arbitre des conciles, primat des Gaules, vicaire du Saint-Siège, ami de l'empereur qui lui doit la couronne impériale ? L'évêque d'Auxerre, Wala, frère du pieux archevêque, s'associe, du reste, à la supplique du métropolitain ; Hugues promet donc de donner le corps de saint Romain.

Mais il faut gagner les moines, ce qui n'est pas chose facile. Ces hommes qui ont fait abnégation de leur volonté et ont renoncé à tous les biens terrestres, savent garder leur indépendance en face des plus hauts dignitaires ; et, toujours respectueux de l'autorité, ils demeurent insensibles aux flatteries, incapables de faiblesse.

Pour obtenir leur consentement, Anségise s'assure le concours d'un collègue dans l'épiscopat, et députe à Saint-Germain Abbon, évêque de Nevers.

Les auteurs du *Gallia christiana* nous disent que Abbon réussit pleinement dans sa pieuse négociation ; tandis qu'un historien de l'abbaye de Saint-Germain d'Auxerre affirme que les moines refusèrent positivement de lui livrer le corps de saint Romain, et que l'évêque de Nevers dut s'en retourner sans avoir rien obtenu (1).

C'est alors qu'Anségise vint lui-même à Auxerre, accompagné de l'abbé de Saint-Germain et des évêques. La cause fut plaidée chaleureusement ; mais les religieux ne voulaient pas céder. Cependant, ils ne savaient comment motiver leur refus, et, à force d'instances, ils finirent par reconnaître que ce serait une faute de résister plus longtemps aux ordres de leur abbé, et une véritable impiété de rester sourds aux supplications d'illustres pontifes ; vain-

______

(1) *Histoire de l'abbaye de Saint-Germain*, par M. l'abbé Henry, page 106.

cus, ils cèdent enfin (1), à condition pourtant qu'on leur laissera la moitié du corps du saint.

Heureux de son succès, fort de l'engagement pris par les moines, le métropolitain s'en retourne immédiatement à Sens. A peine arrivé, il convoque son clergé, les ordres religieux, et tout spécialement les communautés bénédictines ; le peuple aussi est appelé à prendre part à la joie générale causée par cette heureuse nouvelle.

On décide de s'en aller en procession jusqu'à Auxerre pour en rapporter les saintes reliques. Et, sans plus tarder, on se met en route.

Arrivés à quelque distance de la cité de saint Pèlerin et de saint Germain, les pieux voyageurs voient venir au-devant d'eux toute la ville d'Auxerre. Les évêques sont frères, les peuples fraternisent également.

Les deux processions ont bientôt fusionné ; elles se mettent en marche dans un ordre parfait. C'est un spectacle grandiose et tellement extraordinaire, même à cette époque de foi, que le narrateur en est dans l'extase, et s'écrie : « Celui qui n'a pas été témoin de cette solennité est vraiment à plaindre, c'est un immense malheur pour lui de n'avoir pu assister à cette scène mémorable ; il manque assurément quelque chose à son bonheur et il a été privé d'une excellente occasion de joie et de salut. »

« En effet, on voyait s'avancer, au bruit des chants divins, une foule considérable de fidèles ; les longues cohortes des ordres religieux, les rangs pressés du clergé séculier, les dignitaires des deux diocèses,

____

(1) *Victi tandem succumbunt,* Gislebert.

revêtus de leurs insignes, les évêques dans l'éclat
des ornements les plus précieux, tout scintillants
d'or et de pierreries. On aurait cru voir les assemblées du ciel et entendre les chœurs angéliques. »

La procession se rendit directement à la basilique
de Saint-Germain. Après s'être agenouillés au pied
de l'autel, les évêques donnent la bénédiction solennelle ; puis, accompagnés des principaux de leur
clergé et des religieux du monastère, ils descendent
dans les cryptes, à l'endroit où repose le corps de
saint Romain, pendant que le chœur et les fidèles
chantent les litanies des saints.

Les religieux ouvrent le tombeau, et à mesure
qu'ils enlèvent la terre qui recouvre les saintes reliques, cette terre, à la stupéfaction générale, répand
une odeur suave ; l'église tout entière se remplit rapidement d'un parfum délicieux (1). Ils lèvent le
corps du saint dont ils font deux parts ; l'une restera
à Saint-Germain, l'autre sera donnée à l'archevêque
de Sens, et comme Anségise possède déjà le crâne
du saint abbé, on lui accorde le reste de la tête, de
manière à reconstituer le chef intégralement.

Une fois maître de son précieux trésor, le successeur de saint Savinien reprend avec son clergé et
ses fidèles la route de Sens. La procession se reforme,
les chants reprennent avec plus d'allégresse et de
piété. La présence des saintes reliques donne à ces
chrétiens une ardeur, un entrain qui les porte au plus
haut degré d'enthousiasme ; leur foi est inébranlable,
leur confiance parfaite ; ils en sont arrivés à cet état
d'âme dont parle le divin Maître dans l'Evangile,

______

(1) Divini odoris nectare flagrantem.

quand il dit qu'avec un peu de foi on peut transporter des montagnes.

Ici ce ne sont pas des montagnes qui sont déplacées, mais toutes sortes d'infirmités qui disparaissent à l'invocation de saint Romain.

« Il serait trop long, dit l'auteur de sa vie, de relater en détail tous les miracles qui eurent lieu dans cette translation. Qui donc pourrait raconter combien d'aveugles ont obtenu la vue, combien de possédés ont été délivrés, combien de sourds ont recouvré l'ouïe, combien de malades ont été guéris par le Seigneur pour glorifier son serviteur, Romain. »

Toutes les infirmités s'étaient donné rendez-vous pour assister à cette translation ; elles formaient une double haie sur le passage du cortège.

Au moment où la procession allait franchir les remparts de la ville, sur le cours Abbon, les chants religieux sont dominés tout à coup par les plaintes et les supplications d'une pauvre paralytique, appelée Josia. La maladie avait rendu ses membres inertes, ses mains étaient sans force et sans agilité, les nerfs étaient contractés et sans vigueur ; de plus, elle ressentait dans tout son corps des douleurs intolérables ; c'est à peine si elle pouvait faire quelques pas en se traînant péniblement.

A l'exemple des autres infirmes, elle s'avance au-devant de la procession et des reliques du saint, le cœur rempli de ferveur et animée d'une sainte confiance. Elle fait retentir avec véhémence ses gémissements et ses prières : « O élu de Dieu, s'écrie-t-elle, bienheureux Romain, portez secours à mon malheur. Vous qui, dans la patrie céleste, jouissez de la vision divine et des joies éternelles, ne repoussez pas la prière d'une pauvre femme ; ne considérez pas sa faiblesse et ses fautes, mais l'ardeur de ses vœux et le poids de ses infirmités. »

A peine avait-elle jeté vers le ciel ces supplications, que le corps du saint venant à passer devant elle, Dieu voulut encourager la foi populaire et montrer combien la confiance en saint Romain était précieuse à ses yeux. Sur-le-champ cette femme fut guérie ; sa paralysie disparut ; les nerfs reprirent leur souplesse, le sang sa circulation régulière et les mains retrouvèrent la force et la vie.

Le peuple, témoin du miracle, exulte de joie, il redouble de piété et manifeste sa reconnaissance en chantant avec plus d'ardeur encore les louanges de Dieu qui glorifie ainsi son serviteur.

Une autre infirme, nommée Ragène, du village de Néron (1), accablée depuis plus de trois ans d'une cruelle maladie, était tellement affaiblie que ses membres lui refusaient tout service. Elle avait cependant essayé de tous les remèdes, mais aucun ne lui avait apporté d'amélioration ; il ne lui restait plus la moindre espérance de recouvrer la santé par des moyens humains ; son état devenait même si grave, que la mort semblait inévitable et prochaine.

Alors, sous l'inspiration de la grâce, elle se demanda si, par l'invocation des saints, elle n'obtiendrait pas de meilleurs résultats que par le secours de la science. Animée d'un saint désir de faire le pèlerinage de Saint-Hilaire, en un village qui pa-

----

(1) Commune de Gurgy. Ce village a disparu ; il n'en reste plus qu'une ferme, portant toujours ce nom.

raît être Perrigny (1), elle s'y rendit avec mille difficultés. Là, comme elle sollicitait le secours du saint
et ne cessait de prier, elle eut le bonheur d'assister
à l'arrivée du corps de saint Romain.

« A peine eut-elle invoqué le saint abbé, que la
santé lui fut rendue par l'intervention d'en Haut ; la
guérison était complète, toute douleur avait disparu ;
les membres avaient repris leur agilité et leur vigueur premières. Et ainsi celle que la mort semblait
déjà étreindre, renaissait subitement à la vie et jamais plus elle ne ressentit aucune douleur. »

A mesure que le pieux cortège s'avançait vers la
ville métropolitaine, les guérisons se multipliaient
sur le passage des reliques et l'escorte du saint allait
toujours en augmentant ; les populations s'ébran-
laient à son arrivée et un certain nombre d'habitants
des villages parcourus voulaient suivre la procession
jusqu'à Sens.

Anségise confia les précieux restes aux bénédictins de Saint-Remi.

Ce monastère avait été fondé au vi⁰ siècle, sans
qu'on puisse préciser l'année, il remontait peut-être
au temps même de saint Romain et avait bien pu être
établi à son instigation ; on s'expliquerait d'autant
mieux alors que la garde de son corps fut confiée
aux religieux.

Comme le couvent de Saint-Germain d'Auxerre,
ce monastère fut d'abord consacré à saint Maurice ;
ce n'est que plus tard qu'il prit le nom de saint Remi.
Il était construit primitivement au midi de la ville,
dans le faubourg, tout près de l'enceinte. En 833,

____

(1) In villa Patricii.

l'archevêque Aldric décida son transfert à Vareilles, à quatre lieues de Sens. Les constructions commencées sous son épiscopat, furent achevées par les soins de son successeur, Wénilon, qui consacra l'oratoire de Sainte-Anastasie dans lequel il voulut ensuite être inhumé.

C'est donc au monastère de Vareilles qu'Anségise déposa le corps de saint Romain. En le remettant aux religieux, il le leur présenta comme le plus grand et le plus précieux trésor qu'il pût leur confier ; et aussi comme une nouvelle preuve de sa sollicitude et de son dévouement pour eux.

Le corps ne resta pas plus de neuf à dix ans à Vareilles ; et néanmoins pendant ce court espace de temps, la puissance de saint Romain se manifesta dans ce sanctuaire par de nombreux et éclatants miracles. Rainulfe, abbé de ce monastère, « savant littérateur, aussi distingué par sa science que vénérable par sa piété, » prit soin de rédiger par écrit les faits merveilleux accomplis au tombeau de saint Romain ; le nombre en est si grand et le récit si détaillé que, tout en les résumant, ils font encore la matière du chapitre suivant.

CHAPITRE XIII

Le rôle de l'historien, en rapportant les diverses guérisons attribuées à son héros, ne consiste pas à discuter avec les incrédules sur la possibilité du miracle ; il se borne à raconter des faits positifs toujours acceptés par les esprits droits et sincères, quand ils sont accompagnés d'une authenticité incontestable.

Quant à ceux qui seraient tentés de sourire au récit de ces merveilles, nous leur répèterons avec Jean-Jacques Rousseau : « Demander si Dieu peut « faire des miracles, c'est-à-dire, s'il peut déroger « aux lois qu'il a établies ? Cette question, sérieuse- « ment traitée, serait impie, si elle n'était absurde ; « ce serait faire trop d'honneur à celui qui la résou- « drait négativement, que de le punir ; il suffirait « de l'enfermer. Mais aussi quel homme a jamais « nié que Dieu put faire des miracles ? Il fallait être

« Hébreux pour demander si Dieu pouvait dresser
« des tables dans le désert (1). »

Non seulement la possibilité des miracles ne peut
être mise en doute, mais leur existence à toutes les
époques de l'histoire est absolument incontestable.
Ceux qui ont été obtenus par l'intercession de saint
Romain, dans les églises de Vareilles et de Saint-Remi,
sont revêtus de tous les caractères de véracité que
peuvent demander les critiques les plus exigeants. Ils
ont été accomplis, non pas en secret, mais publiquement, en présence de nombreux témoins, souvent
même devant des foules considérables, en faveur
d'infirmes connus et dont on pouvait surveiller les
démarches. Ajoutons qu'ils ont été racontés par des
témoins oculaires dont le caractère et l'honorabilité
n'ont jamais été soupçonnés.

Arrivons aux faits :

C'est d'abord un jeune homme appelé Léger, fils
unique d'une pauvre femme nommée Séglétrude,
habitant la paroisse de Saint-Etienne de Sens, mais
originaire de Rigny-le-Ferron.

Cet adolescent était atteint depuis longtemps
d'une maladie d'yeux qui lui avait fait perdre la
vue. Sa mère, profondément affligée de ce malheur,
ayant entendu parler des miracles opérés par saint
Romain en faveur de ceux qui venaient prier à son
tombeau, résolut de s'y rendre elle-même pour obtenir la guérison de son fils.

Dans un sentiment d'humilité facile à comprendre,
elle se dit que, pour obtenir du ciel une telle faveur,

____

(1) Jean-Jacques Rousseau, *Lettres de la Montagne*, édit. 1793,
t. XIII, p. 104.

il lui fallait le concours de prières saintes et nombreuses ; elle demande donc aux personnes de sa famille et de son entourage de s'associer à ses supplications ; puis, après avoir prié ensemble pendant plusieurs jours, elle les sollicite encore de vouloir bien les accompagner, elle et son enfant, au tombeau du Bienheureux.

C'est donc entourés d'un groupe de pèlerins, que cette mère désolée et son malheureux fils aveugle arrivent à Vareilles ; là, ils se prosternent devant les reliques de saint Romain et répètent dans leur foi ardente : « O grand saint, bien-aimé de Dieu, refuge des malheureux, consolateur de ceux qui souffrent, obtenez-nous le secours du Très-Haut, ne repoussez pas la prière d'une mère affligée et d'un enfant infortuné qui mettent en vous toute leur espérance. »

A peine ces paroles sont-elles tombées de leurs lèvres que les yeux de l'aveugle s'ouvrent à la lumière ; « il peut contempler la clarté du jour et en admirer la beauté d'autant plus appréciable pour lui qu'il en avait été longtemps privé. »

C'est une joie générale parmi les témoins de ce miracle ; tous chantent avec âme le cantique d'action de grâces. Léger et sa mère, après avoir remercié Dieu et saint Romain, s'en retournent en leur demeure aussi joyeux maintenant qu'ils étaient tristes à leur arrivée. Ce jeune homme ne ressentit plus dans la suite aucune douleur des yeux, ni même aucune faiblesse de la vue.

Impossible de passer sous silence, dit le pieux abbé de Vareilles, la guérison d'une femme nommée Hélène ; elle était issue d'une grande famille et depuis six ans atteinte d'une grave maladie des reins. Elle souffrait horriblement, ne marchait qu'avec une extrême difficulté et jamais sans le secours d'un bâton.

Malgré des soins assidus la science fut impuissante à lui procurer aucun soulagement. Ses douleurs augmentèrent même à un tel point, qu'elle dut garder le lit et ne pouvait plus se mouvoir ni même se retourner sans le secours d'une aide.

Le découragement la gagnait déjà, quand on lui annonça la translation des reliques de saint Romain au monastère de Vareilles. Elle résolut alors de s'y rendre et, sans plus tarder, s'y fit conduire le jour même.

Arrivée au monastère, Hélène assiste à la cérémonie, se mêle à la procession, autant que le lui permettent son état et la foule considérable des fidèles accourus de tous les pays environnants. En présence d'une si grande douleur, cette foule s'ouvre sur son passage et lui permet d'arriver jusqu'à la châsse du saint. « La malade lui offre, dit la chronique, un cierge aussi grand qu'elle-même », le fait brûler devant les reliques et prie avec ferveur tout le jour et une partie de la soirée. Tout-à-coup ses douleurs disparaissent, elle commence à marcher assez facilement et, peu après, retrouve toutes ses forces.

Ainsi cette noble dame, ayant mis sa confiance en saint Romain, la voit généreusement récompensée ; venue avec de grandes douleurs et une terrible infirmité, elle s'en retourne joyeuse d'avoir recouvré une santé depuis longtemps perdue.

Un seigneur d'Aquitaine, nommé Gondoin, arrivé à Sens en bonne santé, tomba si gravement malade après quelque temps de séjour en cette ville, qu'il fut rapidement aux portes du tombeau. De plus, il était menacé de perdre la vue.

Il souffrait continuellement d'atroces douleurs. Les médecins, bientôt découragés, déclarèrent les deux cas incurables et la mort prochaine.

Le pauvre patient, tout en se rendant compte de la gravité de sa situation, cherchait cependant une parole de consolation et d'espérance parmi ceux qui l'entouraient ; il leur demanda ce qu'ils pensaient de sa maladie. Ceux-ci gardent le silence, n'osant pas lui dire la vérité, et, en même temps, ne jugeant pas digne de le tromper par de fallacieuses assurances.

Le malade comprend qu'il n'a plus d'illusion à se faire et que, humainement parlant, sa situation est absolument désespérée. Il met alors sa confiance en Dieu. « Si je pouvais, dit-il, me rendre dans la basilique du bienheureux Romain, je serais bientôt guéri ; mais je ne peux m'y transporter de moi-même, il faudrait m'y porter. »

Les personnes qui le soignaient gardèrent le même silence qu'auparavant, elles n'osaient prendre la responsabilité de ce déplacement, non pas par indifférence religieuse, mais parce que l'état du malade était si grave qu'il paraissait ne pouvoir supporter le voyage.

Cependant, sur ses instances réitérées, Gondoin est porté par ses serviteurs devant la châsse du saint. Après avoir mis ordre aux affaires de sa conscience, il prie de tout cœur, et sollicite sa guérison. Saint Romain exauce immédiatement ses vœux. « La santé et la vue sont rendues à ce gentilhomme chrétien que la mort comptait déjà au nombre de ses victimes ; il s'en va en sa demeure d'un pas alerte, lui qui, peu auparavant, venait d'être apporté mourant sur les bras de ses serviteurs. »

Il convient aussi de rappeler comment Dieu manifesta la puissance d'intercession de saint Romain par la guérison d'un novice du monastère de Saint-Remi, nommé Tédouin. Ce jeune homme, issu d'une des plus grandes familles de la ville de Sens, était instruit et éloquent. « Malgré qu'il possédât la faconde des arts libéraux, il ne négligeait pas pour cela de conserver l'intégrité des bonnes mœurs. »

Dieu l'éprouvait rigoureusement « pour lui faire oublier sans doute la grandeur de sa naissance et pour le détacher davantage des biens et des honneurs auxquels il pouvait plus facilement prétendre. » Des fièvres violentes et continuelles l'avaient tellement affaibli qu'il était incapable de tout travail et même de tout effort un peu sérieux.

Un jour, sous l'inspiration d'en Haut, il se sent poussé à demander sa guérison à saint Romain. « Pour l'obtenir plus sûrement, il sollicite les prières de tous ses amis et se rend au tombeau du saint, aidé par ses frères en religion, car de lui-même il lui eut été impossible de s'y transporter.» Prosterné devant les reliques, « la piété remplit son âme ; sa prière se prolonge durant de longues heures », on l'entendait répéter souvent : « O glorieux confesseur du Christ, voyez de quelles peines je suis affligé pour l'expiation de mes fautes. Si, dans votre sagesse, vous jugez que j'ai assez souffert et que Dieu, dans sa miséricorde, peut avoir pitié de moi, faites en sorte d'apaiser sa justice irritée, sans doute, par mes péchés. De grâce, prêtez l'oreille à mes sup-

plications, vous qui ne refusez pas votre secours à
ceux qui vous invoquent. Si vous ne dédaignez pas
de m'avoir pour votre serviteur sur cette terre, soyez
favorable à un pauvre malade, ne détournez pas vos
regards de sa misère ; obtenez-moi la guérison et le
salut. »

Dieu fit attendre longtemps la grâce demandée.
Pendant trois jours, ce pieux jeune homme renouvela
ses prières sans succès ; enfin, le quatrième jour, en
présence d'une nombreuse assistance, tout à coup il
se sent guéri, se lève de lui-même, se rend directement au chœur où il se met à chanter avec les autres
religieux les bienfaits du Seigneur et les louanges
de Romain, son serviteur.

Un jeune homme nommé Joseph, né à Sens d'une
famille de négociants, étant parvenu à l'âge des passions, se laissa entraîner dans la mauvaise voie par
ses instincts pervers et par les mauvaises compa-
gnies ; sa conduite devint tellement déréglée qu'il
tomba bientôt en un véritable abrutissement ; « son
intelligence s'était obscurcie et sa mémoire semblait
disparue. »

Loin de s'amender, il se montrait de plus en plus
dépravé et s'enfonçait tous les jours davantage dans
le vice, infligeant ainsi à sa famille, particulièrement à sa mère, la plus terrible des épreuves et la
plus cruelle des afflictions.

Un jour que son attitude avait été plus pénible
encore qu'à l'ordinaire, cette pauvre mère, prise d'un
sentiment de désespoir, jette la malédiction à la face
de ce fils ingrat : « Que les douleurs épouvantables
que me causent ton impiété et tes passions retom-
bent sur toi », lui dit-elle.

A partir de ce moment, Joseph entre dans une
véritable rage, « il est pris d'une réelle possession dia-
bolique, ce sont chaque jour des crises effrayantes,
des contorsions affreuses. »

Cet état lamentable persistait depuis longtemps,
quand soudain, pendant que ses parents se rendent à
Troyes pour leur commerce, il est pris d'un bon
sentiment et semble vouloir sortir de la dépravation
dans laquelle il est tombé ; il dit à son jeune frère :
« Je vais me procurer un cierge aussi grand que moi
et demain j'irai le porter à la basilique de saint Romain, j'assisterai à l'office et à toutes les messes. »

Le lendemain, en effet, de très grand matin, il se
rend à la basilique. « En attendant que les portes fussent ouvertes, il s'endort à côté de l'édifice et ne se
réveille qu'au bruit de la psalmodie des matines ; » il
entre alors, assiste à l'office et aux messes qui suivent ; puis demande une prière pour sa guérison.
Au moment où un religieux commençait sur lui la
récitation d'un évangile, « ce malheureux fut pris
subitement d'une agitation désordonnée, secoué en
tous sens par une force invisible et se met à crier à
tue-tête dans l'église. » Les nombreux assistants se
groupèrent autour de lui, plusieurs le maintinrent
vigoureusement pour l'empêcher de se blesser ; mais
l'énergumène, dominé par l'esprit malin, s'échappa
de leurs mains et partit comme un fou dans la direction de la forêt voisine.

Après avoir erré quelque temps, le possédé tomba épuisé au pied d'un arbre et y dormit jusqu'au
lendemain vers neuf heures. Aussitôt éveillé, il reprit son chemin à travers le bois sans savoir où il

allait, et arriva ainsi au village de Mâlay où une charitable femme lui donna quelque nourriture.

Il était à peine de retour à la maison paternelle, que son père et sa mère revinrent eux-mêmes de Troyes et apprirent ce qui s'était passé. Le malheureux jeune homme avait encore cet air hébêté qui suit les crises violentes chez les démoniaques et paraissait extrêmement fatigué de sa longue course à travers la forêt.

Les pauvres parents, profondément affligés de cette situation, passèrent la soirée et la nuit suivante dans les larmes. Au lieu de se reposer de leur voyage, ils se concertèrent sur les moyens pratiques d'obvier à un si grand malheur. Le lendemain, dans la matinée, « alors que déjà le soleil s'élevait à l'horizon », ils résolurent de conduire eux-mêmes le malheureux possédé au tombeau de saint Romain.

Le démoniaque se laisse faire tout d'abord, puis peu après, il refuse de marcher sous prétexte que la chaleur est trop ardente, il se roule sur le chemin, déchire ses vêtements et s'efforce par tous les moyens en son pouvoir d'empêcher l'accomplissement de ce pieux pèlerinage.

Cette scène, renouvelée plusieurs fois le long de la route, avait attiré les ouvriers des champs, qui prêtèrent leur concours pour maintenir l'énergumène ; un d'eux donna même son cheval pour lui servir de monture.

Mais voici qu'au moment de pénétrer sur les dépendances du monastère, le cheval à son tour se met à trembler de tous ses membres et refuse d'avancer ; tous les efforts furent inutiles, « on aurait dit qu'il

avait honte d'approcher du lieu saint avec un tel ca-
valier. »

Il fallut descendre le malade et le soutenir sous les
bras pour l'amener jusqu'à l'église. Aussitôt introduit devant la châsse de saint Romain, il pousse de
nouveau des cris effrayants, et répète sans cesse :
« C'est à cause de ton cierge, saint Romain, que je
souffre si cruellement. »

L'agitation redouble, le possédé met ses vêtements
en lambeaux, déchire ses membres, puis tombe épuisé et à demi-mort devant la châsse du saint.

Quelques instants après, on vit sortir de sa bouche
un sang noir et fétide, mêlé d'écume ; d'affreuses
contorsions, qui semblaient annoncer une nouvelle
crise, furent suivies d'un abattement complet. On
le crut mort ; c'était, au contraire, la guérison et le
salut. Le démon, vaincu, abandonnait enfin sa victime.

Joseph se releva tranquille, calme, parfaitement
guéri. A partir de ce jour il vécut dans la sobriété
et la continence et se montra aussi vertueux qu'il
avait été dissolu. Ses parents, remplis de joie à la
vue d'une transformation si complète, s'en retour-
nèrent avec lui, bénissant Dieu et saint Romain
d'un aussi grand bienfait.

Une femme du Gâtinais, nommée Amalberge,
avait eu la douleur de perdre son mari, au moment
où elle allait mettre au monde un fils. Elle voit
s'ajouter à son deuil une obsession pénible ; « l'esprit malin l'attaque violemment, la tourmente de
mille manières ; tantôt il se dresse subitement en sa
présence sous les traits les plus effrayants et lui demande par dérision d'être le parrain de son enfant ;

tantôt le démon furieux se jette sur elle avec rage, essaie de lui arracher des bras son fils qu'elle presse sur son cœur. » Pendant quatre ans les crises se succèdent sans interruption. Amalberge ne cesse pas cependant de prier Dieu et de mettre sa confiance en la très sainte Vierge.

On lui raconte alors les bienfaits opérés par saint Romain ; ce récit l'excite puissamment à se rendre à son tombeau ; mais comme elle ne peut marcher, tant ses épreuves l'ont affaiblie, elle s'y fait conduire par les siens dans une petite voiture à bras, arrive ainsi à la basilique, se prosterne devant les reliques, invoque avec foi et piété Dieu et son saint.

« Tout-à-coup son corps est secoué violemment, ses membres sont agités d'un tremblement nerveux ; la foule, témoin de cette crise, est tout émue et s'attend à quelque événement surnaturel. En effet, le calme se fait bientôt, saint Romain, prenant pitié de cette pauvre veuve, exauce ses vœux et obtient sa délivrance, il renouvelle en sa faveur le miracle que Notre-Seigneur fit pour une fille d'Abraham restée pendant dix-huit ans infirme par suite des vexations de l'ange déchu. »

Une femme des Sièges, mariée depuis quelques années, désirait ardemment un enfant ; elle eut le bonheur de voir son vœu exaucé, mais le petit être était tellement faible et délicat qu'il ne pouvait pas vivre. La pauvre mère, aveuglée par son affection, ne se doutait pas du danger qui la menaçait, elle avait retardé imprudemment le baptême de cet enfant, quand, au bout de trois semaines, il mourut subitement.

Doublement désolée de ce malheur, comme mère

et comme chrétienne, cette femme, folle de douleur, n'ose apprendre à son mari le deuil qui les frappe l'un et l'autre, elle prend le petit cadavre dans ses bras et l'emporte dans un village voisin.

A la suite de cette course, sa main et son bras sont paralysés, « le sang n'y circule plus, les forces ont disparu, les doigts restent immobiles, la main engourdie tout d'abord, se dessèche ensuite. » Loin de s'améliorer, cet état s'aggrave tellement que les maîtres de la science le déclarent absolument incurable.

Trente ans plus tard, alors que toute espérance de guérison était perdue depuis longtemps, cette femme apprend que le corps de saint Romain, apporté récemment au monastère de Vareilles, y opère des guérisons merveilleuses.

Elle décide de faire ce pèlerinage, se met en route, priant tout le long du chemin ; arrivée devant la châsse, elle renouvelle avec instances ses prières ; et, à la stupéfaction générale, elle obtient une guérison complète. « La main, insensible et morte depuis plus d'un quart de siècle, se ranime subitement, recouvre le mouvement et l'agilité d'autrefois. L'infirmité avait disparu sans retour. »

Voici maintenant un autre miracle plus éclatant encore, s'il est possible, ou plutôt, dit l'auteur de ce récit, « ce sont deux miracles en une seule personne ; » il s'agit d'un sourd-muet de naissance, nommé Arnoin. « Son mutisme est si grand qu'il ne peut même pas demander l'aumône, sa surdité si complète, qu'il n'entend rien des réflexions compatissantes et des paroles de consolation émises par les âmes sensibles sur son triste sort. »

Les parents de ce malheureux infirme, déjà avancés en âge, s'inquiétaient de son avenir. On leur parle alors des merveilles opérées par saint Romain. Ils conduisent leur fils à sa basilique, « le font s'étendre sur le pavé du temple devant le corps du saint, afin de lui faire demander de cœur ce qu'il ne pouvait solliciter de bouche. »

Le muet y resta longtemps. Tout-à-coup sa langue se délie, ses oreilles s'ouvrent, « Arnoin entend le bruissement du vent dans les arbres qui entourent l'église, comprend le langage de ceux qui l'entourent, répond aux paroles qui lui sont adressées. »

L'assemblée, témoin de ce miracle, « manifeste son allégresse par un chant de reconnaissance, tandis que le farouche ennemi du nom chrétien frémit de rage à ce spectacle. »

Ce n'est pas seulement des environs de Vareilles que l'on accourt à la basilique de saint Romain, c'est de fort loin. Une femme d'Auxerre fut également délivrée d'une fièvre violente par son intercession. Un jour que ses reliques sont portées en procession, elle suit la châsse, demande très dévotement au bienheureux de lui rendre la santé.

« La pauvre malade avait les membres raidis, ses forces s'en allaient de plus en plus, et toute démarche devenait difficile, pour ne pas dire impossible. » Elle demande à saint Romain d'avoir pitié d'elle, comme il a eu pitié de tant d'autres. A peine a-t-elle prié, qu'elle est prise, au milieu de la journée, d'une grande lassitude et d'un impérieux besoin de repos ; durant son sommeil elle voit en songe un homme vénérable qui lui dit : « Va sans retard au tombeau de saint Romain, demande un morceau de

son linceul, trempe-le dans l'eau, et crois ferme-
ment que cette eau te sera une cause de salut. »

En entendant ces paroles, elle se réveille et s'em-
presse de faire ce qui lui a été commandé en songe.
Pleine de confiance dans l'intercession et la puissance du saint, elle obtient une santé parfaite, et remplie d'allégresse, elle glorifie et exalte son bienfaiteur.

La même guérison se renouvelle en faveur d'une
femme, nommée Léodégarde, également épuisée par
la fièvre. Elle voit aussi en songe un personnage qui
lui donne l'assurance qu'elle retrouvera la santé au
tombeau de saint Romain ; « elle s'y rend bien vite,
le plus vite possible, y répand ses larmes et ses
prières et la fièvre disparaît. »

Un homme de bonne famille, nommé Magénaire,
était atteint d'une hydropisie qui le rendait méconn-
naissable et l'avait mis deux fois en trois mois aux
portes du tombeau. « Aujourd'hui il n'a plus d'espoir,
tous les médecins l'ont abandonné, la maladie augmente de jour en jour d'intensité ; il n'y a donc plus
qu'à se résigner, car la mort est imminente. »

La renommée redisait alors les guérisons obtenues
au tombeau de saint Romain ; Magénaire entendant
ce récit, dit à ceux qui l'entouraient : « Vous qui
êtes des amis fidèles, de grâce, transportez-moi
aussi vite que possible devant la châsse de saint
Romain ; je crois n'avoir échappé jusqu'ici aux sui-
tes de cette terrible infirmité que par l'intercession
de ce grand saint, entre les mains duquel Dieu
semble avoir remis ma guérison. »

On l'emporte selon son désir au tombeau du saint,
ses amis unissent leurs prières à celles du patient.

Celui-ci tombe bientôt en un profond sommeil que
plusieurs témoins supposent le sommeil de la mort.
Mais peu après le malade se réveille complètement
guéri. « Les assistants, ivres de joie, louent le Seigneur et saint Romain et accompagnent Magénaire
qui retourne en sa demeure sans aide et sans fa-
tigue. »

Une femme d'illustre naissance, Agléranne, du
village de Fontaines, qu'elle quitta ensuite pour habiter un pays qui paraît être Voisines (1), était déjà
âgée et paralysée de tous ses membres ; « les genoux
étaient ankylosés, les jambes ne pouvaient plus ni
marcher, ni même supporter le poids du corps. »

Cette femme avait déjà invoqué les saints, mais
sans succès ; apprenant que l'église, où est honoré
le corps de saint Romain, voit s'accomplir de nombreux miracles, elle s'y fait porter par les siens ; et là,
remplie de foi et de piété, elle est placée sur sa demande devant l'autel du saint confesseur, puis devant
sa châsse. Alors, « ô merveille, ses membres se mettent à trembler comme s'ils eussent été pris d'un accès de fièvre violente ; en un instant ils reprennent
leur souplesse et leur agilité d'autrefois, les nodosi-
tés disparaissent, les forces reviennent comme aux
jours de la jeunesse. Agléranne qui, depuis des années, n'avait pas fait un pas, s'en retourne chez elle
à pied, sans aide, sans même le secours d'un vulgaire bâton de vieillesse. »

La domestique d'un nommé Gondace, à Sens, était
en proie à une fièvre rebelle à tout remède ; non seulement les forces diminuaient sensiblement, mais la

____

(1) In villâ quæ vocatur Visis.

malade ne pouvait plus supporter de nourriture, elle ne prenait que strictement de quoi ne pas mourir de faim.

Elle était dans cet état depuis un an déjà, quand, une nuit, pendant son sommeil, elle voit en songe une foule considérable qui s'en va en pèlerinage au tombeau de saint Romain ; il lui semble qu'elle-même se mêle aux pèlerins et prie devant les reliques du saint. Une fois réveillée, cette femme veut mettre son rêve à exécution et demande à son maître la permission de réaliser son projet. Non seulement il consent, mais il offre sa voiture pour la conduire. La malade préfère aller à pied, ce sera plus méritoire devant Dieu, elle se rend avec beaucoup de peine à la basilique. Sa prière est bientôt exaucée, une santé parfaite succède aussitôt à son état fiévreux et anémique. « Elle s'en retourne chez son maître, lui apprend son bonheur, ainsi qu'à tous ceux qu'elle rencontre ; tous proclament combien saint Romain est bon envers ceux qui l'invoquent et glorifient Dieu qui se montre si admirable en ses saints. »

Vers la même époque, une autre femme de Tonnerre, du nom de Linatia, devenue infirme par suite de couches, ne pouvait ni marcher, ni se tenir debout, tous les médecins avaient été impuissants à lui procurer la moindre amélioration.

Au bout de sept ans de cette terrible infirmité, elle se propose de demander à Dieu, par l'entremise des saints, une guérison que la science se déclare impuissante à obtenir.

Ses parents et son mari accèdent à ses désirs, installent la pauvre infirme sur un âne, la soutiennent

tour à tour et s'en vont ainsi visiter la plupart des
sanctuaires célèbres du pays sénonais ; mais, hélas !
sans obtenir aucun résultat.

Ils étaient complètement découragés ; d'autant que
le mal, au lieu de diminuer, s'aggravait des fatigues
d'un tel voyage. Déjà ils reprenaient le chemin de
leur pays, quand ils entendent parler des nombreux
miracles de saint Romain.

Linatia supplie son mari et ses parents de la conduire à ce pèlerinage ; ils y consentent. « Or, avant
même d'arriver à Vareilles, ses membres se redres-
sent à mesure qu'elle approche du sanctuaire, et
quand elle s'est prosternée devant le corps du saint
abbé, la guérison est complète, il ne reste plus trace
de ses infirmités. »

Cette femme et les siens rendent à Dieu des actions
de grâces prolongées et proclament bien haut leur
reconnaissance à saint Romain qui leur a obtenu une
guérison aussi complète qu'inespérée.

Une femme de Saint-Remi, faubourg de Sens, se
fait accidentellement au bras une blessure très grave,
la plaie est profonde et effrayante, le bras est presque
détaché (1). Il s'ensuit une enflammation considérable. Un jour qu'elle souffrait horriblement, elle se
lève, se joint aux pèlerins allant à l'église de saint
Romain ; à peine arrivée, elle y trouve heureuse-
ment la santé.

Voici encore une malheureuse posédée du démon. Comme Amalberge, elle vient du Gâtinais. Sa
situation est affreuse ; contrairement à ce qui se
passe habituellement dans les suggestions où le dé-

____

(1) Dissoluto brachio penitus.

mon parle par la bouche de sa malheureuse victime,
ici, il n'articule aucune parole, il a même rendu
cette femme muette ; « mais il lui fait imiter le cri d'a-
nimaux divers, tantôt elle mugit comme le taureau,
tantôt elle pousse des hurlements comme les bêtes
fauves. »

Pour l'amener au tombeau de saint Romain, « sa
famille est obligée de l'attacher fortement. Cette
malheureuse, les cheveux épars, le visage farouche,
résiste avec fureur pour ne pas faire ce pèlerinage. »

Lorsque l'abbé du monastère, Rainulfe, reçut ces
pauvres gens, la crise était extrêmement violente, le
démon tourmentait sa victime avec rage et lui faisait
pousser des cris effrayants. Pendant que la possédée
est maintenue par son mari et ses parents, l'abbé lui
fait prendre un peu de vin qu'il a fait toucher aux
reliques du saint. « Alors, dit le pieux chroniqueur,
une lutte acharnée s'engage entre le démon et le
breuvage bénit. » ; bientôt après, la malade tombe
anéantie, un ruisseau de sang noir coule à ses pieds.
On la croit morte.

Les assistants sont consternés, le mari pleure et
se lamente : « Nous sommes venus pleins de confiance en saint Romain, dit-il, nous comptions sur la
guérison et voici que tout espoir est perdu. »

En présence de cette famille désolée, l'émotion est
à son comble, l'abbé lui-même ne peut retenir ses
larmes ; il ne se décourage pas cependant, et assure
que cette femme n'est pas morte ; il prend de nouveau du vin sanctifié par le contact des reliques, en
verse quelques gouttes sur les lèvres de la malade.
A peine celle-ci l'a-t-elle absorbé, qu'elle se lève de
sa torpeur et, rendant grâces à Dieu et à saint Ro-

main, elle s'écrie : « O Père saint, soyez béni d'être
venu d'Italie en Gaule et de nous avoir apporté assistance et secours en ce pays. »

Enfin nous citerons encore, parmi les merveilleux
effets de la puissance de saint Romain, deux miracles
qui ont leur importance.

Le premier est la guérison d'un infirme nommé
Teudo, dont les genoux étaient tellement contournés
que le malheureux était obligé de ramper à la manière des quadrupèdes.

Triste et désolé, l'infirme priait chaque jour saint
Romain, lui demandant la grâce de se tenir debout et
de marcher comme tout le monde.

Un jour qu'il se traînait sous une fenêtre, près de
la châsse du saint, il se met à prier comme d'habitude ; mais cette fois, inspiré d'en Haut, il ajoute à
sa prière le vœu de demeurer toujours en cette
église à titre de serviteur, s'il obtient sa guérison.

A peine avait-il fait cette promesse, « qu'un cra-
quement se fait entendre dans ses membres, les arti-
culations se détendent, un sang vivifiant se répand
jusqu'aux extrémités. Teudo se trouve subitement
debout, pouvant marcher. » Fidèle à sa promesse, il
resta toute sa vie serviteur dévoué de l'église où il
avait été guéri.

L'histoire ne nous dit pas de quel village était
Teudo ; mais voici un autre infirme, nommé Alboin,
de Vareilles même ; il avait lui aussi les genoux tellement contractés qu'il se traînait sur les mains pour
arriver jusqu'à la porte de l'église, où il sollicitait la
charité des pèlerins.

Un soir, un peu avant la fermeture des portes, il

s'avance vers la châsse de saint Romain, la saisit fortement avec foi ; à mesure qu'il la tient, il s'en dégage comme un courant d'électricité vivifiante ; ses jambes se raffermissent, ses muscles se détendent ; Alboin se tient debout, ce qu'il n'avait jamais fait ; et, mieux encore, il marche librement.

Il pousse alors des cris de joie, sans souci du lieu saint et proclame bien haut son bonheur d'être guéri. On accourt autour de lui ; tout le monde le connaissait, tous voulaient s'assurer du miracle. Or, c'était le soir assez tard, la plupart des religieux et des pèlerins étaient déjà rentrés dans leur demeure respective ; attirés par le bruit, ils reviennent à l'église, et manifestent eux-mêmes bruyamment leur joie d'un tel miracle. L'abbé arrive à son tour, il engage les fidèles à témoigner leur reconnaissance par le silence et une tenue plus correcte dans la maison de Dieu.

Ce bruit, qui n'était pas seulement causé par la curiosité et le désir de voir si Alboin se tenait réellement debout, mais aussi par l'obscurité qui régnait dans l'église, fit bientôt place à une explosion de reconnaissance, partant de tous les cœurs.

Parmi les témoins de ce miracle, il en est un dont le nom mérite d'être cité, c'est Rainart, comte de Sens et gouverneur du pays, lequel se trouvait alors au monastère.

Nous n'en finirions pas si nous voulions donner l'histoire de tous les prodiges accomplis par saint Romain, et même simplement le récit qui en est fait par Rainulfe, abbé de Vareilles et plus tard, par Boscius, abbé de Saint-Remi. Ces deux personnages, pieux et savants, nous disent en prose et en

vers (1) les merveilles opérées sous leurs yeux et
les nombreux bienfaits répandus par le saint abbé
de Druyes sur les populations sénonaises.

Pour tout résumer en un mot, la parole de l'Evangile se réalise à la lettre : les fiévreux sont délivrés
de la fièvre, des paralytiques recouvrent le mouvement, des sourds entendent, des boiteux marchent,
des aveugles voient, des muets parlent. Saint Romain prodigue ses faveurs à tous ceux qui les sollicitent.

(1) Talia Romani pro meritis
    Xtus donat Senonicis,
    Ut recolant assidue,
    Quanto fruantur munere,
    Nam gemmam cœli possident,
    Dum penes se hunc retinent
    Quem protulit Ecclesia
    Servatque modo Gallia.

CHAPITRE XIV

Pendant que saint Romain, grandement honoré à
Vareilles, y multipliait les prodiges, de graves événements s'accomplissaient en France. Les Normands
venaient dé ravager toute la Neustrie et s'avançaient
avec des forces considérables et des milliers d'es-
quifs vers nos contrées.

En vain Louis III en avait massacré de huit à neuf
mille à Saucourt, sur la Somme. Cette victoire n'a-
vait nullement arrêté leur marche en avant, puisque,
un an plus tard, lui et son frère Carloman taillaient
en pièces de nouveau l'armée Normande et Danoise
qui avait remonté le cours de la Vienne et dévastait
les campagnes de Poitiers. « Les essaims barbares
se renouvelaient sur tous les points du territoire
avec une effrayante rapidité, Les hommes du Nord
semblaient doués de la fécondité des sauterelles. »

Un cri d'effroi, dont l'écho est venu jusqu'à nous, retentit dans toute la Gaule à l'approche de ces farouches ennemis. Pour comble de malheur, le jeune roi Louis III, qui avait montré tant de bravoure contre ces barbares, venait de mourir prématurément à la suite de sa seconde victoire, et Carloman, son frère, l'avait suivi de près dans la tombe.

Charles-le-Gros, héritier de leurs royaumes pendant la minorité de Charles-le-Simple, fut loin d'être à la hauteur de sa mission, l'épée de Charlemagne était trop lourde pour sa lâcheté ; loin de combattre les Barbares, il préféra traiter avec eux, leur payer de fortes rançons, ou bien employer le meurtre et la trahison au lieu du courage et de la vaillance.

« Après l'assassinat de Godefried, leur chef, les Normands résolurent d'en tirer une vengeance éclatante et projetèrent une guerre de conquête qui devait, si elle eût réussi, leur livrer d'un seul coup la Gaule tout entière. »

Abandonnée de son roi, la France ne s'abandonna pas elle-même. Pendant que Charles-le-Gros restait inactif en Germanie, Raynold, duc du Maine, donna le premier l'exemple du dévouement et du patriotisme, il se jeta sur l'envahisseur, fut tué à la tête de ses troupes, et sa mort glorieuse enfanta des héros par milliers.

Après lui, Gozlin, archevêque de Paris, son neveu Ebol, les jeunes comtes Eudes et Robert, Hugues, leur oncle, abbé de Saint-Germain d'Auxerre, firent des prodiges de valeur et organisèrent un plan de résistance aussi prudent que sage. Avec une poignée d'hommes, deux ou trois cents au plus, ils résistèrent contre quarante mille Barbares et interceptèrent le

cours de la Seine aux sept cents barques qu'ils re-
morquaient avec eux.

Après dix-huit mois de résistance, les assiégés
virent enfin les cohortes de Charles-le-Gros camper
sur les hauteurs de Montmartre. C'était en octobre
886. Avec ses forces supérieures, l'armée impériale
pouvait anéantir les restes des bandes dévastatrices ;
Charles n'eut pas le courage de l'entreprendre ;
comme précédemment, il préféra négocier lâche-
ment avec les Barbares, et consentit à leur payer sept
cents livres d'argent. L'une des clauses de cet igno-
minieux traité permettait aux Normands d'aller piller les provinces en amont de Paris, comme pour les
dédommager de n'avoir pu se partager les riches
dépouilles de cette cité.

Quelques jours après, les Normands mettaient le
siège devant Sens. Ce fut une frayeur générale. Mais
si les Barbares pouvaient dévaster librement les
campagnes sans défenses, ils n'étaient pas en état
de réduire les villes fortifiées. Aussi les habitants des
villages voisins accouraient tous à Sens pour se
mettre à l'abri des remparts et aussi pour aider courageusement à la résistance.

Les religieux de Vareilles, sous la conduite de
leur abbé, Suave, successeur de Rainulfe, se réfugièrent eux-mêmes dans la ville, ils y apportèrent tout
ce qu'ils avaient de précieux dans leur monastère, et
en premier lieu, leur principal trésor, le corps de
saint Romain.

Le siège, commencé le 30 novembre 886, dura
jusqu'au milieu de mai de l'année suivante. Pendant près de six mois, les pirates firent pleuvoir sur
la ville une grêle effroyable de pierres et de flèches,

sans cependant pouvoir triompher de la résistance
des Sénonais.

Encouragés par leur archevêque, les habitants de
Sens combattirent vaillamment. Ce pieux pontife, accablé de chagrin en présence des maux dont souffrait son peuple, mourut de langueur pendant le
siège ; mais « au ciel, il continua les prières commencées de son vivant et fut assez heureux pour obtenir la délivrance de la ville. »

Les Normands, furieux de leur insuccès, se ven-
gèrent sur les campagnes, ravageant toute la banlieue, pillant les villages, incendiant les églises et
les couvents. Le monastère de Varcilles, entr'autres,
fut ruiné de fond en comble ; les barbares l'incendièrent et n'en laissèrent que les fondations. Ils ra-
sèrent de même les monastères de Notre-Dame et de
Saint-Gervais.

Quand la paix fut rétablie, les religieux de Saint-
Remi cherchèrent une installation moins provisoire.
Il leur était bien difficile de reconstruire le monastère de Vareilles ; ce lieu qui convenait en temps
de paix, était dépourvu de sécurité à une époque
d'invasions fréquentes. Les Normands étaient éloignés, mais non disparus, comme le démontrent les
ravages opérés par eux autour d'Auxerre, ainsi qu'à
Saint-Florentin et Tonnerre, les années suivantes (1).

Bovus, abbé de Saint-Remi, réunit les religieux

(1) En 889 ils se montaient pour la seconde fois aux portes d'Auxerre et en brûlaient les faubourgs. Vers 892, ils désolaient la Bourgogne et se faisaient battre par le duc Richard-le-Justicier qui les
pourchassa jusqu'au-delà de Sens. Vingt ans après, ils renouvelaient
leurs incursions dans l'Auxerrois et se faisaient tuer par les troupes
de Girbold et de Géran, l'un comte et l'autre évêque d'Auxerre.

pour se concerter avec eux sur la détermination à prendre ; il fut décidé à l'unanimité que le monastère serait rebâti sous les remparts de la ville, au midi, dans une prairie appartenant à la communauté et à l'endroit où il avait été construit primitivement avant d'être transporté à Vareilles.

On se mit à l'œuvre activement, et en 892, le nouveau monastère avec son église étant achevés, on y transporta solennellement le corps de saint Romain. Il y resta jusqu'aux guerres du protestantisme et pendant cette longue période de temps, près de sept siècles, le saint abbé y fut l'objet d'une dévotion constante de la part des fidèles de la ville et de la contrée.

Un siècle et demi après qu'il y fut déposé, alors qu'un élan général se manifestait en faveur des œuvres pies, le culte de saint Romain brille d'un nouvel éclat. C'est à cette époque que le moine Gislebert écrit la vie de notre saint et encourage ainsi la piété des fidèles envers le saint abbé.

La confiance des populations est si grande alors, que nous voyons saint Romain invoqué dans toutes les calamités publiques. Des pillards étant venus porter la dévastation dans les dépendances de l'abbaye à Pont-sur-Yonne, et les villages voisins Villemanoche et Michery, l'abbé de Saint-Remi, Winnemanne, y fait porter solennellement les reliques du saint et immédiatement le fléau cesse. C'était vers l'an 1058.

Au treizième siècle, la dévotion à saint Romain se maintient dans toute sa ferveur. En 1262, le 29 septembre, fête de saint Michel archange, Guillaume V, abbé du monastère, à l'occasion de l'érec-

tion d'une nouvelle châsse, fait une translation solennelle du corps de saint Romain, en présence de
Geoffroy abbé de Saint-Pierre-le-Vif, de Guillaume
abbé de Saint-Jean, de Clément abbé de Saint-
Paul, avec l'autorisation de l'archevêque de Sens,
que la maladie seule empêche de se rendre à cette
cérémonie, et devant une foule considérable de fidèles. Un procès-verbal de cette solennité fut dressé
et conservé longtemps dans les archives de la communauté.

Au siècle suivant, en 1349, le 8 juillet, Guillaume
de Melun, archevêque de Sens, se rend solennellement au monastère de Saint-Remi pour vénérer les
précieuses reliques ; il en constate l'authenticité.
« C'est bien réellement, déclare-t-il après examen,
« le corps de saint Romain, moine, qui nourrit le
« bienheureux Benoît dans le désert pendant trois
« ans, et fut renfermé dans cette châsse en l'an
« 1262, comme il nous est apparu par le procès-
« verbal conservé avec les reliques. » Ce document
commençant à tomber de vétusté, l'archevêque le
reproduit dans le nouvel authentique qu'il fait rédiger et qui est conservé aujourd'hui encore dans
la châsse de saint Romain, au trésor de Sens.
Nous en reproduisons le texte à la fin de ce volume (1).

A l'occasion de cette visite solennelle, les religieux de Saint-Remi accordèrent au pieux pontife,
pour sa cathédrale, une côte de saint Romain, et cela
en considération de la grande dévotion du prélat et
du peuple pour le saint. En retour, l'archevêque ac-

(1) Pièces justificatives, n° 1.

cordait une indulgence de quarante jours à tous les fidèles pour chaque visite faite au glorieux tombeau et pour chaque offrande laissée en l'église du monastère (1).

Quatre jours plus tard, le 12 juillet, de son château de Nailly, Guillaume de Melun donnait pouvoirs et commission à Thierry, doyen et official de son église cathédrale, de se rendre avec des assesseurs au monastère de Saint-Remi pour replacer avec soin et respect les reliques de saint Romain qu'il avait enveloppées soigneusement et scellées du sceau archiépiscopal, sans doute pendant qu'on faisait à la châsse les restaurations jugées nécessaires.

En vertu de cette commission, Thierry, doyen de Sens, se rendit au monastère le jeudi après la fête de Saint-Vincent (28 janvier 1350); il remit dans la châsse les reliques de saint Romain, « moine, qui, pendant trois ans, avait nourri saint Benoît à Subiaco. »

Toutefois, sur la demande des religieux et avec l'approbation de l'archevêque, il retint le chef du saint abbé, et le confia, scellé du sceau de l'officialité, au prieur du monastère qui se proposait de le renfermer dans un reliquaire spécial.

Nous lisons, en effet, dans le manuscrit de M. Rousseau, que « le chef de saint Romain, abbé, fut enchâssé en argent par la dévotion de Etienne de

____

(1) L'archevêque de Sens voulait sans doute encourager la générosité des fidèles en faveur de la reconstruction de l'église du monastère qui avait dû être déplacée, en 1358, pour permettre de faire les fossés de la ville, ordonnés par le dauphin Charles, à cause des incursions des Anglais.

Montigny, comme il paroist par l'inscription qui est au bas dud. chef, c^me il suit :

« L'an de grâce m, iiij et treize, un bourgeois de « Sens, nommé de Montigny Etienne donna de che- « vance sienne ij^c avec cinquante livres qui pour « luy ont été délivrées pour envaisseler sans doub- « tance le chief qui cy est en présence de saint Ro- « main le glorieux en paradis, le mestre (maître) « pieux (1). »

Un inventaire fait par Guérin de Séante, en 1466, porte également à l'article premier : « Le chef de monsieur sainct Romain d'argent doré, lequel est en vaisselle d'argent. »

Louis de Melun, archevêque de Sens, dans une pièce authentique conservée, déclare que la dévotion à saint Romain est très grande de son temps ; excité lui-même par la renommée du saint et par les nombreux témoignages des fidèles, il résolut de faire aussi ce pèlerinage.

Le 25 avril 1466, fête de saint Marc, évangéliste, il se rend solennellement à Saint-Remi, accompagné de Guichard, abbé de Sainte-Colombe ; de Guillaume, abbé de Saint-Pierre-le-Vif ; de Pierre, abbé de Saint-Jean ; de Mathieu, abbé de Saint-Paul-sur-Vanne, au faubourg de Sens. Et aussi de Pierre de Puits, pré-chantre de l'église métropolitaine ; de Jacques Honard, official, licencié en droit canonique ; de Thomas La Plote, archidiacre, licencié ; de Laurent Billard, Jean Fusée, Etienne Bruneau, Jean Pouard, Hugues Bourgogne, prêtres, chanoines de Sens.

Et en présence de maître Hugues La Plote, avocat

(1) Rousseau, *Histoire de la Ville de Sens*, manuscrit n° 66, Sens.

et conseiller du roi au baillage de Sens ; de Pierre
Chacerat et Clément Adam, tenant lieu de bailly de
la ville ; des autres autorités de Sens, et du peuple.

Arrivé à l'église Saint-Remi, l'archevêque, devant
les témoins convoqués par lui, fait descendre la
châsse de saint Romain, examine les scellés et constate avec les personnages présents que ce sont bien
les armes de Guillaume de Melun, son prédécesseur et
son parent ; puis ayant fait l'ouverture de cette châsse,
il en retire lui-même les ossements, et après examen
des pièces renfermées dans le reliquaire, déclare que
c'est bien réellement le corps de saint Romain, nourricier de saint Benoît. Il accorde comme ses prédécesseurs une indulgence pour toute visite et aumône
faites au tombeau du saint. Il fait également dresser
un procès-verbal de sa visite, soigneusement écrit
par son notaire. Cette pièce sur parchemin est conservée au trésor de Sens (1).

L'autre moitié du corps, restée à Auxerre lors de
la concession d'une partie des reliques à Anségise,
fut également préservée de la profanation à l'époque
des Normands.

Le monastère de Saint-Germain, grâce à sa position topographique, échappa à leurs dévastations.
« Elevé sur une hauteur dont l'Yonne baigne le
pied, séparé de la cité par une vallée marécageuse,
le *Château Saint-Germain*, comme le nomment les
vieux chroniqueurs, muni d'une solide fortification,
n'était accessible que du côté du Nord-Ouest, et par
conséquent facile à défendre.

« Aussi les Huns, les Sarrasins, les Normands qui

____

(1) Voir aux pièces justificatives, n° 3.

vinrent successivement ravager et brûler les monastères de Saint-Père, de Saint-Julien et de Saint-
Marien, et les habitations disséminées autour de la
cité romaine, garnie alors de ses énormes murailles
élevées par le peuple-roi, tous ces barbares furent
arrêtés devant l'abbaye comme devant la cité. C'était
un asile sûr et tranquille. Le roi Charles-le-Chauve
s'y était retiré dans ses revers, et les habitants de
Tours, craignant l'invasion des Normands, y avaient
apporté la châsse de saint Martin en 882 (1). »

Ce n'est pas que les Normands épargnèrent l'Auxerrois. Nous savons par Adrevald, historien de l'abbaye de Saint-Benoît-sur-Loire, les heureux exploits
de Girbold, comte d'Auxerre, contre ces Barbares ;
l'abbé Lebeuf nous dit aussi comment saint Géran,
évêque d'Auxerre, animé d'un courage héroïque, en-
treprit de repousser les pirates qui répandaient la
terreur générale dans les campagnes et mettaient
tout à feu et à sang sur leur passage. Il réunit des
troupes, les enflamma de ses discours, les fortifia de
sa bénédiction ; puis il fondit sur les ennemis, mit
leur armée en déroute et s'en revint victorieux, rapportant trois de leurs étendards et ramenant prison-
niers deux de leurs chefs.

Les reliques de saint Romain furent honorées à
Auxerre, comme elles l'étaient à Vareilles et à Sens.
Là aussi, elles furent regardées comme une source
de grâces précieuses pour les populations auxerroises. Les religieux de Saint-Germain, qui possédaient une quantité considérable de corps saints,
attachaient un prix tout spécial aux restes de saint

(1) Dom Fournier, *Description des Saintes Grottes*, XIII et XIV.

14

Romain ; ils l'avaient démontré déjà par leurs réclamations à Héribalde en 845, et par leur résistance aux sollicitations d'Anségise en 876. Après le départ des Normands, ces reliques continuèrent d'être particulièrement en honneur au monastère.

En 1290, elles furent mises, avec celles de saint Aunaire, dans une même châsse qu'on plaça dans un lieu élevé derrière le maître-autel. Le reliquaire était ainsi continuellement exposé à la vénération des fidèles et des nombreux pèlerins qui venaient prier au tombeau de saint Germain.

A toutes les époques de calamités, les Auxerrois recouraient à la protection de saint Germain ; ils invoquaient aussi avec confiance le saint abbé de Druyes. En 1479, la peste faisant des ravages à Auxerre, le roi Louis XI demanda une procession au tombeau de saint Edme de Pontigny, afin d'obtenir la cessation du fléau. Les chanoines de la cathédrale, pour répondre à ce vœu et se prêter aux instances des jurés et bourgeois d'Auxerre, portèrent solennellement en procession le corps de Notre-Seigneur, le dixième jour d'août. Le lendemain et le jour suivant, les religieux de l'abbaye de Saint-Germain firent également une procession solennelle dans laquelle ils portèrent les châsses de leur saint patron et de plusieurs saints, entr'autres celle de saint Romain.

L'année suivante, le jour même de la fête de notre saint et le lendemain, 22 et 23 mai, ils renouvelèrent dans le même but ces processions solennelles.

En 1554, l'extrême sécheresse avait plongé tout le pays auxerrois dans la désolation. Le prix des grains haussait chaque jour, on se voyait menacé d'une véritable disette. Les habitants et autorités d'Auxerre suppliaient unanimement les religieux de Saint-Germain de descendre les châsses des saints et de les porter en une procession générale de toute la ville et des paroisses environnantes.

Au jour fixé, 21 mai, veille de Saint-Romain, quatorze processions des environs, ayant chacune sa bannière, vinrent se réunir à celle de la ville. On se mit en marche à l'heure indiquée. Deux mille cinq cents jeunes filles et religieuses marchaient en tête ; puis venaient les confréries d'hommes, revêtus de leurs costumes particuliers ; après eux, suivaient trente croix paroissiales ou monastiques, tant de la ville que de la banlieue. Venaient ensuite les cordeliers, les jacobins et le clergé séculier ; plus loin, sur la droite, le vénérable chapitre de Saint-Etienne, composé de plus de quarante chanoines ; à gauche, marchaient les moines de Saint-Germain.

L'espace, que ces différents corps religieux laissaient vide au milieu d'eux, était occupé par les reliquaires que des hommes vêtus d'aubes blanches, les pieds nus et la tête découverte, portaient sur des brancards ; un grand nombre de lévites, revêtus du même habit et dans la même attitude marchaient en ligne à côté des reliquaires, tenant une torche ou un cierge à la main.

« Parmi les principales reliques mentionnées dans le procès-verbal de cette procession, se trouvaient d'abord : le chef de saint Symphorien, ceux de saint Cot et de saint Prix ; puis les reliques de saint François, de sainte Barbe, de saint Jacques, de saint Fiacre, le chef de saint Regnobert, celui de saint Pierre, les reliques de saint Sébastien, de saint

Eusèbe, de saint Vigile, le chef de saint Juste, celui de sainte Anne, la châsse de saint Gervais, le suaire de saint Germain, les reliques de saint Pierre, de saint Maurice, de saint Cyr, de sainte Julitte, celles de saint Chrysanthe et de sainte Darie ; ensuite venait la châsse de saint Romain, abbé, en même temps que celles de saint Urbain et de saint Thibaut. Enfin, pour fermer la marche, les châsses de saint Amatre et de saint Germain, qui marchaient de front. Après elles, venait le révérendissime évêque d'Auxerre, revêtu de ses habits pontificaux, et une foule considérable de fidèles des deux sexes qui suivaient aussi quatre par quatre.

On se figuerera mieux qu'on ne peut l'écrire, quels concours prodigieux de peuple de pareilles processions devaient entraîner après elles (1).

Le procès-verbal de cette cérémonie, mémorable dans les fastes de l'Eglise d'Auxerre, prouve bien la dévotion des Auxerrois pour leurs saints, et démontre avec quel élan ils se portaient à ces actes extérieurs de foi et de manifestation religieuse dans les calamités publiques.

Il nous démontre aussi que le culte de saint Romain n'avait pas dégénéré dans la ville, puisque sa châsse tient une des premières places après celles de saint Germain et de saint Amatre.

L'obligation pour l'historien de suivre le corps de saint Romain à Auxerre et dans le Sénonais nous a forcé de laisser de côté Druyes et le monastère éta-

______

(1) *Histoire de l'Abbaye de Saint-Germain d'Auxerre,* par Henry, 397 et 398.

bli par notre saint. Il est temps d'y revenir et de dire quelques mots de cet établissement.

Les chroniqueurs ne nous disent pas ce que devint le monastère de Druyes après la mort de son fondateur; cet oubli a fait supposer qu'il avait disparu peu après. Pour nous, nous croyons qu'il dura jusqu'au temps des Normands, qu'il fut détruit par eux et qu'après le départ de ces barbares, les religieux de Druyes, réfugiés à Auxerre pendant le temps de l'invasion, revinrent ensuite rebâtir leur monastère.

Mais il ne fallait plus penser habiter une vallée ou une plaine trop accessible, à cause du retour possible des Danois ; ils cherchèrent donc un lieu élevé et facile à défendre. Druyes offrait bien des montagnes escarpées, mais elles eussent nécessité des travaux de défense trop importants pour un petit monastère. Les religieux trouvèrent, à six kilomètres de leur ancien couvent, un rocher à pic, dominant une vallée étendue ; ce rocher, abordable seulement par un côté, pouvait facilement être fortifié et défendu.

C'est là que les enfants de saint Romain décidèrent de reconstruire leur maison de prière, comme nous l'apprend une note attribuée à l'abbé Lebeuf et trouvée dans un manuscrit de la bibliothèque d'Auxerre, où il est dit : « On lit dans la vie de saint Romain que le monastère qu'il avait bâti à Druyes, ayant perdu sa splendeur après sa mort, les religieux s'allèrent bâtir à trois lieues au-delà et appelèrent leur nouveau monastère Andruye, qu'on nomme aujourd'hui Andryes, parce qu'il fut bâti à la façon de celui de Druyes (1). »

-----

(1) Bibliothèque d'Auxerre, manuscrit 128.

C'est tout ce que le savant historien du diocèse d'Auxerre nous a transmis au sujet de la fondation du prieuré d'Andryes (1).

Après l'an mil, un magnifique mouvement intellectuel et religieux se produisit en Europe. Partout on voyait surgir de nouveaux ordres religieux. Saint Bernard de Menthon fondait le couvent du Grand-Saint-Bernard et saint Jean Gualbert l'institut de Vallombreuse ; saint Romuald créait l'ordre des Camaldules et saint Bruno celui des Chartreux. A Cluny, les bénédictins donnaient l'exemple de toutes les vertus sous la sage direction de saint Odilon, et avec eux une heureuse réforme s'introduisait dans la plupart des monastères soumis à la règle de saint Benoît. « On eut dit que le monde se secouait et dépouillait sa vieillesse. »

A cette époque, un saint prêtre, qu'un historien appelle *une lumière de l'état monastique*, se retirait dans une solitude de l'Auvergne, suivi de deux soldats convertis. Il s'appelait Robert et était issu de la famille de saint Gérauld d'Aurillac.

Comme saint Romain, il vit se réunir autour de lui un grand nombre de personnes qu'attirait l'éclat de ses vertus, et bientôt il lui fallut construire un monastère. En 1052, le pape Léon IX confirmait l'érection de l'abbaye de la Chaise-Dieu et y établissait Robert comme premier abbé.

Les petits monastères de bénédictins ne pouvaient que gagner à être mis sous la dépendance de cette abbaye, que la sainteté du fondateur rendait déjà

____

(1) Nous devons tout ce qui concerne le prieuré d'Andryes à l'obligeance extrême de M. l'abbé Bonneau, premier vicaire à la cathédrale d'Auxerre.

célèbre et où la règle de saint Benoît était observée dans toute son intégrité. Le prieuré d'Andryes eut cette insigne faveur.

Geoffroy de Champ-Aleman, évêque d'Auxerre, de 1052 à 1076, témoigna une grande sollicitude pour la prospérité spirituelle et temporelle des maisons religieuses de son diocèse. C'est lui qui fonda le grand prieuré de La Charité-sur-Loire et le chapitre de Saint-Martin de Clamecy, restaura les abbayes de Notre-Dame et de Saint-Amatre à Auxerre et rétablit à Saint-Eusèbe un abbé avec des chanoines. Les petits couvents attirèrent aussi son attention, et, en 1067, il donna le prieuré d'Andryes à l'abbaye de la Chaise-Dieu (1).

Jusque-là le prieuré d'Andryes n'avait pas laissé de traces dans l'histoire ; dès lors, sous le nom de Saint-Robert d'Andryes, il eut ses jours de gloire, car il donna plusieurs abbés aux plus illustres monastères et des évêques à l'Eglise de France.

Audebert ou Hildebert, frère de l'illustre Garnier de Montmorillon, était moine dès sa jeunesse dans le monastère de Saint-Robert d'Andryes. Il passa ensuite quelque temps dans l'abbaye de Saint-Cyprien de Poitiers, devint abbé de Bourgdieu, et, en 1092, fut promu à l'archevêché de Bourges.

Quelques années plus tard, en 1102, un autre moine d'Andryes, nommé Aimeric, était appelé directement à la charge d'abbé de la Chaise-Dieu. C'était le cinquième depuis la fondation de l'abbaye. La sagesse de son gouvernement et l'éclat de ses vertus

_____

(1) Goffridus de Campo-Alemanno, Autissiodorensis episcopus, Beato Roberto coœvus, ei Prioratum de Andria in sua diœcesi addixit. *Martyrol. Autissiod. die 17ª mensis aprilis.*

le firent nommer à l'évêché de Clermont en 1111.

Vers 1175, Jean, religieux profès à Saint-Robert d'Andryes, se distinguait par sa science et sa piété, disent les chroniqueurs. La renommée qu'il avait acquise lui valut les suffrages des religieux et le signala à l'attention des dignitaires ecclésiastiques, aussi fut-il élu prieur de Saint-Robert de Cornilion et peu après promu à l'évêché de Grenoble.

En même temps, un autre religieux d'Andryes, appelé Lantelme ou Lancelin, fut élu grand-abbé de la Chaise-Dieu en 1179 et reçut du pape Lucius III l'usage de la mitre. Nommé à l'évêché de Valence en 1186, il fut sans doute surpris par la mort, car, d'après Michel Germain, il ne fut pas consacré (1).

Enfin, l'un des plus illustres évêques d'Auxerre, Jean Baillet, était chanoine de Saint-Merry à Paris et prieur d'Andryes, quand il fut élevé sur le siège de saint Germain en 1477 (2).

Mais une époque funeste pour les monastères venait de s'ouvrir, celle des prieurs commendataires.

Les intérêts des prieurs étaient souvent en opposition avec ceux des moines ; aussi la discipline se relâchait, la règle était délaissée et le nombre des religieux diminuait. Saint-Robert d'Andryes subit cette

---

(1) *Gallià Christiana*, passim.

(2) Une contestation sérieuse s'éleva au milieu du xvᵉ siècle entre Pierre de Longueil, évêque d'Auxerre, et Jean de Chaluz, prieur d'Andryes. Le prieuré était exempt, c'est-à-dire que les religieux n'étaient pas soumis à la juridiction de l'évêque, qui n'avait pas chez eux droit de visite ou d'inspection. Mais le prieur était en même temps curé d'Andryes; à ce titre, il dépendait nécessairement de l'évêque et ne pouvait lui refuser le droit de procuration. Aussi, l'affaire ayant été portée au palais des requêtes, le prieur fut condamné et le parlement confirma la sentence le 8 mars 1465. — Lebeuf, *Histoire d'Auxerre*, vol. II, p. 67.

influence néfaste et perdit son ancienne splendeur. Par un décret du 19 octobre 1735, Monseigneur de Caylus supprima le prieuré et en réunit les biens à la Chartreuse de Basseville, à la condition que les chartreux feraient desservir la paroisse par un prêtre séculier et que l'un d'eux célébrerait la messe, dimanches et fêtes, dans la chapelle de Pousseaux. Des lettres patentes du 9 octobre 1735 avaient déclaré que le dernier prieur commendataire, Antoyne Lemoine, prêtre, docteur et censeur en Sorbonne, jouirait, sa vie durant, des fruits du prieuré.

Ainsi prit fin ce monastère où, pendant dix siècles environ, les religieux de saint Romain d'abord, et ensuite les disciples de saint Robert de la Chaise-Dieu, pratiquèrent la règle de saint Benoît. En 1451, il y avait dans l'église Saint-Robert d'Andryes une chapelle en l'honneur de saint Benoît.

En souvenir de saint Romain et de la première fondation du monastère à Druyes, le prieur d'Andryes conserva jusqu'à la fin le droit de nomination à cette cure, ainsi qu'à celle de Surgy.

Les bâtiments du monastère construits sur le rocher, à côté de l'église, existent encore ; on y montre la chambre du prieur qui était seigneur spirituel et temporel d'Andryes. Il nous souvient d'avoir entendu souvent les vieillards du pays donner le nom de *seigneur* au propriétaire de l'ancien prieuré. C'est tout le souvenir qu'on a conservé d'une maison religieuse jadis illustre et florissante.

CHAPITRE XV

Nous sommes arrivés à une époque où la France eut à supporter des ravages non moins terribles que ceux des Normands. Les Huguenots se montrèrent, en effet, aussi cupides et plus cruels encore que les barbares du Nord; ils causèrent partout, notamment dans notre contrée, d'horribles excès, écrits dans l'histoire en caractères de feu et de sang.

Dans une première guerre, en 1562-1563, les protestants avaient porté dans le Languedoc et le Dauphiné le théâtre de leurs affreux brigandages ; vers la même époque, le fameux baron des Adrets avait mis au pillage et décimé par de sanglantes exécutions les provinces d'Auvergne, du Forez, de Lyon et de Provence ; « ce monstre, dit un historien, fit alors plus de barbares que dix siècles n'en avaient policés. »

La guerre prit fin, après l'assassinat du duc de Guise et l'édit d'Amboise, qui accordait de sérieux avantages aux protestants. Mais les réformés, non satisfaits des libertés concédées, voulaient s'emparer du pouvoir et surtout anéantir le catholicisme en France.

Favorisés à l'intérieur par la jalousie et la politique cauteleuse de Catherine de Médicis, encouragés du dehors par l'exemple des protestants écossais révoltés contre la reine Marie Stuart, excités aussi par les conseils venus de Genève, les hérétiques ne tardèrent pas à reprendre les armes et commencèrent une nouvelle guerre si violente, que, de l'avis de tous les historiens, les atrocités commises par eux dépassèrent tout ce qu'on avait vu jusqu'alors.

L'Auxerrois eut particulièrement à souffrir à cette époque. « Les hérétiques, qu'on eut dit envoyés, comme Attila, pour exercer la vengeance de Dieu contre les peuples et contre les moines », s'emparèrent d'Auxerre par surprise, dans la nuit du 27 au 28 septembre 1567. Ils profitèrent des vendanges qui rendaient la surveillance moins vigilante et la résistance plus difficile.

« Une fois maîtres de la ville, ces forcenés en ouvrirent les portes à une foule de scélérats qui se répandirent avec eux dans tous les quartiers. Aucune église, aucun couvent, aucune maison de prêtre ne fut à l'abri de leur brigandage. Toute porte fermée était enfoncée par eux à coups de hache, et ils s'y précipitaient comme des lions affamés (1). »

L'église et le monastère de Saint-Germain exci-

---

(1) Lebeuf, *Prise d'Auxerre,* 142.

taient surtout leurs convoitises, ils savaient y trouver des trésors ; aussi « Michel Guespier, pour remplir les ordres qu'il avait reçus, se rendit promptement avec son arquebuse et quelques bourgeois sur la place qui est devant l'abbaye, afin que les religieux ne pussent rien détourner ni emporter en s'enfuyant (1). »

Quelques instants après, les Huguenots arrivent en foule, ils enfoncent les portes de l'église, prennent tout ce qu'ils y trouvent de précieux, les vases sacrés, les reliquaires d'or et d'argent, les ornements de grand prix dus à la libéralité des rois. Les six châsses qui dominent le maître-autel attirent tout d'abord leurs regards, ils les descendent brusquement, jettent les reliques sur le pavé du temple où elles sont foulées aux pieds des passants.

Parmi ces six châsses, il y avait celle de saint Romain, qui renfermait une partie notable de son corps, restée à Auxerre en 876.

Après avoir pillé l'église de Saint-Germain, les protestants dévastèrent l'abbaye ; ils enlevèrent tout ce qui était à leur convenance, puis y mirent le feu (2). De toutes les dépouilles volées à Saint-Germain, dit D. Fournier, on remplit treize chariots, qui, avec tous les objets pillés dans les autres églises et couvents d'Auxerre, formèrent un butin considérable. Dix ou onze voitures chargées d'ar-

____

(1) *Histoire de l'Abbaye de Saint-Germain*, par Henri, p. 405.

(2) Parmi les pertes considérables causées par cet incendie, nous devons regretter toute particulièrement la bibliothèque qui était une des plus riches de l'Europe. Elle contenait, outre d'énormes collections d'ouvrages de toutes sortes, de nombreux manuscrits dont la perte restera à jamais regrettable ; elle possédait aussi une quantité d'objets d'art en or, argent et ivoire.

genterie furent amenées non loin de Druyes, à la Maison-Blanche, près de Coulange-sur-Yonne, chez le sieur de Loron, protestant fanatique qui avait présidé aux pillages des églises d'Auxerre.

La châsse de saint Romain, vide de ses reliques, y fut apportée avec les autres, toutes furent brisées et fondues, à l'exception de celle de saint Germain, qui était si forte que le sieur de Loron et son associé, un orfèvre venu d'Auxerre, ne purent pas même l'entamer. Ils résolurent alors de l'enterrer dans une des pièces de ce manoir ; ce qui fut fait quinze jours après pendant la nuit (1).

Les ossements de saint Romain et ceux des autres saints, jetés sur les dalles de l'église, furent ramassés avec soin par des catholiques, aussitôt après le départ des sectaires ; malheureusement ils étaient désormais mélangés, et il fut impossible de discerner ceux de notre saint d'avec les autres.

(1) Le capitaine de Loron était un des principaux organisateurs du pillage d'Auxerre, avec un orfèvre de cette ville nommé Mamerot ; ils s'emparèrent de préférence des objets d'orfèvrerie, qu'ils amenèrent à la Maison-Blanche entre dix et onze heures du soir. Dès le lendemain ils se mirent en devoir de briser tous ces objets précieux et de les fondre en lingots ; mais la châsse de saint Germain se trouva si forte qu'ils ne purent l'entamer. Quinze jours après, de Loron fit creuser, pendant la nuit, une fosse profonde dans une chambre de son château pour la cacher, se réservant d'en tirer parti plus tard. Le maçon qui avait fait la fosse reçut vingt écus pour sa peine, mais, comme il s'en retournait, il fut tué à peu de distance du château par un émissaire, que de Loron avait envoyé sous prétexte de le reconduire. Une jeune servante, nommée Claudine Ravier, qui les avait éclairés pendant leur triste besogne, allait partager le même sort, sans la vive opposition de sa maîtresse. On se contenta de lui racler la langue, ce qui lui occasionna une enflure et l'empêcha de parler pendant quatre ou cinq mois. Le sieur de Loron ne profita pas longtemps de ses crimes, car d'après Lebeuf, il finit ses jours sur l'échafaud.

Toutes ces reliques furent déposées, après les troubles, dans une armoire pratiquée dans un des gros piliers des cryptes, entre la chapelle de Saint-Martin et celle de Sainte-Maxime. L'entrée en fut murée et on y grava une croix que les fidèles vénéraient avec respect.

Plus tard, en considération de la piété populaire pour ces reliques, Monseigneur Dominique Séguier, évêque d'Auxerre, fit l'ouverture de cette armoire, au fond de laquelle il trouva les ossements de cinq ou six corps ; il fit dresser à l'intérieur plusieurs gradins garnis d'étoffe, y rangea les saintes reliques, et les protégea par une fenêtre vitrée défendue elle-même par une grille de fer.

En 1636, le 9 avril, eut lieu en cet endroit un fait extraordinaire et regardé comme miraculeux. « Dom Déicole Vocelle, prêtre sacristain de l'église du monastère, ayant un cierge à la main, faisait voir les saintes grottes à un Auxerrois, Guillaume Pirot, avocat au Parlement, et à deux prêtres capucins de la ville de Troyes. Arrivés à l'armoire où étaient les reliques profanées par les Huguenots, il l'ouvre, tire un rideau de taffetas rouge, et les leur montre posées sur des degrés. Les visiteurs s'agenouillent et font leur prière.

« Lorsque l'armoire fut refermée, les deux religieux, auxquels le sacristain venait de raconter l'histoire de ces reliques, élevèrent des doutes sur leur authenticité, disant que les Huguenots pouvaient avoir substitué d'autres ossements à la place de ceux des saints, et qu'on ne devait pas rendre légèrement des honneurs à des reliques qui n'étaient pas authentiques. « *A l'instant il se fit dans l'armoire un*

« *grand bruit, comme d'un choc, fracas et cliquetis*
« *d'ossements, comme s'ils se fussent choqués et froissés*
« *les uns contre les autres, et que le tout eût été ren-*
« *versé.* »

Ce bruit dura l'espace de temps qu'il faudrait pour
dire un *Ave Maria*. Tout est renversé là-dedans, dit
un des visiteurs ; le même bruit recommença aussitôt, mais avec plus de force et plus de durée que la
première fois. Pirot et les deux prêtres se jettent à
genoux pour demander pardon à Dieu et à ses saints
de leur incrédulité. Avant de se retirer, ils voulurent
se rendre compte si les reliques avaient été renver-
sées et bouleversées, mais ils les trouvèrent dans le
même ordre et dans la même situation qu'elles
étaient auparavant (1).

Plus tard, ces mêmes reliques furent mises en une
grande châsse, et « à la fin de septembre 1793, le
prieur de Saint-Germain ayant appris que l'église de
Saint-Germain, qui avait été conservée comme oratoire, venait d'être déclarée lieu profane, fit avertir
qu'il était prêt, pour éviter la profanation des saintes
reliques qui étaient dans son église, d'en faire don à
l'église cathédrale, qui seule était conservée et en
laquelle lesdites deux châsses furent conduites processionnellement le premier octobre suivant (2). »

Elles y sont encore aujourd'hui.

Sens fut moins maltraité qu'Auxerre, à cette époque
de guerres intestines. Cependant, comme l'armée

(1) Dom Fournier, *Saintes-Grottes*, p. 57. Henri, *Histoire de
l'Abbaye de Saint-Germain*, p. 447. Lebeuf, *Histoire d'Auxerre*,
pièce nº 462, tome IV, page 362.

(2) *Relation historique sur les reliques de la cathédrale d'Auxerre*, p. 7.

protestante menaçait d'assiéger la ville, le gouverneur, Nicolas Durand de Villegagnon, « capitaine habile, expérimenté, à qui ses longs services et ses hardies expéditions d'outre-mer avaient acquis un grand renom », voulut dégager les remparts et faire disparaître toute construction pouvant servir de repaire à l'ennemi. Le monastère de Saint-Remi fut démoli pour obéir à cette ordonnance (1). Les religieux se réfugièrent dans l'intérieur de la ville, comme l'avaient fait leurs prédécesseurs à l'époque des Normands. « Pour éviter la profanation de leurs reliques et la perte de leurs vies entrèrent dans la ville chargez des restes sacrez des saints qui reposaient en leur église, et comme la paroisse sainct Romain dépendoit d'eux, accause de leur qualité de curés primitifs, ils s'y logèrent et y déposèrent la précieuse châsse du glorieux sainct Romain (2). »

La portion du corps de saint Romain, emportée à Sens par Anségise, ne fut pas tout d'abord déposée dans l'église qui lui était dédiée, mais seulement quatre ans plus tard, sur l'ordonnance du cardinal de Pellevé. Elle avait été portée en premier lieu, avec les autres reliques du monastère, dans l'église de Sainte-Colombe qui était plus au centre de la ville, et moins exposée aux ravages des Huguenots.

Les protestants vinrent, en effet, assiéger Sens en 1567.

« Ils y furent reçus gaiement. Le commandant de

____

(1) Il en fut de même de l'abbaye de Saint-Jean et du prieuré de Saint-Sauveur, ainsi que des maisons et églises des faubourgs Saint-Didier, Saint-Antoine et Notre-Dame qui étaient trop rapprochées des remparts.

(2) Rousseau, mss. 66.

Villegagnon avait fait monter sur les tours de la cathédrale des haultbois et menétriez pour faire feste
aux Huguenots ; puis fit sonner autre son par instrument de son artillerie, également apposée sur lesdites tours, qui sonnait une basse-contre toute diffé-
rente de celle des haultbois, et au son de laquelle
faisait toujours le petit ou le canard quelque Hugue-
not du camp. »

Obligés de lever le siège, les sectaires, avant de
se retirer, incendièrent les monastères suburbains,
de Saint-Pierre-le-Vif et de Sainte-Colombe, l'église
Saint-Savinien, l'église et le château-fort de Nolon ;
puis, prenant la direction de Bray et de Nogent, ils
brûlèrent en passant les églises de Pailly, Vertilly et
autres lieux.

Quand la paix fut à peu près rétablie, l'archevêque
de Sens, Nicolas de Pellevé, qui venait d'être nommé cardinal, prit soin de faire un inventaire des reliques de sa cathédrale ; puis, sur la demande de Re-
gnaud de Bezannes, abbé de Saint-Remi, il procéda
solennellement, en présence d'un grand concours de
peuple, le 23 juillet 1571, à la visite des châsses du
monastère apportées dans l'église Sainte-Colombe.

Après s'être bien assuré de leur authenticité,
les religieux n'étant pas en état de reconstruire leur
monastère, l'archevêque décida, qu'en attendant
des temps meilleurs, la châsse de saint Valérien
resterait en dépôt dans l'église de Sainte-Colombe,
à la condition d'être rendue aux moines dès qu'ils
auraient rebâti leur couvent. Tandis que la châsse
de saint Romain et celle de sainte Licière seraient
portées dans l'église Saint-Romain, qui dépendait
des religieux.

Cette église était une des plus anciennes et des plus importantes de Sens. Elle avait été bâtie à la fin du vi° siècle ou au commencement du vii°, au plus tard en 613 (1).

« Ce en quoy Saint-Romain surpasse les paroisses de la ville de Sens, ou a surpassé, car, depuis peu, plusieurs se sont avisées d'avoir des suspensions, c'est en deux choses : La première, en ce qu'il conserve avec la cathédralle l'ancien usage de l'Eglise pour la suspension du ciboire. La seconde, c'est qu'on y a le bonheur d'y posséder son corps tout entier *(sic)*. Il est enfermé dans la châsse de cuivre doré qui est portée sur une espèce de pied d'estail, attaché au premier pilier de la première arcade dans le chœur, à main droite en y entrant. Nous ne sçavons pas au vray quand il a esté apporté en ceste église, mais nous sommes certains qu'elle vient des religieux de Saint-Remi, qui l'apportèrent quand ils se réfugièrent dans la ville accause des troubles qui estoient pour lors dans la France.

« Elle n'a pas toujours esté placée où elle est présentement. Les religieux, qui pour estre en trop grand nombre, se reposent quelquefois les uns sur les autres, ne prirent pas grande peine de la mettre en un lieu plus décent que d'estre dans une église, ils la posèrent d'abord sur un replat qui est encore à présent atenant et aussi élevé que la balustre qui sépare la chapelle de Sainte-Anne de la nef, où elle demeura ainsi jusqu'à ce que feu M. Paul Le Riche, en estant curé, en fit faire l'ouverture, et en mesme

(1) Voir J. Rousseau, *Histoire de la Ville de Sens,* mss. 66, à la bibliothèque de cette ville.

temps la fit placer où nous la voyons maintenant, ce fut environ l'an 1638. Et après luy, Mr Jean Hersant, archidiacre d'Estampes et chanoine de l'Eglise de Sens, curé pour lors de Saint-Romain, la fit revestir des pantes de tapisserie, comme elle est encore aujourd'hui.

« Nous avons le bonheur de posséder cette précieuse relique dans le païs de Sens, dès le vme siècle (*sic*), lorsque Anségise, 51e archevêque de Sens, demanda à Hugues, abbé de Saint-Germain d'Auxerre, ou elle estoit pour lors, qu'il lui accorda. Ce dévot archevêque, ayant receu ce prétieux trésor, il le confia aux religieux de Saint-Remy, qui demeuroient pour lors à Vareilles, et qui, enfin, après plusieurs changements de demeure, furent contraints d'entrer en la ville, et y apportèrent tout ce qu'ils avoient de plus beau et de pretieux dans leur monastère. Voilà comme nous avons obtenu ce sacré dépôt de saint Romain, la déroute de ces religieux nous a enrichis de leurs despouilles, non pas qu'ils nous l'aient laissé volontairement, qu'au contraire, ils ont réclamez contre l'injustice qu'ils prétendoient qu'on leur faisoit en le retenant (1). »

Une difficulté s'éleva, en effet, entre la paroisse Saint-Romain et les religieux de Saint-Remi, au sujet de la possession des reliques. L'archevêque de Sens, Octave de Bellegarde, voulant introduire la réforme dans les maisons bénédictines de son diocèse, comme il l'avait fait précédemment, à titre d'abbé, à Saint-Germain d'Auxerre, avait annexé la mense de Saint-Remi à celle de Saint-Pierre-le-Vif

____

(1) J. Rousseau, *Histoire de la Ville de Sens,* manuscrit n° 66.

et fusionné les deux communautés. Les religieux de
Saint-Remi, transportés à Saint-Pierre-le-Vif, réclamèrent le corps de saint Romain comme étant leur
propriété. Le curé et les paroissiens de l'église Saint-
Romain le refusèrent absolument. De là, un procès
devant l'archevêque de Sens qui concilia le différend.

« Il fut arresté par un concordat passé entre le
curé, les paroissiens et les moines, le 12 décembre
1644, par devant Baulent, notaire royal, à Sens, que
la châsse demeureroit en la paroisse et que le chef
de saint Romain, qu'on avoit enchâssé en argent, qui
avoit aussy esté mis en l'église de Saint-Romain du
mesme temps que la châsse, retourneroit entre les
mains des moines de Saint-Pierre-le-Vif, qui fesoient
pour ceux de Saint-Remy, accause de la mense qu'on
leur annexoit (1). »

Six ans avant cette décision, en vertu d'une autorisation de l'archevêque de Sens, la châsse de saint
Romain avait été ouverte par M. Pierre Jamart, curé
de Saint-Pierre-le-Rond, auquel l'archevêque donna
pour assistants M. Paul Le Riche, curé de Saint-
Romain, et M. Laurent Prigoil (?), curé de la paroisse
de Sainte-Colombe. « Lesquels en tirèrent quelques
reliques, sçavoir : une coste dudit saint abbé, laquelle du depuis en 1652, par les soins dudit Le
Riche, curé, a été enchâssée en une image d'argent
représentant saint Romain. Un vertèbre a été donné
aux dames bénédictines et un os du bras aux carmé-
lites (2). »

(1) Rousseau, mss. 66.

(2) Manuscrit de Maçon, chanoine de Notre-Dame de Sens. Bibliothèque de Sens, n° 74.

Ainsi donc, depuis le milieu du dix-septième siècle (1644), le chef de saint Romain fut vénéré dans l'église de Saint-Pierre-le-Vif et le reste du corps demeura en l'église paroissiale de Saint-Romain.

La translation solennelle du chef de saint Romain, de son église en l'abbaye des Bénédictins, fut faite le dimanche xixe après la Pentecôte, 1645. Procès-verbal en fut dressé par Jean Cormier et Louis Benoist, notaires à Sens (1).

Une charte sur parchemin, datée du 5 décembre 1656 et signée de D. Hugues Mathoud, trésorier et secrétaire du monastère, établit également l'identité de cette relique avec celle qui était précédemment dans l'église Saint-Romain et dans le monastère de Saint-Remi.

En 1660, l'inventaire des reliques de l'abbaye de Saint-Pierre-le-Vif, fait par Claude Cormier et Antoine Audierne, notaires royaux, porte : « 12° le chef d'argent doré dans lequel est la teste de sainct Romain qui nourrit sainct Benoist dans sa grotte l'espace de trois ans »; puis vient l'énumération des authentiques.

Ce même document mentionne l'inventaire fait en 1466 par Guérin de Séante, que nous avons cité en son temps, et « un autre signé Blondel où est escrit de cette sorte : « Le chef de monsieur saint « Romain d'argent doré, le visage et la teste estoffés « avec un chapeau d'argent esmaillé et le bassement « de cuivre doré avec le priant et la priante d'ar- « gent.» C'est le même reliquaire qui paroist encore

____

(1) Inventaire des saintes reliques de Saint-Pierre-le-Vif.

aujourd'hui, à la réserve que lesdits priant et priante n'y sont plus. » (1)

« Comment ces deux châsses ont-elles pu échapper aux profanations des révolutionnaires de 1793 ? L'explication de ce fait se trouve dans une courte notice, imprimée vers 1848, et intitulée : « *Nouvelle description du Trésor de l'Eglise métropolitaine et primatiale de Sens* (2). » Nous y lisons :

« Lorsqu'à la suite de la suppression des ordres religieux, il fut ordonné, en 1793, que toutes les matières d'or et d'argent, qui ornaient les églises, seraient enlevées et portées au trésor public, il semble que le moment était arrivé qui allait voir disperser et anéantir tous ces précieux restes conservés avec tant de soins depuis près de dix siècles. Il en fut autrement. Dieu suscita d'honnêtes citoyens de Sens, qui eurent le courage et l'intelligence de sauver tout ce que renfermaient les châsses et les reliquaires, sans éveiller la susceptibilité des agents de l'autorité, qui se contentèrent d'emporter les matières précieuses en dédaignant le reste.

« D'un côté, ce furent MM. Hédiard et Dérouet, qui enlevèrent de la Métropole et cachèrent soigneusement dans la maison du premier toutes les reliques de son propre trésor, puis celles de Sainte-Colombe, que le cardinal Loménie de Brienne y avait fait apporter depuis peu de temps.

« D'un autre côté, ce furent MM. Thomas, orfèvre, et Macé, qui parvinrent à retirer, la nuit, du

____

(1) *Bulletin de la Société Archéologique de Sens*, année 1877.

(2) Nous devons à l'extrême obligeance de M. le chanoine Blondel la communication de cette note.

trésor de Saint-Pierre-le-Vif, les nombreuses reliques et toutes les châsses en bois qu'il renfermait, et les déposèrent dans l'église Saint-Pierre-le-Rond, paroisse de la ville, dont le premier de ces deux messieurs s'était rendu adjudicataire pour la sauver de la démolition. »

« Ces deux généreux citoyens, dit M. le chanoine Mémain, sans calculer le danger auquel ils s'exposaient à cette époque de terreur, entreprirent de sauver des mains profanes toutes les reliques qui reposaient dans les différentes églises de la ville de Sens. La protection divine les accompagna dans l'accomplissement de leur généreux dessein (1). »

Toutes ces reliques, avec les documents authentiques les concernant, ont été fidèlement gardées, dans les lieux où les avaient placées leurs pieux détenteurs, pendant la période de 1793 à 1803 ; époque où elles furent représentées à Monseigneur de la Tour-du-Pin-Montauban, évêque de Troyes et de Sens, qui les fit porter à la métropole, où elles sont toujours.

Mais revenons à Druyes et aux calvinistes. Ici encore, il nous faut dire un mot de leurs dévastations. Nos pays n'ont pas été épargnés.

L'abbé Lebeuf nous dit que les Huguenots, « accoutumés à faire passer tout par le fer et par le feu, vinrent au bourg de Taingy et commencèrent par ordonner à un des habitants de mettre le feu à l'église de la paroisse ; cet homme, qui était catholique, n'eut pas plutôt témoigné l'horreur qu'il avait d'une telle impiété, qu'ils le percèrent de trois ou quatre

____

(1) L'*Apostolat de saint Savinien*, p. 142.

coups d'épée, le jetèrent dans l'église et y mirent le feu ; et le généreux défenseur de la maison de Dieu, ayant encore quelque reste de vie, acheva son sacrifice au milieu des flammes (1). »

Le même jour, ils brûlèrent la chapelle de Saint-Jean-Baptiste à Test-Milon, paroisse de Sementron. L'église Saint-Pierre de Courson subit le même sort. « Cette petite ville eut le malheur d'être brûlée deux fois par leurs mains. La Chartreuse de Basseville fut également réduite en cendres, ou du moins fut mise en pitoyable état (2). »

Les chroniqueurs ne disent pas ce qu'il advint à Druyes, sinon que l'église fut brûlée. M. Challes croit qu'elle a été entièrement détruite, c'est une erreur; le clocher et la charpente des deux bas-côtés eurent seuls à souffrir. Le grand comble ne paraît pas avoir été endommagé, à plus forte raison la construction elle-même.

Les protestants ne profanèrent pas à Druyes de reliques de saint Romain, la paroisse n'en possédant point alors, à notre connaissance du moins.

Ce n'est qu'en 1697, sur les instances réitérées de M. François Trémeau, curé de Druyes, son pays natal, que la paroisse eut la consolation de posséder un ossement de son saint patron.

Les supplications, que ce pieux et zélé pasteur adressa à l'archevêque de Sens, furent entendues par Monseigneur Hardouin Fortin de la Hoguette, qui donna commission à M. Barthélemy Moufle, son vicaire général, de se rendre en l'église paroissiale

______

(1) Lebeuf, *Prise d'Auxerre*, p. 267.

(2) Lebeuf, *Prise d'Auxerre*, p. 269.

de Saint-Romain, et là, d'ouvrir la châsse du saint
abbé pour en extraire un ossement et le remettre à
M. le curé de Druyes.

Le 24 juillet de cette même année, M. Moufle,
délégué du prélat, accompagné de M. Julien Amette,
chanoine de Sens et secrétaire ordinaire de Monseigneur l'archevêque, de M. Charles Baron, chanoine,
promoteur de l'archevêché, se rendit en l'église
Saint-Romain, où, en présence de M. Jacques Rousseau, prêtre, curé de ladite église, de M. Jean de
Bonnaire, avocat, de Gabriel Le Cointe, greffier du
conseil, de Nicolas L'Hermite, ancien procureur et de
plusieurs autres, il fit l'ouverture d'une châsse de
bois couverte de cuivre doré, dans laquelle étaient
plusieurs paquets de reliques ; sur l'un d'eux, une éti-
quette portait ces mots : « Reliques du corps de
saint Romain, confesseur et moine, qui nourrit le
bienheureux Benoît dans le désert. »

M. le vicaire général en retira « un ossement de
la longueur de deux pouces ou environ, de la largeur
d'un grand pouce à une extrémité et d'un demi pouce
ou environ à l'autre, que M. Louis Bignon, chirurgien à ce appelé, a dit être une partie des os du
tharse, dit calcaneum (talon), lequel ossement, avec
un morceau du vêtement de saint Romain trouvé
dans la châsse, fut soigneusement renfermé en une
boîte convenable, scellée du sceau de l'archevêque,
et remise ensuite à M. Trémeau pour être emportée
dans l'église de Druyes, où la relique sera exposée à
la vénération des fidèles. »

L'année suivante, le 15 juillet 1698, après qu'il
eut fait l'acquisition d'une châsse, M. Trémeau fit
reconnaître l'authenticité de cette relique à l'évêché

d'Auxerre. M. Guillaume Feu, chanoine de la cathédrale, fut chargé par l'évêque de porter la *précieuse relique* jusqu'à Druyes et de la renfermer dans la châsse qu'on y avait préparée.

La solennité de la translation fut fixée au 21 du même mois. Ce fut grande fête à Druyes ce jour-là, la population tout entière accourut au-devant de la relique, qui fut portée d'abord en la chapelle du château ; là, le délégué du prélat fit vérifier les scellés apposés sur la boîte, puis l'ouvrit et déposa l'ossement qu'elle renfermait, avec les procès-verbaux. dans une châsse de bois doré de forme ovale, avec un piédestal également de bois doré.

« Cette châsse avait deux ouvertures en face l'une de l'autre, celle de devant fermée d'une glace fixe, et celle de derrière d'un chassis avec glace fermant et ouvrant au moyen de vis. »

M. Guillaume Feu, après avoir déposé la relique dans la châsse et l'y avoir fixée sur un coussin de taffetas vert, au moyen d'un ruban de soie, la scella ensuite, ainsi que le reliquaire, du sceau de l'évêque d'Auxerre qui lui avait été confié à cette intention.

Puis la châsse fut portée solennellement en procession à l'église paroissiale dédiée à saint Romain, au milieu d'un grand concours de peuple avide de prendre part à la joie générale.

Un certain nombre de prêtres étrangers honoraient de leur présence cette translation ; ils signèrent le procès-verbal qui en fut rédigé et dans lequel sont également cités plusieurs des notables habitants de Druyes qui assistaient à cette fête. On trouvera les noms des uns et des autres aux pièces justificatives où nous rapportons le texte même de ce procès-verbal.

Ainsi plus de huit cents ans après que le corps de saint Romain fut enlevé de l'église de Druyes, où il avait été inhumé tout d'abord, la paroisse recouvrait enfin une partie de ses précieux restes, et la population retrouvait, en même temps, la foi des siècles passés et l'enthousiasme d'autrefois pour glorifier son saint patron. Tant il est vrai que « c'est le privilège de la sainteté d'immortaliser ses héros et de faire bénir leur mémoire dans le cours des siècles. »

Cette précieuse relique fut l'objet de la vénération des fidèles pendant le cours du dix-huitième siècle ; une confrérie, qui existait déjà à Druyes en l'honneur de saint Romain, reçut un nouvel élan de la présence de cette relique ; le nom du saint fut souvent donné au baptême ; il fut honoré dans les familles, prié et invoqué publiquement dans les calamités plusieurs fondations furent faites en son honneur ; en un mot, le saint moine resta toujours l'ange tutélaire de la paroisse.

Il nous reste à faire connaître comment cette relique fut sauvée d'une profanation complète, en 1793, lors du pillage des églises. M. de La Fournière, curé de Druyes, assermenté, fut, malgré ses concessions, dénoncé alors, tracassé de mille manières et enfin obligé de fuir. Les propriétés de l'église et du presbytère furent vendues, les rentes spoliées, l'église livrée à un véritable pillage et son mobilier mis à l'encan.

Le jour où avait lieu l'adjudication des objets ayant servi au culte, une intrépide chrétienne, madame Marie-Anne Denis, veuve Trémeau, était venue d'Auxerre, où elle demeurait, à Druyes, le pays de son mari ; et, apprenant qu'on y faisait en l'église paroissiale la vente du linge et des ornements, elle

s'y rendit et se glissa dans la foule des amateurs et
des curieux.

Tandis que le commissaire vaquait à sa besogne
sacrilège, un sieur Désiaux, ci-devant maître d'école,
et plusieurs autres habitants, voyant cette dame
dont ils connaissaient les sentiments religieux, « retirèrent en sa présence d'une châsse de bois doré,
dont les verres étaient cassés et qui était sur une
croisée de la sacristie, un ossement qu'ils lui offrirent, en l'assurant que c'était la relique de saint Romain, patron de la paroisse, et en ajoutant que le sieur
Bertrand, chirurgien, avait dit être un os du tharse. »

La prudente chrétienne a la bonne idée de feindre
de refuser ce qui lui était offert ; mais quelques instants après, tandis que les commissaires sont occupés à dévaster et à démanteler l'intérieur de l'église,
voyant qu'il n'y a plus personne dans la sacristie,
elle s'y glisse furtivement et s'empare de la sainte
relique, qu'elle cache avec le plus grand soin, de peur
que quelque révolutionnaire ne la lui ravisse et ne lui
fasse à elle-même une mauvaise affaire.

En possession du précieux trésor, madame Trémeau l'emporta religieusement dans sa maison à
Auxerre. Cette relique y resta jusqu'au rétablissement
du culte public, en 1803, époque où elle fut réintégrée
solennellement dans l'église de Druyes, comme nous
allons le dire au chapitre suivant.

CHAPITRE XVI

La relique de Druyes, cachée à Auxerre pendant la Révolution, est
rapportée le 17 novembre 1803. — Monseigneur Jolly visite les
châsses de saint Romain à Sens. — Le R. P. Casaretto, visiteur
des bénédictins d'Italie, réclame en vain le corps de saint Romain.
— Son Eminence le cardinal Bernadou accorde à la paroisse de
Druyes une nouvelle relique (le tibia droit), dont la translation a
lieu solennellement le 24 mai 1891.

Madame Anne Denis, veuve Trémeau, qui sauva
la relique de saint Romain pendant la période révolutionnaire, était la veuve d'un petit-neveu de l'ancien curé de Druyes qui avait obtenu cette relique.

La Terreur passée, cette dame présenta l'ossement
de saint Romain, avec les pièces authentiques, à
M. Délart, vicaire général de Monseigneur Jean-Bap-
tiste-Marie Champion de Cicé, évêque d'Auxerre.

Ce vénérable ecclésiastique reçut les déclarations
de madame Trémeau en présence de témoins; il prit
connaissance des procès-verbaux rédigés à Sens en
1697 au moment où la relique fut concédée à l'église
de Druyes, et celui de 1698 fait à Auxerre par

M. Marie, vicaire général de Monseigneur André
Colbert, approuvant l'exposition de cette relique. Il
compara ces procès-verbaux avec l'ossement qui lui
était présenté, et s'assura ainsi qu'il répondait exactement à la description faite en ces documents.

Il demanda en plus le témoignage d'un chirurgien.
M. François, appelé à examiner l'ossement remis
par madame Trémeau, déclara que c'était bien un os
du tharse appelé calcaneum ; ayant ensuite pris
connaissance des authentiques, il ajouta que cet ossement paraissait bien être celui qui avait été donné
à l'église de Druyes en 1697.

M. Délart, convaincu alors de l'identité de cette
relique par le témoignage non suspect de madame
Trémeau, par l'assertion de M. François et par les
pièces justificatives, en reconnut l'authenticité, ap-
posa le sceau épiscopal sur l'ossement même, rédi-
gea un rapport bien motivé et signé de lui et des
témoins. Il renferma ensuite dans une nouvelle
châsse la relique qu'il permit d'exposer à la vénération des fidèles.

Dans cette châsse, sous le coussin où reposait la
relique, il plaça les authentiques de 1697 et 1698,
ainsi que le procès-verbal qu'il venait de rédiger lui-
même. Il confia ce précieux dépôt ensuite à la dame
Trémeau, convaincu qu'il serait plus en sûreté chez
elle, que chez un prêtre obligé encore de se cacher.

Madame Trémeau l'emporta dans sa demeure, le
conserva avec respect, en attendant que Dieu dans
sa miséricorde rendît aux fidèles catholiques la liberté religieuse.

Quelques années plus tard, le concordat, passé
entre le souverain pontife Pie VII et le gouvernement

français, autorisait la réouverture des églises et rétablissait le culte catholique en France.

Le département de l'Yonne était rattaché à l'évêché de Troyes, dont le titulaire prenait le titre d'archevêque-évêque de Troyes, Sens et Auxerre. L'organisation du nouveau et vaste diocèse fut achevée le 30 avril 1803, par Monseigneur Louis-Apollinaire de la Tour-du-Pin-Montauban, et le 25 mai suivant, il transférait à Druyes M. Joseph Regnault, précédemment curé de Gouaix-les-Saint-Bris.

M. Regnault s'empressa de se rendre à son nouveau poste. L'église était dévastée ; la paroisse, dépourvue de curé depuis dix ans, se trouvait dans un état lamentable ; les enfants n'étaient pas baptisés (1), les jeunes gens n'avaient pas fait leur première communion, les époux n'avaient pas vu leur union légitimée par l'Eglise ; tout culte public avait disparu.

Le nouveau curé arriva à Druyes le samedi 28 mai, veille de la Pentecôte ; « il procéda d'abord à la réconciliation de l'église, suivant le rite prescrit par le rituel auxerrois et en vertu de la permission de Monseigneur l'Archevêque-Evêque ; puis il fit la bénédiction des fonts baptismaux et offrit solennellement le saint sacrifice de la messe. (2) »

Madame veuve Trémeau se trouvait précisément à Druyes, lors de l'installation du nouveau pasteur ; elle lui fit part du sauvetage qu'elle avait opéré et des précautions prises par elle et par M. Délart pour sauvegarder l'authenticité de la relique de saint Romain ; elle offrit de restituer à l'église paroissiale

____

(1) Avant la fin de cette même année, M. Regnault fit quarante baptêmes et jusqu'à trois dans la même famille.

(2) Archives de la paroisse, manuscrit de M. Regnault.

le précieux trésor qui lui appartenait légitimement, et dont elle ne s'était emparé que pour le sauver de la profanation.

M. Regnault se rendit à Auxerre, fit examiner la relique et les documents qui l'accompagnaient par M. Viart, vicaire général de l'archevêque-évêque de Troyes. Après vérification des scellés et des procès-verbaux, M. Viart déclara que la relique consacrée par madame Trémeau était bien de saint Romain. Elle fut ensuite remise au curé de Druyes, qui la rapporta respectueusement en sa paroisse le 16 novembre 1803.

« A la première nouvelle que le zélé pasteur revenait nanti du vénéré dépôt, des jeunes gens, qui s'étaient auparavant approchés du sacrement de pénitence, accourent au-devant de M. le curé, à plus de quatre kilomètres, et emportent triomphalement sur un brancard la châsse de saint Romain, jusqu'à l'entrée de la ville (1), où s'étaient rassemblés un grand nombre de pieux fidèles attendant l'arrivée des reliques de leur vieux compatriote sur la terre, devenu au ciel leur patron.

« Là, on s'organise en procession, et la foule, joyeuse et fière, revient à l'église en rangs pressés, faisant retentir les échos des montagnes du chant des psaumes et des cantiques d'actions de grâces.

« On plaça la châsse au milieu du chœur de l'église, sur une table préparée et ornée avec les soins les plus pieux. (2) »

Le lendemain, jeudi 17 novembre, eut lieu la cérémonie solennelle de réinstallation de la relique de

(1) On appelle *la ville*, à Druyes, la partie du bourg qui est construite en haut, à côté du vieux château féodal.

(2) Archives de la paroisse, manuscrit de M. Regnault.

saint Romain dans l'église paroissiale. Cette cérémonie consista en une messe solennelle, avec sermon
de circonstance. Après l'office, M. Regnault, curé
de Druyes, donna, devant les prêtres et toute l'assistance, les explications prouvant que la relique rapportée était bien réellement celle qui était vénérée
depuis un siècle dans la paroisse.

La châsse fut ensuite placée sur le tabernacle du
maître-autel, en présence de : M. Barrois, curé de
Courson, de M. Nicolas-Edme Rasteau, curé d'Etais,
de M. Nicolas Rolland, curé de Sougères, de
M. Mathieu Paillot, curé de Mailly-Château, et de
M. Joseph Regnault, curé de Druyes.

Et devant : MM. Claude Fourneau, Etienne Of-
flard, François Allart, Pierre Coignet (1), Etienne
Neutreau, Charles Rousseau, Edme Fourneau, Guillaume Denoux, Marie-Pierre-Jacques Trémeau, tous
deux fabriciens, et d'un grand nombre d'habitants.

Ainsi fut réinstallée la relique de saint Romain
dans l'église de Druyes ; elle y est encore entourée
de la vénération des fidèles.

Cette translation de 1803 semble avoir été l'occasion d'un changement de date dans la célébration de
la fête patronale à Druyes. Jusque-là, la paroisse
s'était conformée à l'usage général de l'Eglise de célébrer la fête de Saint-Romain le 22 mai. Depuis une
époque que nous ne pouvons préciser, mais qui date
de ce siècle, les habitants font la fête le 18 novembre, jour attribué à un autre saint Romain, martyr à
Antioche, au iv⁰ siècle.

(1) Pierre Coignet est le père du fameux capitaine Coignet, des
grenadiers de la garde, premier légionnaire, dont les « cahiers » ont
été souvent réédités depuis vingt ans.

Ce changement provient-il de la confusion entre
deux saints du même nom ? Tout porte à le croire. Il
se pourrait cependant que la concurrence assez fré-
quente entre la fête de Saint-Romain et les so-
lennités de l'Ascension ou de la Pentecôte, qui obligent à une remise, ait motivé cette translation. En
tous cas, depuis deux ans, la population de Druyes
reprend l'habitude de célébrer sa fête patronale à la
date véritable, et nous ne pouvons que l'en féliciter.

En 1846, la châsse de saint Romain ayant besoin
de réparations, M. Collinot, alors curé de Druyes,
prêtre des plus distingués et des plus méritants,
demanda à Monseigneur Jolly, archevêque de Sens,
de vouloir bien ouvrir la châsse, afin de lui permettre de faire la restauration devenue urgente ;
Monseigneur fit cette ouverture à Coulanges-sur-
Yonne, le 19 mai, en présence de M. Chauveau,
vicaire général, de M. Collinot, chanoine honoraire,
curé de Druyes, de M. le curé-doyen de Coulanges.

La relique et le coussin sur lequel elle reposait
furent enveloppés décemment, scellés du sceau aux
armes de Monseigneur l'archevêque, puis confiés à
M. le curé de Druyes, avec permission de les faire
remettre dans la châsse quand celle-ci sera réparée,
pourvu que cette réintégration ait lieu devant un
doyen et deux autres ecclésiastiques. Ce qui fut fait
à Auxerre par M. le doyen de Saint-Eusèbe, le
19 novembre suivant.

Cette relique resta ainsi jusqu'en 1891, époque
où la châsse tombant de vétusté, elle fut placée en
un tube de cristal pour être présentée plus facilement à la vénération des fidèles.

Mais n'anticipons pas, et donnons d'abord l'historique, en ce siècle, des reliques conservées à Sens.

Nous avons dit au chapitre précédent qu'en 1803, elles furent portées au trésor de la cathédrale.

En 1816, M. de Formanoir fit l'ouverture de la grande châsse et en retira un os de la main appelé métacarpe, nous ne savons pour quelle destination.

En 1832, le 29 mai, M. Charles Tillaut, chanoine, autorisé par Monseigneur de Cosnac, archevêque de Sens, fit l'ouverture du reliquaire contenant le chef de saint Romain abbé, en présence de M. Grapinet, chanoine honoraire, secrétaire général de l'archevêché, de MM. Valadin et Sottier, témoins ; « il en tira deux petits ossements pour être emportés, l'un dans la paroisse du Kremlin (*sic*) près Bicêtre, diocèse de Paris ; et l'autre, dans la paroisse de Louvières, diocèse de Langres. »

Ces deux reliques étaient sans doute destinées à des particuliers, car les églises des endroits désignés n'en ont gardé aucune trace.

« Un des premiers soins de Monseigneur Jolly, après la prise de possession de son siège, fut de procéder à la vérification et inventaire des reliques de sa cathédrale ; il visita toutes les richesses léguées par la piété de nos pères, prit soin de faire placer dans des châsses décentes les reliques qui en étaient dépourvues, et fit réparer les anciennes. »

Celles de saint Romain sont ainsi classées dans l'inventaire du trésor, édité par M. Gustave Julliot : « N° 236, une grande châsse en bois peint, ornée de paysages et d'arcatures gothiques, renfermant les reliques de saint Romain, abbé ; et n° 238, une châsse en bois doré, vitrée sur toutes les faces, renfermant le chef du même saint abbé. »

En 1858, le 26 août, le révérendissime Père Casaretto, visiteur des bénédictins d'Italie, vint à Sens pour vénérer les reliques de saint Romain, ami du fondateur de son ordre, et adressa à Monseigneur l'archevêque et au Chapitre une supplique, dans laquelle il demandait qu'on voulut bien remettre au monastère de Subiaco le corps du saint abbé, « qui avait demeuré en ce pays une partie de sa vie, à l'époque de saint Benoît, et qui est maintenant dans le trésor de la cathédrale. »

Le 28 octobre suivant, M. le chanoine Carlier répondait, au nom du prélat et du Chapitre, que la cathédrale de Sens ne saurait se dépouiller d'une relique aussi précieuse conservée à Sens depuis près de mille ans ; qu'en outre la piété des fidèles était également intéressée à empêcher ce déplacement, car l'église universelle sachant par l'histoire que le corps de saint Romain est à Sens, les fidèles n'iront pas le vénérer à Subiaco, et les églises qui désireront des reliques continueront, comme par le passé, à venir en demander à Sens.

Cette requête n'était sans doute pas la première que faisait le supérieur des bénédictins d'Italie, car M. Carlier, dans sa réponse, rappelle une proposition faite auparavant au R. P. Bernard, abbé de la Pierre-qui-Vire, consistant à donner au monastère de Subiaco une relique insigne de saint Romain, en échange d'une pareille relique de saint Etienne, patron de la cathédrale (1).

Nous ne pouvons dire si un échange quelconque eut jamais lieu, nous savons seulement que l'église

____

(1) Voir pièces justificatives.

de Saint-Romain, à Subiaco, possède une petite relique de notre saint, mais nous ne connaissons pas la date de concession.

La paroisse de Druyes avait bien plus de droit que les religieux italiens au corps de saint Romain. C'est à Druyes que le saint avait passé la plus grande et la principale partie de sa vie. C'est à ce pays qu'il avait légué ses restes en mourant ; les événements qui nous avaient dépouillés de ce précieux trésor ne pouvaient légitimer cette captation, ni la concession d'une petite relique faire cesser nos réclamations.

C'est ce que nous avons pris la liberté de faire observer au vénéré cardinal, lors de sa visite à Druyes, le 15 juin 1888. Et quand, deux ans plus tard, la nécessité de remplacer l'ancienne châsse devint urgente, nous avons pensé que le moment était venu de réaliser un double projet caressé depuis longtemps, savoir : donner à saint Romain un reliquaire moins indigne de lui et obtenir de Sens une relique insigne du saint patron de la paroisse.

Les habitants de Druyes, mis au courant des intentions de leur curé, accueillirent favorablement l'appel de leur pasteur pour l'acquisition d'une nouvelle châsse ; tous, riches et pauvres, tinrent à honneur de s'associer à cette œuvre paroissiale. La souscription atteignit bientôt la somme de six cents francs. Un marché fut passé avec M. Louis Favier, orfèvre à Paris, qui nous livra, pour la fête de Saint-Romain, une belle châsse en bronze doré.

C'est un coffre, en forme de chapelle, ayant trois baies sur les deux faces principales et une rosace aux deux extrémités. Ces baies sont séparées les unes des autres par des colonnes avec chapiteaux, xiie siècle, surmontés d'arcatures et frontons du même style. Quatre émaux ornent la partie supérieure. Les deux sur le devant représentent : l'un, saint Romain en solitaire, à genoux devant une croix plantée à côté de sa grotte, non loin de laquelle on aperçoit les sources de Druyes, le rocher druidique de Saint-Martin et la chapelle bâtie par le pieux solitaire. Dans l'autre médaillon, saint Romain, en abbé bénédictin, mitre en tête, s'avance, entre l'église de Druyes et son monastère, au-devant de saint Maur et de ses compagnons.

Sur le côté opposé, les deux émaux reproduisent: le premier, les armes du souverain pontife Léon XIII, et le second, les armes du cardinal Bernadou, archevêque de Sens.

L'ensemble, orné de nombreuses pierreries, est encadré de tourelles aux quatre angles et couronné au milieu d'un clocheton élancé du plus bel effet.

Le succès de cette souscription fut pour nous un encouragement à remplir la seconde partie du programme que nous nous étions tracé. Aussi, nous avions à peine traité pour le reliquaire, que, nous rendant à Sens, nous exposions au premier pasteur du diocèse la piété des habitants de Druyes pour leur saint patron et lui demandions hardiment le chef de saint Romain.

Monseigneur le cardinal se montra, comme toujours, bienveillant et paternel, mais aussi inflexible pour nous que son prédécesseur l'avait été trente-trois ans auparavant pour le R. P. Casaretto. Cependant, grâce à l'appui bienveillant de M. Dizien, vicaire général, et du vénérable M. Choudey, archiprêtre de la cathédrale, Son Éminence voulut bien nous promettre pour l'église de Druyes une relique plus importante que celle que nous avions déjà.

Le vénérable chapitre métropolitain, de son côté, daigna donner son assentiment à ce que nous appelions « une restitution partielle. »

Un mois après, le 20 mai, nous accourions de nouveau à Sens pour assister à l'ouverture de la châsse principale de saint Romain. Elle fut faite par M. le chanoine Mémain, gardien des saintes reliques, et en présence de M. Choudey, chanoine-archiprêtre de Sens, du curé de Druyes, du frère Barnabé, sacristain, et de madame la présidente de l'œuvre des tabernacles.

De la moitié du corps apporté à Sens depuis mille ans, il n'a été trouvé que trois ossements : un fémur, un tibia et un autre moins considérable ; « il y avait de plus dans cette châsse un paquet assez volumineux de linges anciens paraissant avoir servi à l'ensevelissement du corps lui-même, et enfin une boîte en bois renfermant les anciens procès-verbaux depuis le treizième siècle jusqu'à nos jours », tous admirablement écrits sur parchemin avec sceaux et contre-sceaux pendants.

Selon la promesse qui nous en avait été faite, M. le chanoine, gardien des saintes reliques, retira de la châsse un ossement mesurant 0^{m}38 de longueur, que M. le docteur Coumailleau, médecin à Sens, auquel il fut présenté, déclara être un tibia de la jambe droite. Il fut de suite placé dans la châsse donnée par les habitants de Druyes, et scellé des armes du révérendissime cardinal.

En même temps, l'autre relique que possédait déjà la paroisse, avait été elle-même apportée à Sens et remise à M. le chanoine Mémain, par les soins duquel elle fut renfermée, avec ses pièces authentiques, en un tube de cristal, muni à chaque extrémité du sceau de Monseigneur l'archevêque.

Le vendredi 22 mai, fête de saint Romain, dès la première heure, M. le curé rentrait à Druyes accompagné de deux confrères, rapportant les reliques sacrées. Elles furent exposées pendant la messe et vénérées par un bon nombre de personnes chrétiennes ; mais la translation solennelle était fixée au dimanche suivant, 24 mai.

Cette cérémonie s'annonçait magnifique ; toute la population voulait faire fête au saint patron ; les paroisses voisines tenaient elles-mêmes à prendre part à la solennité ; la compagnie du chemin de fer daignait favoriser les pèlerins en leur octroyant ce jour-là des prix de faveur. Tous les prêtres des environs promettaient d'y assister, malgré les difficultés du jour et de la distance ; deux missionnaires zélés venaient de très loin apporter le concours si apprécié de leur éloquence ; M. le chanoine Mémain daignait venir de Sens pour présider cette translation, et avait l'amabilité d'en faire un compte-rendu aussi exact qu'édifiant. Aussi nous ne saurions mieux faire que d'emprunter la plus grande partie de son récit pour raconter cette fête.

« Pour cette translation solennelle, l'église de Druyes était vraiment parée comme l'épouse au jour de ses noces. A l'extérieur, les drapeaux et les oriflammes annonçaient au loin la splendeur de la fête. A l'intérieur, les fleurs, les guirlandes, les diadèmes de verdure encadraient la magnifique châsse que la piété des habitants avait fait construire pour recevoir la nouvelle relique. Fidèles au culte de leur glorieux patron, tous avaient voulu contribuer à l'achat de cette châsse comme à l'éclat de la fête.

« A Druyes, on ignore les intrigues et les haines politiques qui divisent trop souvent les populations et rendent les autorités impuissantes pour ce qui est bon et utile. Heureux pays ! puisse-t-il ignorer toujours la haine et l'impiété avec leurs funestes conséquences (1).

« A la messe solennelle, un missionnaire rédemptoriste, le R. P. Cessieux, profita du concours de la population pour annoncer l'ouverture d'une mission (2) et dire les grâces et les avantages des exercices qui allaient suivre. L'église était trop étroite pour contenir la foule de ceux qui vinrent alors vénérer la relique de saint Romain et poser leurs lèvres sur le verre qui la recouvrait.

« Aux vêpres, le nombre des pèlerins étrangers, amenés de tous les environs par les trains du chemin de fer ou par les voitures particulières, forçait la foule à refluer au dehors de l'église. Le panégyrique de saint Romain fut alors prêché par le R. P. Riblier, rédemptoriste.

« Après avoir dit que les saints avaient seuls le

(1) Hélas ! on n'ignore pas plus ces misères à Druyes qu'ailleurs, puisque un an plus tard, à la veille de la fête de saint Romain, sans cause connue, sans consulter son conseil municipal et malgré le vœu à peu près unanime de la population, M. Merlot, maire de Druyes, prenait un arrêté interdisant la procession des reliques et toutes les autres processions extérieures.

(2) C'était la reprise d'une mission interrompue l'année précédente par la maladie du R. P. Monniot, rédemptoriste, qui, devenu vice-provincial de sa congrégation, nous envoyait de bons suppléants. Cette mission, commencée sous les auspices de saint Romain, donna les plus heureux résultats.

privilège de voir leur mémoire bénie et honorée de longs siècles après leur mort, il considère saint Romain dans les trois patries qui l'ont possédé successivement : l'Italie, sa patrie d'origine ; la France, sa patrie d'adoption, et le Ciel, sa patrie de conquête.

« En Italie, après avoir été le modèle des jeunes gens vertueux, il devient le modèle des religieux. Saint Benoît, le grand patriarche de la vie monastique et de la civilisation chrétienne, veut recevoir l'habit religieux de sa main et se former à la vie monastique suivant ses avis et ses exemples.

« Obligé de quitter l'Italie, saint Romain apporte à Druyes les mêmes enseignements et les mêmes exemples de vertu. Il y fonde un monastère et une église, qui, plus tard, portera son nom, et c'est en foule que l'on vient se placer sous sa direction.

« Après sa mort, Dieu le glorifie par de nombreux miracles et les diocèses voisins se disputent l'honneur de posséder ses reliques.

« Il faudrait donner en entier ce panégyrique émouvant et surtout les invocations touchantes adressées, en finissant, par l'orateur, à saint Romain, pour tout son auditoire et la paroisse de Druyes.

« Après le sermon, devait avoir lieu la procession extérieure à la grotte de saint Romain. Une pénible incertitude avait jusqu'alors plané sur la fête. La pluie du matin et le ciel toujours couvert d'épais nuages faisaient craindre que cette procession triomphale ne pût avoir lieu. Mais non ; saint Romain ne pouvait refuser cette consolation à ses fidèles. La pluie et le brouillard disparurent au temps voulu, et la procession, bannières déployées, put suivre son parcours et remplir tout le programme de la fête. »

Quatorze prêtres, parmi lesquels : M. le chanoine Mémain, MM. les doyens de Courson et de Coulanges-sur-Yonne, escortaient la châsse de saint Romain, portée par deux d'entre eux, précédée et suivie de la foule des fidèles rangés sur deux lignes.

« Comment dépeindre cette procession aussi splen-dide que touchante ! Druyes est un des plus beaux pays de l'Yonne, et, au milieu de ce site admiré, la grotte de saint Romain occupe une position qui semble choisie par la Providence. Au couchant, à deux cents mètres environ, en face de l'église et du village dont elle est séparée par une belle prairie (1), cette grotte s'ouvre au milieu d'une longue muraille de rochers, les mêmes qui, un peu plus loin, laissent échapper les sources abondantes, les fameuses fon-taines de Druyes. Au midi, les grandes arcades du viaduc du chemin de fer ; au nord, la montagne es-carpée, que couronnent les ruines grandioses de l'antique forteresse, terminent le paysage et forment comme un encadrement magnifique à la grotte il-lustrée par le séjour de saint Romain.

« Au-dessus de la grotte et des rochers, une croix monumentale, entourée d'oriflammes aux riches cou-leurs, fixe tous les regards. Erigée de la veille, elle allait être solennellement bénie par le célébrant.

« Lorsque les longues files de la procession se furent repliées pour se masser au pied de la croix et devant la grotte, le R. P. Riblier, debout devant ce vaste auditoire, comme autrefois saint Bernard, prê-

---

(1) Cette prairie appartient à M. et Mme Millot, propriétaires à Héry, qui avaient gracieusement autorisé le passage de la proces-sion malgré des dégâts inévitables. Nous leur adressons de nouveau tous nos remerciements.

chant sur les pentes de Vézelay, rappela, en termes
émus, les enseignements que redisaient ensemble et
la croix de Jésus-Christ et la grotte de saint Romain.
Splendeurs admirables de la nature et du site, souvenirs divins, orateur inspiré, entraînant, auditoire
nombreux et ravi, tout était réuni pour faire de cette
scène l'une des plus belles que nous ayons jamais
contemplées. Aussi ce fut avec un véritable enthousiasme que l'auditoire répéta, en finissant, les accla-
mations de l'orateur : « Vive la Croix ! Vive saint
Romain ! (1) »

Au retour de la procession eut lieu le salut solennel, après lequel la foule édifiée et émue s'écoula
lentement, heureuse, enthousiasmée de la splendeur
de cette fête, et se promettant bien de revenir les
années suivantes.

Un an après, en effet, la fête de saint Romain fut
non moins solennelle que l'année précédente. La cérémonie fut présidée par M. le doyen de Courson
qui chanta la grand'messe, le panégyrique du saint
fut prononcé, le matin, par M. l'abbé Bain, vicaire à
Toucy, le soir par le R. P. Massé, de Pontigny. La
population tout entière prit part à cette solennité et
de nombreux pèlerins vinrent de nouveau des pays
voisins pour honorer et prier saint Romain.

Désormais la fête patronale, à Druyes, était rétablie à sa date véritable, d'elle-même la population
venait d'adopter la fête religieuse pour ses agapes
de familles. Puisse le culte de saint Romain, si cher
à nos pères, vivre au cœur de cette paroisse ! Dieu
veuille que la mémoire de ce grand saint retrouve le

---

(1) *Semaine religieuse* du diocèse de Sens du 30 mai 1891.

lustre des temps chrétiens, que sa vie angélique
serve de modèle aux générations à venir, et que son
nom soit béni à jamais dans les siècles futurs comme
il l'a été dans les siècles passés.

Et maintenant notre tâche est achevée. C'est avec
une joie véritable que nous avons consigné en ces
pages tous les témoignages que nous avons pu recueillir touchant saint Romain et la salutaire influence qu'il exerça dans le mouvement de régénération sociale de son temps.

On nous reprochera peut-être d'avoir sacrifié un
peu à l'esprit du siècle en parlant plutôt des œuvres
humaines et sociales de saint Romain que de ses
vertus surnaturelles et de ses austérités rigoureuses.
Il est vrai que nous avons voulu faire un travail historique et non une œuvre ascétique. Nous sommes
allé au plus pressé, qui était de sortir des ténèbres de
l'oubli la belle vie de saint Romain. La connaissance
est le principe de l'amour, nous espérons donc que
notre saint étant désormais mieux connu, il sera
aussi plus vénéré et plus aimé.

Cher saint ! Ce n'est pas sans éprouver une véritable tristesse que je vous quitte. Depuis longtemps
j'avais pris la douce habitude de vivre de votre pensée et de vos souvenirs. Je ne saurais pourtant vous
oublier, car tout ici vous rappelle à nos cœurs ; la
grotte où vous avez vécu et prié, l'église qui vous
est dédiée et qui remplace celle que vous avez bâtie et le monastère que vous avez construit, ce
sol que vous avez défriché de vos mains et fertilisé
de vos sueurs, ce pays que vous avez fondé et les ha-

bitants qui doivent à votre apostolat la foi et les habitudes chrétiennes que vous avez inculquées à leurs pères.

O glorieux protecteur! Les temps sont difficiles. Aujourd'hui comme à votre époque, une civilisation excessive nous entraîne à la décadence morale, les vertus chrétiennes sont partout remplacées par la convoitise et le sensualisme, comme au ve et au vi^e siècle, l'anarchie nous menace, le glaive d'une main et la torche incendiaire de l'autre, elle veut détruire les œuvres du passé. Vous qui avez si puissamment contribué à la régénération de la société par vos exemples de renoncement et de mortification, faites revivre au milieu de nous l'esprit de sacrifice et de dévouement. Vous qui avez arraché les populations aux hontes d'une civilisation vermoulue et aux absurdités de superstitions surannées, inspirez aux enfants de ceux que vous avez convertis un attachement invincible pour la foi et la vertu. Vous qui avez préparé pour les barbares un civilisateur dans la personne du glorieux patriarche des moines d'Occident, envoyez-nous un nouveau Benoît pour pacifier notre pauvre société si troublée.

Couvrez tout spécialement de votre haute protection ce pays qui vous doit tant, fortifiez ceux qui sont fidèles, éclairez ceux qui s'égarent, touchez ceux qui, endurcis dans l'erreur, ont des yeux pour ne pas voir la lumière, des oreilles pour ne pas entendre la vérité.

O Père, du haut du ciel où vous demeurez dans la paix, bénissez le pasteur et le troupeau, apportez-leur le secours efficace de votre tutélaire patronage,

dirigez à travers ce monde, agité comme une mer
en furie, et votre successeur et votre fille bien aimée
la paroisse de Druyes-les-Belles-Fontaines.

> Ex hâc arce, Pater, quâ placidus sedes,
> Presentem fer opem, riteque dirigas
> Errantem dubium per mare Filiam
> Urbem fontibus inclytam (1).

(1) Office de saint Romain. Hymne des deuxièmes Vêpres.

PIÈCES JUSTIFICATIVES

N° 1

Procès-verbal constatant l'authentique des reliques de saint Romain donné par Guillaume I, de Melun, archevêque de Sens, le 8 juillet 1349, relatant un autre authentique plus ancien de Guillaume de Brosse, archevêque, du 20 septembre 1262.

Universis præsentes litteras inspecturis, Guillelmus, miseracione divina Archiepiscopus Senonensis... in domino salutem... ac æternorum intuitu seminare in terris quod, reddente Domino, cum multiplicato fructu recolligere valeatis in cœlis. Quoniam alma mater Ecclesia universos in regnis cœlestibus constitutos studiis honorare sollicitis et sonoris afferre preconiis non desistit, ejus exemplo laudabili inducimur, sanctorum laudibus insistere et ad divini nominis honorem et gloriam et exaltationem catholicæ fidei salutemque fidelium id agere per quod sanctis et eorum reliquiis honor et reverencia, cum debita veneracione, valeat exhiberi, et præsertim quum hoc ad laudem Dei cadat, nam eum in sanctis ejus laudari dubium non existit — Sane noverint universi presentem paginam inspecturi, quod nos anno Dni M° CCC° quadrag° nono, octava die mensis Julii, personaliter accessimus ad monasterium sancti Remigii Senon. et inter cætera, ad honorem Dei et sanctorum suorum quorum

reliquie erant et sunt in eodem monasterio, et quorum
veneranda memoria propter antiquitatem et raram fre-
quentacionem dicti monasterii a X^{ti} fidelibus aliqualiter
recesserat a cordibus fidelium in diminucionem honoris
divini et sanctorum predictorum ac dampnum fidelium
non requirencium subsidia sanctorum eorumdem; (Cum
scire debeant peccatorum maculas sanctorum precibus
expiari, et Xristum delinquencium offensionibus irrita-
tum, eorum intercessionibus celerius placari); Apperuisse
capsam beati Romani, confessoris, et ibi invenisse reliquias dicti sanctissimi confessoris, prout apparebat inter
cetera per quemdam antiquum breviculum notabilis lit-
tere, qui jam incipiebat propter antiquitatem consumi,
cujus breviculi tenor talis est :

« Hic sunt reliquie b^{ti} Romani, monachi, qui nutrivit
« beatum Benedictum in spelunca tribus annis et fue-
« runt hic recondite dicte reliquie anno Domini M° CC° se-
« xagesimo secundo, mense septembri, in festo b^{ti} Mi-
« chaelis archangeli, per vener. viros et religiosos: Gau-
« fridum abbatem sci Petri vivi, Guillelmum abbatem
« sci Joannis et Clementem abbatem sci Pauli, de man-
« dato Reverendi Patris Guilli. Senonen. Archiepi. qui
« tunc infirmabatur, Guillo. tunc existente abbate ecclie.
« sci Remigii. »

Item etiam invenimus in eadem capsa magnam partem corporis beati Potenciani secundi archiepi. Senonen.
de quo, volentibus et consentientibus Religiosis dicti monasterii, accepimus unam costam, et de reliquiis dicti sci
confessoris b^{ti} Romani similiter unam costam, quas in
vase honestissimo intendimus collocare, et illud cum dictis costis donare nostre Ecclesie Senon. ut in dicta ecclia,
ubi major est concursus populorum, in honore debito ha-
beantur. Item etiam in dicta capsa invenimus de reliquiis
sanctorum Sebastiani atque Amandi, scique Laurentii
et sci Gengulphi, et de reliquiis beati Remigii, quas reliquias scorum Sebastiani, Amandi, Laurentii, Gengulphi
atque Remigii, extra capsam predictam posuimus et in
alia capsa per se voluimus collocari ut de eis, ab hiis qui
devocionem habebunt apud eos vel eorum alterum, certitu-

do plenior habeatur. Ceteras autem reliquias predictas
in capsa predicta, in qua primo erant, voluimus reponi et
eciam conservari. — Significamus siquidem omnibus Xti
fidelibus quod tam per breviculos antiquos notabilis lit-
tere, quos in dicta capsa invenimus, quam per plura alia
quibus est fides merito adhibenda et quibus fidem eciam
adhibemus, nobis apparuit competenter quod in dicta
capsa erant reliquiæ scorum quas superius duximus no-
minandas, in qua eciam erat magna multitudo reliquiarum ignotarum propter consumptionem breviculorum
qui loquebantur de eisdem, sed propter hoc suam virtutem minime amiserunt. Igitur ut dicte reliquie in dicto
monasterio a fidelibus venerentur et ut eas devote venerantes exinde spirituale premium consequantur, — Nos
ad honorem Dei et salutem animarum fidelium, omnibus
vere penitentibus et confessis, tociens quociens dictum
monasterium visitabunt, ad honorem Dei et dictorum
sanctorum Sebastiani, Amandi, Laurencii, Remigii et
Gengulphi, et aliorum scorum, quorum corpora et reliquie in eodem monasterio requiescunt, et ibi offerent de
bonis suis quantum devocio sua dictabit, eisdem quadraginta dies Indulgencie tenore presencium impertimur.
In cujus rei testimonium sigillum nostrum litteris presentibus duximus apponendum.

Datum et actum — Anno die et loco prædictis.

Original en parchemin au trésor de Sens, châsse du corps de saint Romain.

Sceau ogival en cire jaune (pendant sur double queue), représentant au milieu l'évêque ; de chaque côté sur une arcature ogivale les armoiries : 1° du
chapitre : croix cantonnée de 4 crosses ; 2° de Melun : d'azur, à 7 besans au
chef d'or.

Légende : S GUILLERMI DE... CIA — ARC...

Contre sceau rond représentant saint Etienne à genoux lapidé par deux
Juifs ; dans le ciel une main bénissante, et au bas l'écu de Melun, avec
cette légende : † S. AD. CAUSAS. ARCHEPISCOPI. SENONENSIS.

N° 2

Procès-verbal dressé par les Commissaires chargés par
l'Archevêque Guillaume de Melun de renfermer dans
une châsse le corps de saint Romain, mais d'en garder
le chef pour être placé ultérieurement dans un reliquaire
spécial, 28 janvier 1350.

Universis presentibus et futuris presentes litteras
inspecturis, Joannes decanus et official. Senonen. Com-
missarii speciales Reverendi in X^{to} Patris, ac domini
domini Guillelmi, Dei gracia Senonen. Archiepi. salutem in Dno sempiternam. Noveritis nos litteras dicti
Reverendi Patris recepisse formam que sequitur continentes.

Guillermus, miseracione divina Archiepus Senonen. dilectis et fidelibus nostris, Decano nostre ecclie Senonen.
et officiali Senon. et cuilibet in solidum, salutem in Domino. Cum nos, ex certis piis et laudabilibus causis moti, ad
monasterium sancti Remigii Senonen. accesserimus, et
capsam beatissimi confessoris Romani apperuerimus, et
partem reliquiarum in dicta capsa existencium extra
dictam capsam retinuerimus in alio honesto vase collo-
candam, et ordinaverimus reliquias dicti beatissimi confessoris in dicta capsa reponi. Hinc est, quod nos pluribus
aliis nostris et archiepatus nostri negociis impediti, vobis
tenore presencium committimus et mandamus quatenus
ad dictum monasterium accedentes dictas reliquias dicti
beatissimi confessoris et alias quas in quodam panno sub
sigillo nostro reperieritis involutas, in dicta capsa vice et
auctoritate nostris honestissime reponatis, et dictam capsam firmatis seu firmari et intercludi faciatis competenter. Caput vero dicti beatissimi confessoris, quod in dicto
panno reperietis involutum, dum tamen illud religiosi
dicti monasterii in vase honestissimo poni facere vobis
loco nostri promiserunt, extra dictam capsam retinentes

et alias, quousque dicti religiosi vas honestissimum fecerint pro ipso reponendo, in loco honesto reponatis.

Datum apud Naailliacum domum nostram, die XII
mensis Julii, anno Dni millio CCC^{mo} quadragesimo nono.

Virtute quarum litterarum, Nos Decanus et officialis
predicti, ad monasterium sancti Remigii Senon. accessimus, die Jovis post festum beati Vincentii, que fuit vicesima octava dies mensis januarii, et in capsa presenti reposuimus sanctorum reliquias que sequuntur : Videlicet
reliquias beati Romani, monachi, qui nutrivit beatum
Benedictum in spelunca tribus annis, retento capite dicti
beati Romani, quod caput licet ante in dicta capsa
fuerit repositum, attamen, de voluntate dci Reverendi
Patris, extra dictam capsam retinuimus, et illud tradidimus religiosis viris priori et conventui dicti monasterii,
abbate ejusdem monasterii absente. — Qui religiosi nobis
fide bona promiserunt quod dictum caput honeste in
vase honesto collocari facient atque procurabunt. — Item
in dicta capsa reposuimus magnam partem sancti Potenciani, secundi Senonen. Archiepi. et cum multis aliis reliquiis sanctorum, quorum nomina penitus ignoramus —
Quæ reliquie sanctorum predictorum superius nominatorum acque declaratorum una cum reliquiis beatorum
Sebastiani, Amandi, Laurencii, Gengulphi et Remigii in
capsa presenti ante fuerunt reposite, et per brevicula, in eis apposita, notabili scriptura signata, in eadem
capsa reperta, per dictum Reverendum Patrem visitata
fuerunt anno Dni M° CCC° quadragesimo nono, octava
die mensis julii, et extra dictam capsam reposita et pro-
pemodum die et anno primodictis, videlicet die Jovis post
dictum festum beati Vincencii, Nos reliquias Beatorum
Romani et Potenciani predictorum, cum aliis reliquiis
sanctorum nobis ignotorum propter consumptionem
breviculorum in dictis reliquiis appositorum, prout dictus
Reverendus Pater per suas patentes litteras testificatur,
in dicta capsa reposuimus, decernentes auctoritate predicta dictos sanctos quorum reliquie in dicta capsa requies
cunt a fidelibus honorari. In cujus rei testimonium sigilla
nostra, una cum sigillo curie Senonen. litteris presenti-

bus duximus apponenda. Datum in dicto monasterio
sancti Remigii, anno et die Jovis, post dictum festum
beati Vincentii supradictis.

Original sur parchemin (trésor de Sens, châsse de saint Romain) avec deux
doubles queues appendues, portant :

La première le sceau en cire brune et de forme ogivale du doyen de Sens,
il représente une arcature surmontée de trois galbes gothiques, à gauche saint
Etienne lapidé par un Juif, à droite un évêque tenant de la main gauche sa
crosse et de la droite élevée un faisceau de 3 croix ; au-dessous dans une arcade surbaissée l'effigie du doyen à genoux, avec la légende : IOHIS I... CA-
PEL... CAN. SENONEN. (Sigillum Johannis de Capella, Decani Senonensis).

La deuxième porte deux sceaux : en haut le sceau de l'officialité, rond,
37 millim. de diamètre, cire brune, un archevêque en buste tenant de la
main droite une fleur de lis placée dans le champ à gauche de la tête, légende : SIGILLUM CURIE SENONENSIS. Contre sceau de 0,015 millim. une
crosse à laquelle est appendue une croix latine avec légende : CO... S... curie
Senon.

Au-dessous sceau simple et rond de 0,020 millimètres, en même cire :
quatre feuilles portant au centre une rosace et 4 petits personnages avec légende illisible.

N° 3

*Charte de Louis de Melun, du 25 avril 1446, concernant
le corps de saint Romain.*

In nomine Domini amen. Ludovicus, miseracione divina
Senonen. archiepiscopus, tocius Gallie et Germanie primas, Universis presentes litteras seu publicum instrumentum inspecturis, salutem in omnium salutis auctore et
premium glorie consequi sempiterne. Gloriosus Deus in
sanctis suis, in majestate mirabilis, cujus ineffabilis altitudo prudencie nullis inclusa limitibus, nullis terminis
comprehensa recti censura judicii celestia pariter et ter-
rena disposuit. Cum igitur tam per Xri fidelium commune
relatum famamque publicam nostro fuerit sepius auditui
revelatum, quod in loco dilectorum nobis in Xro filiorum
religiosorum virorum, abbatis et conventus monasterii

sancti Remigii, juxta muros Senon. ordinis sci Benedicti,
corpus beatissimi confessoris Romani divina dispositione
collocatum, cum nonnullis aliis sacris pignoribus, que
longum esset enarrare — Ea propter, devocione mera instigante, nos ad locum hujusmodi, ad laudem et gloriam
omnipotentis Dei et dicti sci Romani, si premissis veritas
suffragetur, unacum capitulo nostro, cum processione
generali tocius cleri et populi nostre civitatis Senonensis,
declinare decrevimus, Anno Dni mill° quad°° quadragesimo sexto, indictione nona, mensis vero Aprilis die vicesima quinta, qui fuit dies festi beati Marci Apli et
Evangeliste, pontificatus sanctissimi in Xro Patris ac
Domini Dni Eugenii, divina providencia pape quarti, anno sexto decimo, regnante Xristianissimo et illustrissimo
Dno nostro rege francorum Karolo septimo, et carissimo
nobis in Xro fratre Guerino de Seante abbate in dicto
monasterio presidente, assistentibus nobiscum dilectis
nobis in Xro fratribus Guichardo sce Columbe, Guillelmo
sci Petri vivi sci Benedicti, Petro sci Johannis sed Augustini, et Matheo sancti Pauli super Vannam prope Senonas, premonstratensis ordinum monasteriorum abbatibus : Venerabilibusque et circonspectis viris Petro de
Putheo precentore nostre Senonen. ecclie., Jacobo Houdoardi officiali nostro Senon. in jure canonico, Meledunensi. Thoma la Plote, in jure civili, Stampensi in dicta
nostra ecclia, archidiaconis licentiatis. Laurencio Billardi,
Joanne Fusée, Stephano Bruneau, Johanne Pouard, Hugone Burgundi, presbiteris, canonicis Senon. Magistris
Ludovico la Plote, Domini nostri Regis in bailliviatu Senonen. advocato et consiliario., Petro Chacerat, Adam
Clementis, baillivi Senonensis loca tenentibus, in jure civili., Nicolao de Montigniaco, in jure canonico, licentiatis.
Philippo Rouxelli, Domini nostri Regis in dicto bailliviatu
procuratore generali, Thoma Britonis, Johanne Des-
hayes, Nicolao Hémard, Johanne Saget, clericis curie
nostre Senon. notariis juratis, una cum plebis ad dicta
solemnia congregate multitudine copiosa, testibus ad hec
vocatis specialiter et rogatis, cum genibus flexis, Deo
laudes agendo, quandiu capsam deauratam valde firmiter

firmatam, in dicta ecclia super majus altare existentem,
in qua esse dicebatur dictum preciosissimum corpus prefati confessoris beati Romani, in nostra et prenominato-
rum et notarii publici subscripti presencia fecimus ape-
riri, a qua quidem nos soli, propriis manibus, reliquias
dicti sanctissimi confessoris extraximus inibi reconditas,
prout apparuit et apparebat per tenorem quarumdam
litterarum auctentiquarum, sigillo defuncti bene memorie
Guillermi de Meleduno predecessoris et consanguinei nostri ibidem inventarum quarum tenor sequitur et est talis:

« Universis presentes litteras inspecturis, Guillermus,
etc. »

Voir pièce nº 1.

Dictas autem reliquias prefati sanctissimi confessoris
Romani, manibus nostris in dicta capsa, in qua primo
erant, reposuimus et firmari fortissime jussimus. Ut igitur reliquie in dicto monasterio existentes a fidelibus
venerentur, ut eas venerantes exinde spirituale premium
consequentur, Nos de Omnipotentis Dei misericordia,
beate Marie virginis ejus genitricis, beatorum Petri et
Pauli aplorum, beati Stephani prothomartiris patroni
nostri et omnium scorum et sanctarum meritis et intercessionibus confisi, omnibus vere penitentibus et confessis, tociens quotiens dictum monasterium visitabunt, ad
honorem Dei et dicti gloriosissimi confessoris Romani
et omnium sanctorum quorum corpora et reliquie in eodem monasterio requiescunt, et ibi, de bonis sibi a Deo
collatis, quantum devocio sua dictabit, manus suas porrexerint adjutrices, quadraginta dies de injunctis sibi
penitenciis in Domino relaxamus. Et ut horum premissorum veritas patefiat omnibus fidelibus presentibus et
futuris et per hec fidelium ipsorum devocio augeatur,
hæc omnia et singula que scivimus, vidimus, et fecimus,
ad rei perpetue et veracis memoriam, presentes litteras,
seu publicum instrumentum, per notarium publicum
subscriptum, signari et subscribi, ac in hanc publicam
formam redigi, ac nostri sigilli proprii muniri fecimus
et mandavimus attestantes. Datum anno, indictione,
mense, die, loco et pontificatu predictis.

Et ego Felisius Chevrier clericus diocesis Senonensis publicis, Aplica et Imperiali auctoritatibus, curieque archiepiscopalis Senon. notarius et tabellio juratus. — Quia supradictis omnibus et singulis dum ut supra scriptum est per antedictum Reverendissimum in Xro Patrem ac Dnum Dnum Ludovicum de Meleduno Dei gratia Senonensem archiepum, agerentur et fierent, una cum testibus et persónis prenominatis, presens interfui eaque sic fieri vidi et audivi. Ideo presentes litteras seu publicum instrumentum aliena manu, me aliis prepedito negociis, fideliter scriptas, et sic me propria manu subscribens, exinde confeci et publicavi et in hanc publicam formam redegi, signoque meo publico solito amanu sigillo prefati Reverendissimi in Xro Patris inferius appenso, signavi in fidem et testimonium veritatis premissorum requisitus et rogatus.

Sceau ogival de 0,078 en cire rouge pendu à un cordon de soie rouge dans une navicelle de cire jaune. On y voit la lapidation de saint Etienne, au bas dans un arcature 0,048, l'archevêque, à gauche l'écu du chapitre (4 crosses), à droite l'écu de Louis de Melun, le chef chargé du lion issant ; légende : Sigillum Ludovici archiepiscopi Senonensis.

N° 4

Charte de Louis de Melun, concernant le chef de saint Romain. — 25 avril 1446.

In nomine Domini, amen.

Ludovicus, miseracione divina Senonen. Archiepiscopus, tocius Gallie et Germanie primas, Universis presentes litteras seu publicum instrumentum inspecturis salutem in omnium salutis auctore et premium glorie consequi sempiterne.

Gloriosus Deus in sanctis suis, in maiegestate *(sic)* mirabilis, cujus ineffabilis altitudo prudencie nullis inclusa limitibus, nullis terminis comprehensa, recti censura judicii celestia pariter et eterna disposuit.

Cum igitur tam per fidelium commune relatum famamque publicam nostro fuerit sepius auditui revelatum quam per litteras autenticas et notas nobis ostensas, quod, in loco dilectorum nobis in X^to filiorum religiosorum virorum abbatis et conventus monasterii S. Remigii juxta muros Senonenses, ordinis sancti Benedicti, caput gloriosissimum confessoris Romani divina disposicione collocatum. — Ea propter, devocione mera instigante, ad dictorum dicti monasterii S. Remigii abbatis et conventus humilem supplicacionem, ad laudem et gloriam Omnipotentis Dei et honorem dicti S. Remigii, — Ad predictum S. Remigii monasterium accedentes, una cum Capitulo nostro processione generali tocius cleri et populi nostre civitatis Senonensis, declinare decrevimus, Anno Dni millesimo quadringentesimo quadragesimo sexto, Indictione nona, mensis Aprilis die vicesima quinta, que fuit dies festi Beati Marcii Apostoli et Evangeliste, pontificatus sanctissimi in X^to Patris ac Domini nostri Domini Eugenii divina providentia pape quarti, anno sexto decimo ; regnante Christianissimo et illustrissimo Domino nostro Rege Francorum Carolo septimo, et carissimo nobis in X^to filio fratre Guerino de Seante abbate in dicto monasterio S. Remigii presidente, assistentibus nobiscum dilectis in X^to fratribus Guichardo S. Colombe ; Guillelmo, S. Petri vivi, sancti Benedicti ; Petro S. Joannis sancti Augustini ; et Matheo S. Pauli supra Vannam prope Senonas Premonstratensis ordinum monasteriorum abbatibus ; Venerabilibusque et circumspectis viris, Petro de Puteo precentore nostre Senonensis Ecclie — Jacobo Houdoardi officiali nostro Senonensi in jure canonico Meledunensi — Thoma la Plote, in jure civili Stampensi in dicta nostra ecclesia archidiaconis — Laurencio Billardi, Johanne Fusée, Stephano Bruneau, Johanne Pouardi, Hugone Burgundi, presbyteris canonicis Senonensibus, Magistris Ludovico La Plote domini nostri regis in baillivatu Senonensi advocato et consiliario, Petro Chacerat, Adam Clementis, baillivi Senon. loca tenentes, in jure civili, Nicolao de Montigniaco in jure canonico licenciatis, Philippo Rouxelli, d^ni nostri Regis in dicto

baillivatu Senon. procuratore generali, Thoma Britonis,
Joanne des Hayes, Johanne Sageti, clericis curie nostre
Senon. notariis juratis, una cum plebis ad dicta solemnia
congregate multitudine copiosa, testibus ad hec vocatis
specialiter et rogatis. — Cum genibus flexis Deo laudes
agendo, ante dictum caput prelibati gloriosissimi confessoris Romani in quodam panno sub sigillo defuncti bone
memorie domini Guillelmi de Meleduno predecessoris et
consanguinei nostri involutum reperimus — quod caput
de dicto panno devolvimus et in quodam vase argenteo
mundissimo noviter composito seu confecto, in quo nun-
dum quicquam positum fuerat, propriis manibus posuimus et inclusimus, decernentes auctoritate nostra preli-
batum caput a fidelibus honorari. Ut igitur memoratum
beatissimi Romani caput in dicto monasterio a X^{ti} fidelibus veneretur et ut ipsum devote venerantes exinde spirituale premium consequantur — Nos, de omnipotentis
Dei misericordia, beate Marie ipsius genitricis, beatorum
Petri et Pauli Apostolorum, beatique prothomartiris
Stephani patroni nostri et omnium sanctorum et sanctarum meritis et intercessionibus confisi — omnibus vere
penitentibus et confessis, tociens quociens dictum monasterium visitabunt, ad honorem Dei et dicti gloriosissimi confessoris Romani et omnium sanctorum quorum
corpora et reliquie in eodem monasterio requiescunt, et
ibidem, de bonis a Deo sibi collatis, quantum sua devocio
dictabit, manus suas porrexerint adjutrices, quadraginta
dies de injunctis sibi penitenciis misericorditer in Dno
relaxamus.

Tenor vero litterarum de quibus fit mencio sequitur et
est talis :

Universis presentibus et futuris presentes litteras inspecturis, Johannes Decanus, et officialis Senonensis com-
missarii speciales Rever. in X^{to} Patris ac d^{ni} d^{ni} Guilli. Dei
gracia Senonensis Archiepi. salutem in Dno sempiter-
nam. Noveritis nos litteras dicti Reverendi Patris recepisse formam que sequitur continentes :

« Guillelmus miseracione divina senon. Archiepiscopus, dilectis et fidelibus nostris decano ecclesie nostre

Senon., et officiali Senon. et cuilibet in solidum, salutem in Domino. Cum nos ex certis piis et laudibus causis moti, ad monasterium sancti Remigii Senonens. accesserimus et capsam beatissimi confessoris Romani apperuerimus, et partem reliquiarum in dicta capsa existencium extra dictam capsam retinuerimus in alio honesto vase collocandum, et ordinaverimus reliquias dicti beatissimi confessoris in dicta capsa reponi, hinc est quod nos pluribus aliis nostris et archiepiscopatus nostri negociis impediti, vobis tenore presencium committimus et mandamus quatenus ad dictum monasterium accedentes dictas reliquias dicti beatissimi confessoris et alias quas in quodam panno sub sigillo nostro reperietis inclusas, in dicta capsa vice et auctoritate nostris honestissime reponatis et dictam capsam firmetis et intercludi faciatis competenter. — Caput vero dicti beatissimi confessoris quod in dicto panno reperietis involutum, dum tamen illud religiosi dicti monasterii in vase honestissimo poni facere vobis loco nostri promiserunt, extra dictam capsam retinentes et alias, quousque dicti religiosi vas honestissimum fecerint pro ipso reponendo, in loco honesto reponatis.

Datum apud Naalliacum domum nostram, die duodecima mensis julii, anno Dni milles. CCC, quadragesimo nono. »

Virtute quarum litterarum nos Decanus et Officialis predicti ad monasterium sancti Remigii Senon. accessimus, die Jovis post festum B. Vincentii, que fuit vicesima octava dies mensis Januarii, et in capsa presenti reposuimus sanctorum reliquias que sequuntur : videlicet Reliquias B. Romani, monachi, qui nutrivit beatum Benedictum in spelunca tribus annis, et retento capite dicti B^{ti} Romani, quod caput licet alias in dicta capsa fuerit repositum, attamen, de voluntate dicti Rever. Patris, extra dictam capsam retinuimus et illud tradidimus religiosis viris priori et conventui dicti monasterii, abbate ejusdem monast. absente, — qui religiosi nobis fide bona promiserunt quod dictum caput in vase honesto collocari facient atque procurabunt. Item in dicta capsa reposui-

mus magnam partem sancti Potenciani secundi Senonensis Archiepiscopi et cum multis aliis reliquiis sanctorum quorum nomina penitus ignoramus — que reliquie
sanctorum predictorum superius nominatorum atque
declaratorum una cum reliquiis beatorum Sebastiani,
Amandi, Laurencii, Gengulphi, Remigii in capsa presenti alias fuerunt reposite, et per brevicula in eis apposita, notabili scriptura signata, in eadem capsa reperta,
per dictum Reverendum Patrem visitata fuerunt, anno
Dni milles. CCC quadragesimo nono, octava die mensis
Julii et extra dictam capsam reposita. Et postmodum die
et anno primodictis, videlicet die Jovis post dictum festum B. Vincencii, Nos, reliquias beatorum Romani et
Potenciani predictorum, cum aliis reliquiis sanctorum
nobis ignotorum propter consumptionem breviculorum
in dictis reliquiis appositorum, prout dictus Reverendus
per suas patentes litteras testificatur, in dicta capsa reposuimus decernentes auctoritate predicta dictos sanctos quorum reliquie in dicta capsa requiescunt a fidelibus honorari. In cujus rei testimonium sigilla notra una
cum sigillo curie nostre Senonensis litteris presentibus
duximus apponenda.

Datum in dicto monasterio S. Remigii, anno et die Jovis, post dictum festum B. Vincentii supradictis.

Et ut horum premissorum veritas patefiat omnibus fidelibus presentibus et futuris, et per hec fidelium ipsorum devocio augeatur, hec omnia et singula que scivimus,
vidimus et fecimus, ad rei perpetue et veracis memoriam,
presentes litteras seu publicum instrumentum per notarium publicum subscriptum, signari et subscribi, ac in
hanc publicam formam redigi, ac nostri proprii sigilli muniri fecimus et mandavimus actestantes. Datum anno,
indictione, mense, die, loco et pontificatu superius anno-
tatis.

Et plus bas :

Et ego Felisius Chevrier, clericus diocesis Senonensis publicus apostolica et imperiali auctoritatibus curie

que Archiepiscopatus Senonensis notarius et tabellio juratus. Quia supra dictis omnibus et singulis dum ut su-

Seing du notaire

F

CHEVRIER

pradictum est per antedictum Reverendissimum in X^to Patrem ac Dominum Dnum Ludovicum a Meleduno, Dei gracia Senonensem Archiepiscopum, agerentur et flerent, una cum testibus et personis prenominatis, presens interfui et ea sic fieri vidi et audivi. Ideo presentes litteras seu publicum instrumentum, aliena manu, me aliis prepedito negociis, fideliter scriptas, sic me propria manu subscribens, exinde confeci et publicavi, et in hanc publicam formam redegi, signoque meo publico solito, a manu, sigillo prefati Reverendissimi in X^to Patris inferius appenso, signavi in fidem et testimonium veritatis premissorum requisitus et rogatus.

Cette charte conservée au trésor de la cathédrale de Sens, dans la châsse qui renferme le chef du bienheureux saint Romain, est en parchemin. Elle mesure 0^m57 sur 0^m36 ; le sceau de Louis de Melun, appendu à deux ganses de soie rouge, est en cire d'Espagne rouge, enveloppé d'une navicelle de cire naturelle, il est très bien conservé, sa forme est ogivale (0,08/0,05) ; dans l'édicule principal est représentée la lapidation de saint Etienne ; au-dessous, dans une niche, un évêque agenouillé les mains jointes, ayant à sa droite les armes de l'église de Sens (4 crosses) et à gauche l'écu de Louis de Melun.

N° 5

Nicolas de Pellevé fait une reconnaissance des reliques
de saint Romain, le 23 juillet 1571

Nicolaus, miseratione divina sacrosanctæ Romanæ Ecclesie presbyter Cardinalis de Pellevé... universis... salutem et æternam benedictionem. Cum in tanto bellorum plus quam civilium tumultu et gravi ecclesie persecutione charitatem populi in dies refrigescere, devotionis

opera et sanctorum cultum negligi cerneremus, predeces-
sorum nostrorum vestigia insequentes, operæ pretium
duximus, ad fidei christianæ exercitium et devotionem
excitandam, sacra ecclesiarum Senonensium visitare,
tum ut martyrum in fidei confessione constantia imitanda
populo proponeretur, eorumque meritis et intercessionibus ecclesia adjuvaretur, tum ut que temporis longin-
quitate pœne fetu et squalore consumpta jacebant, honestis pannis recondita manerent, — Duodecim itaque corpo-
rum sanctorum capsas in majori ecclesia Senonensi primo visitavimus que ab anno Domini millesimo ducente-
simo trigesimo nono, post venerabilis Archiepiscopi
Galteri visitationem, intactæ remanserant, et quo potui-
mus honore et reverentia, titulis novis et decentibus ornamentis restauravimus.

Deinde ad postulationem Venerabilis et Reverendi
patris abbatis sancti Remigii, diligenti facta inquisitione,
tres sacrorum pignorum thecas in cenobii novissimo
excidio et conflagratione, quod propter urbis viciniam,
solo adæquatum est, ne ab hostibus in perniciem civitatis occuparetur, ab incendio et combustione liberatas et
in parrochia sancte Columbe in quadrivio Senonensi re
positas esse comperuimus, que magno populi concursu
decenter et honeste in sacellum nostrum sancto Laurentio
dicatum delate sunt visitandæ. — Quarum prima continet
reliquias corporis sancti Romani prout legitime facta est
fides per tenorem quarumdam litterarum... Guillermi...
et Ludovici de Meleduno. Altera capsa continet reliquias
corporis sancti Valeriani cum pixide lignea in qua di-
verse sanctorum reliquie reconduntur suis titulis et sericeis pannis distincte. Tertia ipsa est reperta in quam
recludi jussimus reliquias sancte Lisserie que, ex relatio-
ne religiosorum, in excidio et conflagratione cœnobii a
popularibus viris recuperate sunt, sed quia venerabilis
abbas frater Reginaldus de Bezannes cum suis fratribus
religiosis tam cito cœnobium restaurare et reedificare
non potest, capsas beati Romani confessoris et beate Lisserie reponendas curavimus in parrochiali ecclesia sancti Romani Senonensis, in qua predicti religiosi ad divi-

num officium persolvendum designati sunt et constituti.
Atque ut piis populi votis et supplicationibus satisface-
remus, consentientibus iisdem venerabilibus abbate et
religiosis predicti cœnobii sancti Remigii, capsam sancti
Valeriani in depositum tradidimus dicte ecclesie sancte
Columbe in quadrivio Senonensi, ea tamen lege et condi-
tione ut quandocumque et ubicumque cœnobium restau-
rari et reedificari contigerit, iisdem venerabilibus Abbati
et religiosis fratribus reddere et restituere teneantur
Curatus sancte Columbe et parrochiani illius ecclesie, ut
latine patet in actis obligatoriis de hoc negotio contractis.
Hec autem sacra pignora visitantes sericeis pannis et
aliis honestis ornamentis decoravimus, propriisque titulis
distingui curavimus ut decenter Dei honor in sanctis
suis conservetur et ecclesia, piorum sanctorum precibus
et meritis adjuta, ad sancta sanctorum felicius aspiret.

Datum Senonis, sub sigillo camere nostre et signo secretarii nostri, die vicesima tertia mensis Julii, Anno Dni
millesimo quingentesimo septuages. primo, Pontificatus
sanctissimi Dni Pii pape quinti Anno sexto — Serenissi-
mi Francorum Regis Caroli noni Anno regni undecimo,
Archiepiscopatus nostri octavo.

Sceau en cire marron, sur double queue parchemin, diamètre 0,040, figure
et légende effacées en grande partie :

Per Reverendiss. Dnum meum Cardinalem de Pellevé
senonensem archiepum.

COQUIN.

N° 6

*Copie d'une petite charte en parchemin (0ᵐ16 sur 0ᵐ12),
conservée dans la châsse renfermant la tête de saint
Romain, au trésor de la métropole de Sens, et datée du
5 décembre 1656.*

In nomine Domini, amen. Ego infrascriptus Thesaura-
rius et Scriba Capituli monasterii S. Petri Vivi Senonen-

sis, ex injuncto mihi munere a R. P. N. Mayolo Hazon,
Visitatore Congregationis S^{ti} Mauri in provincia Burgun-
dic in actu visitationis predicti Monasterii, die vigesima
octobris anni millesimi sexcentesimi quinquagesimi sexti, observaturus firmius ad majorem cautelam Thecam
hanc in forma faciei fabricatam, testor in eâ reconditum
esse sacrum caput sancti Romani nutritoris sancti Benedicti quod a septingentis octoginta annis Senonis asser-
vatur, a tempore quo N. Anségisus Senon. Archicpisco-
pus et monachus hujus loci transtulit illud in monasterium S. Remigii extra muros seu potius Varilias.
Destructo autem predicto monasterio circa annum 1567,
et confugientibus monachis in parochialem ecclesiam
suam S. Romani in urbe, mansit in ea predictum caput
cum reliquo corpore dicti S. Romani ad annum usque
milles. sexcent. quadrag. quintum quo jussu N. Octavii
de Bellegarde Senon. Archiep. translatum est in hanc
ecclesiam S. Petri vivi Dominica decima nona post Pen-
tecosten.

Actum in prefato monasterio S. Petri Vivi die quinta
decembris anni millesimi sexcentesimi quinquagesimi
sexti, hora decima solis ascendentis.

Hugo MATHOUD, scriba capituli.

N° 7

*24 juillet 1697. — M. Trémeau, curé de Druyes, obtient,
à Sens, une relique de saint Romain.*

Barthelemi Moufle prêtre docteur en Theologie de la
faculté de Paris, maison et société de Sorbonne, vicaire
général de Monseigneur Hardouïn Fortin de la Hoguette,
par la grâce de Dieu et du saint siège apostolique, Archevêque de Sens, Primat des Gaules et Germanie, à tous
ceux qui ces présentes lettres verront, salut. Savoir faisons que ce jour vingt et quatrième de juillet mil six

18

cent quatre vingt dix sept, sur la réquisition qui nous a été faite par M. François Trémeau prêtre, curé de Saint-Romain de Druyes, du diocèse d'Auxerre, qu'il nous plût nous transporter dans l'église paroissiale de Saint-Romain de cette ville pour y faire l'ouverture d'une châsse de bois couverte de cuivre doré, dans laquelle sont les reliques de plusieurs saints martyrs et confesseurs, et, entre autres, celles de saint Romain confesseur et moine; et lui en vouloir donner une portion pour la ditte église de Saint-Romain de Druyes, où selon la tradition ce glorieux confesseur a demeuré, est mort, a été enterré ; Nous en conséquence nous sommes transportés en laditte église, accompagné de M. Julien Amette prêtre chanoine de Sens et secrétaire ordinaire de mondit seigneur l'Archevêque, à l'heure de huit heures du matin ; et en présence de Me Jacques Rousseau prêtre curé de laditte église de Saint-Romain de Sens, de Me Charles Baron prêtre aussi chanoine promoteur de l'Archevêché, de Me Jean Debonnaire, avocat, Gabriel Le Comte, greffier du conseil, Nicolas L'hermite ancien procureur, et plusieurs autres habitans de la ditte paroisse, avons fait ouverture de laditte châsse, en laquelle nous avons trouvé plusieurs paquets séparés d'ossements de différents saints, et entre autres un en particulier de ceux dudit saint Romain, lequel ayant ouvert, nous y avons vu un billet en parchemin contenant ces mots : « *Reliquiæ corporis sancti Romani confessoris et monachi qui nutrivit beatum Benedictum in spelunca...* » ensuite de quoi nous avons tiré dudit paquet un ossement de la longueur de deux pouces ou environ, de largeur d'un grand pouce à une extrémité et d'un demi pouce ou environ à l'autre, que M. Louis Bignon, chirurgien a ce appelé, nous a dit être une partie des os du tharse, dit calcaneum, lequel ossement, avec un morceau du vêtement dudit saint Romain trouvé aussi au dit paquet, avons à l'instant mis dans une boëte de carte ronde couverte de cuir rouge et fleurdelisée par le dessus, que nous avons fermée et liée d'un ruban de soye de couleur verte, cachetée avec le sceau de mon dit seigneur l'Archevêque et remise entre

les mains dudit sieur Trémeau, curé dudit Druyes, pour
la porter et déposer en l'église ou trésor dudit Druyes
avec le présent procès verbal, dont copie a été mise aux
archives de l'Archevêché de Sens. Fait audit Sens les
jours et an que dessus conformément a quatre anciens
procès verbaux authentiques et entiers et remis en laditte
châsse.

L'original est signé : Moufle, vicaire général, et plus bas : Amette et les
autres qui ont signé.

N° 8

*Autorisation donnée par l'évêque d'Auxerre, le 15 juillet
1698, d'exposer la relique à la vénération des fidèles.*

Jean Marie, prêtre docteur de la maison et société de
Sorbonne, chanoine de l'église cathedralle d'Auxerre et
vicaire général de Monseigneur André Colbert évêque
d'Auxerre, a tous ceux qui ces présentes lettres verront,
salut. Savoir faisons que M° François Trémeau, prêtre
curé de la paroisse de Druyes, en ce diocèse ; nous aurait
aujourd'hui présenté une boëte de carte ronde couverte
de cuir rouge et fleurdelisée par le dessus, fermée et liée
d'un ruban de soïe de couleur verte et cachetée du sceau
des armes de Monseigneur l'archevêque de Sens, dans
laquelle il nous aurait dit être un ossement du corps de
saint Romain, confesseur et moine, avec un morceau de
son vêtement, et de laquelle il nous suppliait faire ouverture pour ensuite permettre l'exposition desdittes reliques dans l'église parroissiale du dit lieu de Druyes, si
nous le jugeons à propos, et même indiquer un jour pour
faire la solennité de la translation. Laquelle boëte nous
aurions ouverte à l'instant et dans icelle trouvé un ossement de la longueur de deux pouces ou environ, de la
largeur d'un grand pouce à une extrémité et d'un demi
pouce ou environ à l'autre, que M° Germain Bilcauts,

chirurgien en cette ville a ce appelé, nous aurait dit être
une partie des os du tharse, dit calcaneum, avec un morceau de vêtement, le tout conformément au procès verbal
d'approbation des dittes reliques en datte du vingt quatres juillet mil six cent quatre vingt dix sept; signé :
Moufle, vicaire général, et plus bas: Amette et autres qui
ont signé, et scellée du sceau des armes de mon dit seigneur l'Archevêque de Sens, laquelle boëte nous aurions
ensuite refermée, liée du même ruban et cachetée du
sceau de mon dit seigneur l'évêque d'Auxerre et mise
entre les mains de mons^r Guillaume Feu, prêtre, chanoine
de la ditte église cathédrale, lequel nous aurions commis
pour les transporter au dit lieu de Druyes et renfermer
les dittes reliques dans une châsse de bois doré à ce préparée après qu'elle aura été par lui bénite, et en dresser
son procès verbal et après quoi nous permettrons d'exposer les dittes reliques dans la dite église parroissiale
de Druyes à la vénération des fidèles, et avons indiqué le
jour de la solemnité de la translation au vingt et unième
du présent mois.

Donné à Auxerre le quinzième juillet mil six cent quatre vingt dix huit.

Signé : MARIE, vicaire général,
et plus bas : RICHÈRE.

Délivré certifié par moi chanoine d'Auxerre, secrétaire
de l'Evêché. A Auxerre le vingt cinq septembre mil sept
cent quatre vingt dix huit.

Signé : ARRAULT
chanoine secrétaire.

N° 9

*Procès-verbal de la première translation à Druyes,
le 21 juillet 1698*

L'an mil six cent quatres vingt dix huit le vingt et
unième de juillet, Nous, Guillaume Feu, prêtre du diocèse

de Clermont en Auvergne, chanoine de l'église cathédrale de St Estienne d'Auxerre, licencié en l'un et l'autre
droit, serions transporté de la ville d'Auxerre dans la
parroisse de Druyes, diocèse d'Auxerre, en vertu d'une
commission à nous adressée par Me Jean Marie, prêtre
docteur en theologie, maison de Sorbonne, grand péni-
tencier et chanoine de l'église cathédrale de St Estienne
d'Auxerre, vicaire général de Monseigneur Illustrissime
et Révérendissime évêque d'Auxerre, du quinzième juillet présent mois et an ; où étant, nous aurions été conduit par Me François Trémeau, gradué de Sorbonne, et
curé de ce lieu, dans la chapelle de St Denis située dans
la ville de Druyes, qui nous aurait fait voir et présenté
une châsse de bois doré, de figure ovale, mise sur un pied
d'estal aussi de bois doré, a laquelle châsse il y a deux
ouvertures vis à vis l'une de l'autre, celle de devant fermée d'une glace dormante et celle de derrière d'un chassis avec la glace fermant et ouvrant à vises, (sic) et au
dessus de laditte châsse sont des ornements, au milieu
desquels est la figure de St Romain ; laquelle châsse nous
aurions bénite en observant les cérémonies requises ;
après laquelle bénédiction nous aurions représenté au
concours de peuple qui s'est trouvé dans la chapelle de
St Denis pour assister à la cérémonie, une boëte de carton de figure ronde couverte de cuir rouge, fleurdelisée
par dessus, fermée et liée d'un ruban de soie de couleur
verte, laquelle boëte nous aurait été mise en mains par
mon dit sieur le vicaire général pour la porter à Druyes ;
et après que nous avons eu fait reconnaître les sceaux
de mesdits seigneurs les Archevêque de Sens et Evêque
d'Auxerre, et qu'ils se sont trouvés en leur entier, nous
avons fait ouverture de la boëte, de laquelle nous avons
tiré l'ossement et la partie du vêtement de St Romain,
confesseur et moine, nous les aurions mis sur un coussin
de tafetas de couleur verte à ce destiné ; et après les
avoir attachés sur le dit coussin, et les avoir fait voir au
peuple assemblé à la chapelle de St Denis, nous aurions
apposé en sa présence sur les bouts de soïes qui attachent les reliques de St Romain le sceau de mon dit sei-

gneur l'évêque d'Auxerre, les aurions mises au milieu de
la châsse pour être exposées à la vue et vénération des
fidèles, et sous le dit coussin nous avons mis le procès
verbal d'approbation des dittes reliques donné au dit
sieur Trémeau par Monsieur le vicaire général de Monseigneur l'Archevêque de Sens, en datte du vingt quatres
juillet 1697, signé Moufle, vicaire général, et plus bas :
par mondit sieur vicaire général : Amette, avec paraphe,
et autres qui ont signé, et l'autre procès verbal de permission d'exposition et translation des dittes reliques en
l'église parroissiale de Druyes, accordée au sᵣ Trémeau,
contenant aussi la commission à nous adressée pour la
bénédiction de la châsse, donné au sieur Trémeau, par
Monsᵣ le vicaire général de Monseigneur l'évêque d'Auxerre en datte du quinze juillet, signé : Marie, vicaire
général, et plus bas par mon dit sieur Richère présent
mois et an, et la minute du présent procès verbal ; lesquels procès-verbaux nous avons enveloppés dans un
papier blanc, et les avons cachetés du sceau de mon dit
seigneur l'Evêque d'Auxerre, à nous donné pour cet effet, et les avons mis en la ditte châsse comme dessus,
que nous avons fermée de son chassis sur les vises duquel nous avons aussi mis le sceau de mondit seigneur
évêque d'Auxerre ; ce qu'étant fait, nous avons fait la
translation des reliques de la chapelle de Sᵗ Denis dans
l'église paroissiale de Druyes dédiée à Sᵗ Romain, en observant les cérémonies accoutumées, et pour que notre
présent procès verbal soit plus authentique, nous avons
requis le témoignage des plus notables des assistants qui
ont signé avec nous notre présent procès à l'original.

Mᵉ Charles Geoffroy, prêtre prieur curé de Chalment,
diocèse de Nevers, ancien curé de ce lieu.

Mᵉ Edme Sonnet, prêtre de ce diocèse, vicaire de Clamecy.

Guillaume Threvirat, prêtre de la compagnie de Jésus ;

Mᵉ Evood (?) Berland, juge de ce lieu

Noble Estienne Desjoyes avocat en parlement, procureur fiscal dudit lieu.

Mᵉ Claude Trémeau, fabricien à présent en charge

Allée le père et fils

Fonssabry ; Geoffroy ; Berland le fils, Goudard, Berthe, Courdaveau père et fils ; Bonichon, Devilmus ; Marron (?), Morin, Morin le fils, greffier de cette chatellnie.

François Trémeau, curé de Druyes.

M⁰ Loup Rameau, et autres.

Feu, (avec paraphe)

et plus bas le sceau en cire rouge de Mgr Colbert,

évêque d'Auxerre.

N° 10

Procès-verbal du 8 novembre 1797

Ce jourdhui huit novembre mil sept cent quatre vingt dix sept ; c'est présentée pardevant nous Jean François Delart vicaire général de Monseigneur Jean Baptiste Marie Champion de Cicé, évêque d'Auxerre ; Marie Anne Denis, veuve du s^r Trémeau, demeurant en cette ville d'Auxerre, paroisse St Eusèbe, laquelle nous a dit qu'en mil sept cent quatre vingt treize ou mil sept cent quatre vingt quatorze étant allée passer quelques jours a Druyes en ce diocèse ; elle apprit qu'on y faisait en l'église paroissiale la vente du linge et des ornements d'icelle, qu'elle s'y transporta, qu'en sa présence le s^r Desiaux cy devant m^e d'école et autres retirèrent d'une châsse de bois doré dont les verres étaient cassés et qui était sur une croisée de la sacristie un ossement qu'ils lui offrirent en l'asseurant que c'était la relique de St Romain patron de la parroisse et ajoutant que le sieur Bertrand chirurgien avait dit être un os du talon ; qu'elle ne voulut pas l'accepter dans la crainte que si on le savait, les gens sans religion qui dévastaient les églises ne vinssent chez elle le lui enlever de force ; mais qu'un moment après voyant qu'il n'y avait plus personne dans la ditte sacristie, elle y entra et prit elle même le dit ossement dans la ditte châsse où on l'avait remis, ce qu'elle éxecuta sans que personne s'en apperçut ; que depuis ce moment elle l'a toujours jusqu'à présent soigneusement gardé et

nous l'a présentement remis entre mains ; nous priant
d'en permettre l'exposition à la vénération des fidèles,
parce qu'elle croit que c'est la véritable relique de St Romain laquelle reposait cy devant en la ditte église de
Druyes ; desquels dire et réquisition nous avons dressé
le présent procès verbal à Auxerre les an et jour susdits
et a la ditte Tremeau signé avec nous.

L'original est signé : M. A. Denis veuve Trémeau ; et Delart, vicaire général.

A Tous ceux qui ces presentes lettres verront Jean
François Delart, vicaire général de Monseigneur l'évêque
d'Auxerre, salut. Savoir faisons que vu par nous les
procès verbaux cy dessus, vu aussi la copie en forme
d'un autre procès verbal fait le quinze juillet mil six cent
quatre vingt dix huit par Me Marie, vicaire général de
Mgr André Colbert évêque d'Auxerre, par lequel apert
que Me François Trémeau prêtre curé de la parroisse de
Druyes lui avait le dit jour quinze juillet mil six cent
quatre vingt dix huit présenté une boëte cachetée du
sceau des armes de Mgr l'Archevêque de Sens dans laquelle le dit sieur curé avait dit être renfermé un ossement du corps de St Romain avec un morceau de son vêtement, de laquelle boëte il aurait prié le dit s^r Marie de
faire l'ouverture, a quoi ayant acquiescé, il a trouvé dans
icelle un ossement de la longueur de deux pouces ou environ, de la largeur d'un grand pouce à une extrémité et
d'un demi pouce ou environ à l'autre, que M. Bilcault,
chirurgien en cette ville a ce appelé, lui aurait dit être
une partie des os du tharse dit calcaneum, le tout conformement au procès verbal d'approbation des dittes reliques en datte du vingt quatre juillet mil six cent quatres vingt dix sept et scellée du sceau des armes de
Monseigneur l'Archevêque de Sens, laquelle boëte ayant
été par lui refermée et scellée, il a donné commission au
s^r Guillaume Feu prêtre chanoine de l'église d'Auxerre
pour renfermer les dittes reliques dans une châsse de
bois doré à ce préparée. Après quoi le dit sieur Marie
permet d'exposer les dittes reliques dans la ditte église
parroissiale de Druyes à la vénération des fidèles.

Ouï le sieur François chirurgien appelé à la présente cérémonie, auquel nous avons mis en main ledit ossement à nous remis par la dame Marie Anne Denis veuve Trémeau, lequel après l'avoir examiné en notre présence et pris communication du procès verbal du dit s^r Marie susdatté, nous a declaré que le dit ossement était véritablement l'os appelé calcaneum et lui paraissait être celui désigné dans ledit procès verbal du quinze juillet 1698, ce qui a été également observé par nous et par les témoins cy après nommés ; pourquoi nous avons jugé que le dit ossement est la véritable relique de St Romain qui a été vue et reconnue authentique par le dit sieur Marie le quinze juillet mil six cent quatre vingt dix huit. — Et :

Voulant la rétablir dans la possession ou elle était, nous avons permis et permettons par ces présentes de l'exposer à la vénération des fidèles soit dans l'église de Druyes soit ailleurs... Et :

Après avoir fait la bénédiction d'une châsse peinte en noir et dorée en partie et qui est très propre et décente, nous avons déposé en icelle la ditte sainte relique de St Romain sur un petit coussin couvert d'étoffe de soie rouge, y avons déposé aussi la copie du procès verbal dudit jour quinze juillet 1698 avec un exemplaire du présent, après avoir sur la ditte sainte relique imprimé le sceau des armes de mon dit seigneur l'évêque d'Auxerre et avons enfin scellé la ditte châsse du sceau des mêmes armes que nous avons apposé sur les têtes des deux vises enfoncées aux deux bouts d'icelle châsse et qui en assujetissent le dessus au dessous, et du tout nous avons dressé le présent procès verbal en présence de la ditte dame Trémeau, du dit s^r François, de Me Charles François, de Nicolas Leroy et du s^r Etienne Delingette tous demeurant à Auxerre soussignés

L'original est signé : **M. A. Denis** veuve Trémeau — Le Roy, avec paraphe Delart, Delingette, François chirurgien,

et plus bas, par Monsieur le vicaire général : Arrault ;

à côté des signatures est le sceau en cire rouge des armes de Mgr de Cicé évêque d'Auxerre.

N° 11

*Le sieur Desiaux, qui, en 1793, avait offert la relique à
la veuve Trémeau, confirme la déposition de cette dame
le 17 octobre 1803.*

Lecture faite par moi soussigné de la déposition cy
dessus faite par madame Marie Anne Denis veuve de
Mr Trémeau et ensemble pris connaissance et ayant éxa-
miné les reliques dont il est parlé cy dessus : j'atteste la
ditte déposition de la ditte veuve Trémeau sincère et véritable, et que les reliques qui ont été déposées dans la
châsse dont il est parlé cy dessus sont celles qui ont été
tirées de l'ancienne châsse lors de la dévastation des
églises, en foi de quoi j'ai signé ce jourdhui dix sept octobre mil huit cent trois.

L'original est signé : Desiaux, avec paraphe.

N° 12

*Procès-verbal de la réintégration de la relique à Druyes,
17 novembre 1803*

L'an mil huit cent trois le dix sept novembre, nous
soussignés prètres curés desservants des parroisses voisines, nous sommes assemblés dans l'église de Druyes à
l'invitation de Mr Joseph Regnault, curé desservant de
cette parroisse, après avoir célébré le saint sacrifice de
la messe solennellement en l'honneur de St Romain, il
nous a fait connaitre en présence du peuple l'authenticité
des reliques de ce saint solitaire, lesquels ayant été transportées à Auxerre pour les soustraire à la profanation, y
ont été mises dans une châsse suivant qu'il est plus am-
plement détaillé dans le procès verbal du huit novembre
mil sept cent quatre vingt dix sept. Les dittes reliques
ayant été apportées d'Auxerre dans cette parroisse, hier

soir de ce mois par mondit sʳ Regnault curé desservant
de Druyes, ont été reçues avec respect par un grand
concours de fidèles et ont été transportées solennellement
depuis la porte de la ville jusque dans l'église en chantant des psaumes d'actions de grâces, et placées dans le
milieu du chœur sur une table préposée a cet effet.

Après le sᵗ sacrifice de la messe, lecture a été faite des
procès verbaux, nous avons reconnus que la châsse et
les reliques qu'elle renferme sont celles qui sont désignées dans les dits procès verbaux, la ditte châsse et les
reliques (de Sᵗ Romain patron de cette paroisse) qu'elle
renferme ont été placé sur le tabernacle en présence de :
MMᵉʳˢ Nicolas Rolland, curé desservant de Sougères —
de Nicolas Edme Rattaux, curé desservant d'Etais ; — de
Nicolas Mathieu Paillot, curé desservant de Mally-Cha-
teau, de Jean Baptiste Félix Barrois, curé de Courson ;
de Joseph Regnault, curé desservant de Druyes ; — de
Claude Fourneau, Etienne Offlart ; François Allard ;
Pierre Coignet ; Etienne Neutrot ; Charles Rousseau ;
Edme Fourneau ; Guillaume Denoux ; Marie Pierre Jacques Trémeau, tous deux fabriciens ; et de plusieurs habitants de l'un et l'autre sèxe en grand nombre, ceux qui
savent signer ont signé avec nous :

L'original est signé : de tous les noms cités plus haut :
Vient ensuite la Déclaration de M. Regnault.

Je soussigné prêtre curé desservant de la paroisse de
Druyes certifie les extraits cy dessus conformes aux originaux sur lesquels j'ai copié et collationné ; en foi de
quoi j'ai signé. A Druyes le trois janvier mil huit cent
quatre.

Regnault, curé desservant de Druyes.

N° 13

Copie de la troisième et dernière pièce trouvée incluse dans la châsse du chef de saint Romain, au trésor de Sens.

ARCHEVÊCHÉ
DE SENS

Sens le 29 mai 1832.

L'an mil huit cent trente deux le 29 mai, Nous Charles Tillaut, chanoine de Sens, Brice Martin Grapinet, chanoine hon^{re} et secrétaire général de l'Archevêché, les s^{rs} Valadin, sacristain et Sotier attaché au service de Mgr l'Archevêque avons ouvert avec permission de sa Grandeur la châsse de St Romain, abbé, et avons extrait de son saint chef deux petits morceaux pour être tranférés l'un dans la paroisse du Kremlin (sic) près Bicêtre diocèse de Paris et l'autre dans la paroisse de Louvière diocèse de Langres. Nous avons ensuite refermé la châsse que nous avons scellée du sceau des armes de Mgr l'Archevêque après y avoir renfermé le présent procès verbal que nous avons tous signé :

(Signé) Sottier, — Tillaut, Ch. — Valadin, — Grapinet, chan. hon. secr^{re} g^{al}.

N° 14

ARCHEVÊCHÉ
DE SENS

Mellon Jolly, par la miséricorde divine et la grace du saint siège Apostolique, Archevêque de Sens, évêque d'Auxerre, primat des Gaules et de Germanie, à tous ceux qui ces présentes verront salut et bénédiction en N. S. J. C.

Notre très cher fils en J. C. Mr Georges François Collinot, chanoine honoraire de notre métropole, curé de Druyes, nous ayant, pendant notre visite pastorale, manifesté le désir de faire restaurer une châsse renfermant des reliques, nous a prié de procéder à l'ouverture de ladite châsse, qu'il avait par notre ordre transportée à Coulanges-sur-Yonne.

Nous, le saint nom de Dieu invoqué, avons rompu deux sceaux ne représentant plus aucune empreinte d'armes et placés sur deux vis situées aux extrémités d'un coffre de bois noir garni de dorures et fermé par ses deux côtés d'une glace de forme ovale ; après avoir extrait les vis, nous avons trouvé, sur un coussin de soie blanche garni à l'entour de deux galons d'or, un ossement retenu sur le coussin par un ruban de soie blanche et garni d'un sceau que nous avons reconnu être celui de feu M⁸ʳ Marie Champion de Cicé, évêque d'Auxerre, Auprès de la relique étaient deux procès verbaux de reconnaissance des dites reliques.

Nous avons retiré les authentiques et renfermé la relique de Sᵗ Romain, avec les authentiques, dans le coussin de soie que nous avons enveloppé de papier, scellé du sceau de nos armes et nous avons remis la relique en cet état à Mʳ le dit curé de Druyes à la charge par lui de faire, en présence de son doyen et de deux autres ecclésiastiques, après la restauration de la châsse, remettre la ditte relique dans la châsse, la faire sceller du sceau du doyen après avoir fait dresser procès verbal de cette translation et en avoir renfermé copie authentique, aussi bien que le présent acte dans la nouvelle châsse.

Fait à Coulanges, sous le sceau de nos armes et le séing de notre vicaire général le dix neuf mai 1846.

Sceau de M⁹ʳ Jolly en cire rouge.

Signé E. Chauveau,
      vic. génˡ.

Nº 15

Nous soussignés, Georges François Collinot, chanoine honoraire de Sens, curé de Druyes, et Etienne Bernard, curé de Saint-Eusèbe d'Auxerre, certifions que nous avons déposé dans un reliquaire de forme carrée, de la longueur de 47 centimètres sur 28 de largeur, surmonté d'un couvercle oblong portant la statue de saint Romain, abbé, un os de saint Romain, de la longueur de 8 centimètres à peu près. Cette relique était munie du sceau de Monseigneur de Cicé, évêque d'Auxerre, et accompagné des authentiques certifiant qu'elle était de saint Romain et digne de la vénération des fidèles.

Le dit reliquaire a été ensuite fermé à vis et scellé de notre cachet particulier en attendant qu'il puisse recevoir de nouveau le sceau de Monseigneur l'Archevêque.

Fait à Auxerre, le 19 novembre 1846.

Signé : BERNARD,   COLLINOT,
Curé de Saint-Eusèbe.   Chanoine honoraire,
                                              Curé de Druyes.

N° 16

Supplique du R. P. Casaretto

Le soussigné Pierre Casaretto, abbé de l'ordre de Saint-Benoît, dans la congrégation du Mont-Cassin, et visiteur apostolique de la province de Subiaco, en Italie, Ordinaire de Fonts Vivante, supplie humblement Sa Grandeur Monseigneur l'Archevêque de Sens, et son révérendissime Chapitre, au nom de tout son ordre et de l'entière Congrégation Cassinense, de vouloir bien remettre au Proto-Monasterio de Subiaco le corps de saint Romain, abbé, qui a demeuré dans cet endroit la plupart de sa vie, ensemble avec notre fondateur saint Benoît, et qui se trouve dans le Trésor de cette Eglise cathédrale.

Sens, le 26 août 1858.

Le très humble serviteur :
Pierre abbé CASARETTO, O. S. B.
Visiteur.

Extrait des archives de l'Archevêché. — Carton Saint-Etienne de Sens. — Reliques.

N° 17

Réponse au R. P. Casaretto

Mon Révérend Père,

Monseigneur l'Archevêque de Sens a reçu votre lettre du 26 août dernier, par laquelle vous lui demandez le corps de saint Romain, abbé de Subiaco. Cette lettre a été également soumise au Chapitre métropolitain, et j'ai le regret de vous annoncer qu'à l'unanimité il a été décidé que la cathédrale de Sens ne serait point dépouillée d'une relique aussi précieuse.

Outre l'intérêt tout particulier que nous attachons à la conservation de cette relique, plusieurs considérations graves empêchent Monseigneur l'Archevêque et son Chapitre de faire droit à votre demande ; il y a plus de mille ans que le corps de saint Romain repose en la cathédrale de Sens (*sic*), l'Eglise universelle sait, par l'histoire, qu'il est à Sens ; on ne peut donc le transporter ailleurs sans troubler toutes les traditions ; on n'ira pas le vénérer à Subiaco parce qu'on le croira toujours à Sens ; de même, les églises qui auront besoin de reliques de saint Romain continueront, comme dans les siècles passés, à venir en demander à Sens.

Je vous engage donc, mon Révérend Père, à vous en tenir à ce qui avait été convenu entre le R. P. Bernard et moi, et à demander une relique insigne de saint Romain, votre fondateur (*sic*) en échange d'une relique insigne de saint Etienne, notre patron.

La demande ainsi présentée ne souffrira ni difficulté, ni retard.

Agréez, mon Révérend Père, l'assurance de mon profond respect.

CARLIER,
Chanoine-trésorier.

Cette réponse est partie le 28 octobre 1858.
Extrait des archives de l'Archevêché, ut supra.

———

N° 18

Procès-verbal de concession d'une nouvelle relique
à l'église de Druyes

L'an de Notre-Seigneur Jésus-Christ, mil huit cent quatre-vingt-onze, le mercredi vingtième jour du mois de mai, Nous, chanoine gardien des reliques du diocèse de Sens soussigné, en vertu d'une autorisation spéciale de Son Eminence le cardinal-archevêque de Sens, et en présence de monsieur l'abbé Choudey, chanoine-archiprêtre de la métropole et de monsieur l'abbé Leclerc, curé de Druyes-les-Belles-Fontaines, avons ouvert la châsse principale renfermant les reliques de saint Romain, abbé de Druyes, et nous avons trouvé dans ladite châsse seulement un fémur, un tibia et un autre ossement moins considérable, plus un paquet assez volumineux de linges anciens, ayant dû servir à l'ensevelissement du corps lui-même et enfin une boîte en bois renfermant les anciens procès-verbaux depuis le treizième siècle jusqu'à nos jours, pour l'authenticité et l'identité des reliques dudit saint Romain ; la tête du même saint se trouvant dans un reliquaire séparé, sur un rayon, dans la même salle du trésor de l'église métropolitaine.

De plus, en vertu de la même autorisation de Son Eminence et avec l'assentiment du Chapitre métropolitain, nous avons concédé et remis à monsieur l'abbé Leclerc, curé, pour l'église de Druyes, le tibia dudit saint Romain ; après quoi, toutes choses ayant été remises en l'état dans ladite châsse, nous avons dressé le présent procès-verbal, dont une copie a été laissée dans cette châsse et une autre remise à monsieur l'abbé Leclerc.

Fait à Sens, les mêmes jour et an que dessus.

Et ont signé avec nous, messieurs Choudey et Leclerc.

L. D. CHOUDEY,	**C. LECLERC,**	**MÉMAIN,**
Chanoine	Curé de Druyes.	Chanoine
Archiprêtre de Sens.		Gardien des saintes reliques.

Sceau du cardinal Bernadou
en cire rouge.

N° 19

Lettre authentique du cardinal Bernadou relativement à la translation du tibia droit

VICTOR-FELIX miseratione Divina ac sanctæ Sedis Apostolicæ auctoritate sanctæ Romanæ Ecclesiæ Cardinalis BERNADOU, Archiepiscopus Senonensis, Episcopus Autissiodorensis, Galliarum et Germaniæ Primas ;

Universis ac singulis præsentes litteras inspecturis fidem facimus et attestamur, quod Nos ad majorem Omnipotentis Dei Gloriam recognovimus sacram tibiam dextram Sancti Romani Drogensis abbatis, quam ex authenticis locis extractam reverenter collocari fecimus in capsam mirifico fabri opere confectam in modum capellæ cum campanillo, bene clausam, pluribus vitris munitam, et in funiculis aureis in parte interna bene colligatam, sigilloque nostro obsignatam, cum facultate ad nutum nostrum revocanda, apud se retinendi, et in quacumque Ecclesia, Oratorio aut Capella nostræ Diœcesis publicæ venerationi fidelium exponendi.

In quorum fidem has litteras sub signo Vicarii nostri generalis, sigilloque nostro et secretarii nostri subscriptione, expedire mandavimus.

Datum Senonis, anno Domini 1891 ; die vero mensis Maii 20ª.

G. GRANDJEAN,

De mandato Ill^{mi} ac Rev^{mi} D. D. Archiepiscopi.

MÉMAIN, can. S. S. Reliq. custos.

Sceau du
Cardinal-Archevêque

N° 20

Lettre authentique du cardinal Bernadou relativement à l'ancienne relique (calcaneum) renfermée dans un tube de verre.

VICTOR-FELIX miseratione Divina ac sanctæ Sedis Apostolicæ auctoritate sanctæ Romanæ Ecclesiæ Cardi-

nalis BERNADOU, Archiepiscopus Senonensis, Episcopus Autissiodorensis, Galliarum et Germaniæ Primas.

Universis ac singulis præsentes litteras inspecturis
fidem facimus et attestamur, quod Nos ad majorem
Omnipotentis Dei Gloriam recognovimus sacrum calcaneum sancti Romani, Drogensis abbatis, quem ex authenticis locis extractum reverenter collocari fecimus in
tubum vitreum, triginta circiter centimetra in longitudi-
nem habentem, bene clausum et funiculo aureo in parte
interna bene colligatum, sigilloque nostro obsignatum,
cum facultate ad nutum nostrum revocanda, apud se
retinendi, aliis donandi et in quacumque Ecclesia, Oratorio aut Capella nostræ Diœcesis publicæ venerationi
fidelium exponendi. (Veteribus chartulis authenticis in
eumdem tubum inclusis).

In quorum fidem has litteras sub signo Vicarii nostri
generalis, sigilloque nostro et secretarii nostri subscriptione, expediri mandavimus.

Datum Senonis, anno Domini 1891 ; die vero mensis
Maii 20ª.

G. GRANDJEAN,

De mandato Ill^{mi} ac Rev^{mi} D. D. Archiepiscopi.

MÉMAIN, can. S. S. Reliq. custos.

Sceau du
Cardinal-Archevêque

N° 21

*Procès-verbal de la translation d'une relique de saint
Romain, à Druyes, le 24 mai 1891*

L'an mil huit cent quatre-vingt-onze, le dimanche
vingt-quatre mai, Nous, soussigné, chanoine gardien
des saintes reliques du diocèse, et spécialement délégué
par Monseigneur le cardinal-archevêque de Sens pour la
translation d'une relique de saint Romain, nous nous
sommes rendus à Druyes-les-Belles-Fontaines pour cette
translation. La relique concédée à l'église de la dite paroisse de Druyes par le révérendissime cardinal-arche-

vêque et par le vénérable Chapitre métropolitain, à la
date du vingtième jour présent mois, est le tibia droit
dudit saint Romain que nous avons nous-même extrait
de sa châsse qui est au trésor de l'église cathédrale de
Sens et avons renfermé dans un reliquaire de bronze
doré, richement ciselé, ayant la forme d'une chapelle
avec clocheton, et mesurant 0^{m}56 de longueur, 0^{m}36 de
largeur et 1^m de hauteur totale y compris la flèche qui le
surmonte. Ce reliquaire a trois ouvertures vitrées sur
chaque face et une rosace de quatre lobes à chaque extrémité.

Dessus, sur le devant, sont deux émaux représentant :
l'un, saint Romain en solitaire, à genoux devant une
croix plantée à côté de sa grotte ; l'autre, le même saint
Romain, en abbé mitré, recevant la visite de saint Maur.
Sur le revers, deux autres émaux reproduisant : le premier, les armes de Sa Sainteté le pape Léon XIII, actuellement régnant et le second les armes du révérendissime cardinal Bernadou, archevêque de Sens.

Dans l'intérieur, la relique repose sur un coussin de
velours rouge encadré de perles blanches et d'un liseré
or. Sous le coussin, nous avons déposé les procès-verbaux rédigés par nous le 20 mai dernier, à Sens.

Cette châsse, avec la relique qu'elle contient, furent
exposées au milieu du chœur de l'église, sur une table
ornée magnifiquement. Nous avons chanté la messe solennelle de saint Romain en présence de toute la paroisse
et de nombreux pèlerins étrangers. Après l'office, toute
l'assistance est venue vénérer l'ancienne relique du saint
(le calcaneum), que nous avions renfermée dans un tube
de verre scellé des armes de Monseigneur l'archevêque,
afin d'être plus facilement présentée à la vénération des
fidèles.

A l'office du soir, le R. P. Riblier, religieux rédemptoriste du couvent de Gannat, prêcha le panégyrique de
saint Romain devant une assistance plus nombreuse encore que le matin. Après le sermon, eut lieu une procession solennelle à la grotte habitée autrefois par le saint ;
toute l'assistance y prit part, s'avançant sur deux lignes

derrière la croix et les bannières, les enfants d'abord portant des oriflammes, les jeunes filles chantant des cantiques, les mères de famille, puis le clergé chantant des hymnes à saint Romain, les prêtres escortaient la châsse portée par deux d'entre eux revêtus d'aubes blanches et de dalmatiques. Nous marchions derrière les reliques, assisté de M. le doyen de Courson et de M. le doyen de Coulanges-sur-Yonne, et suivi d'une foule de fidèles rangés sur deux lignes.

Arrivé à la grotte, nous avons béni une croix monumentale érigée de la veille ; pendant que les longues files de la procession se repliaient pour entendre de nouveau la parole éloquente du R. P. Riblier, qui rappela en termes émus les enseignements que redisent ensemble la croix de Jésus-Christ et la grotte de saint Romain ; il termina par une double acclamation répétée avec enthousiasme par l'auditoire : Vive la Croix ! Vive saint Romain !

Au retour de la procession, nous avons donné le salut solennel avec la bénédiction du Saint-Sacrement. Après quoi nous avons rédigé le présent procès-verbal qui a été signé de nous, des prêtres présents et de quelques-uns des notables assistants.

Ont signé :

> MÉMAIN, chanoine, gardien des saintes reliques,
> CROCHET, curé doyen de Courson,
> ALLIOT, curé doyen de Coulanges-sur-Yonne,
> RIBLIER, religieux rédemptoriste,
> CESSIEUX, rédemptoriste,
> BARDOUT, curé de Lain,
> PICHARD, curé d'Etais,
> BAUDART, curé de Surgy,
> LABOUR, curé de Ouanne,
> CORBERON, curé de Saint-Martin-sur-Oreuse,
> ROUX, curé d'Andryes,
> TAILLANDIER, curé de Molesmes,
> AUGÉ, curé de Sementron,
> LECLERC, curé de Druyes,

et MM. Ed. GUILLEMOT, président du conseil de fabrique ; Etienne BARJONNAIT, trésorier ; Denis ALLARD, BIGER-NIZIER, Ferdinand VILNAT, fabriciens ; M. Henri DHUMEZ, propriétaire ; M. H. GUENOT, adjoint au maire ; M. BÉRENGER, inspecteur de la Compagnie P.-L.-M., etc., etc.

APPENDICE II

OFFICE DE SAINT ROMAIN

ABBÉ DE DRUYES

22 MAI

AUX PREMIÈRES VÊPRES

Psaumes du commun d'un Confesseur non pontife

1. Notam fac mihi viam, Domine, in quâ ambulem, quia ad te levavi animam meam.

Faites-moi connaître, Seigneur, la voie par laquelle je dois marcher; parce que j'ai élevé mon âme vers vous.

2. Si vis perfectus esse, vade, vende quæ habes et da pauperibus, et habebis thesaurum in cœlo.

Si vous voulez être parfait, allez, vendez ce que vous avez, donnez-le aux pauvres, et vous aurez un trésor dans le ciel.

3. Quid prodest homini si universum mundum lucretur, animæ vero suæ detrimentum patiatur?

Que sert à l'homme de gagner l'univers, s'il vient à perdre son âme?

4. Salva animam tuam, noli respicere post tergum, salvum te fac, ne pereas.

Sauvez votre âme, ne regardez jamais en arrière, mais opérez votre salut, de peur que vous ne périssiez.

5. Omni custodiâ serva cor tuum, qui ex ipso vita procedit.

Mettez tout le soin possible à la garde de votre cœur, parce qu'il est la source de la vie.

CAPITULE

Voluntarie sacrificabo tibi et confitebor nomini tuo, Domine, quoniam bonum est, quoniam ex omni tribulatione eripuisti me.

Je vous offrirai volontairement un sacrifice, et je louerai votre nom, Seigneur, parce qu'il est rempli de bonté, et parce que vous m'avez délivré de toutes mes afflictions.

HYMNE

Flore sub primo juvenilis aevi,

Dès la première fleur de son

Romani quantus pietatis ardor !
Patriam, cives, bona, res, amicos,
   Teque relinquis.

Quippe vestigas meditatus altâ
Mente thesauros, tibi vis latro-
   num
Nulla quos tollat, neque dente
   vermis
     Rodat iniquo.
Non sibi certam stabilemque ter-
   ris
Credulus sperat fore civitatem ;
Non manufactas, solidas, peren-
   nes
     Cogitat arces.
Et caducarum simulacra rerum,
Nos tenent terris fugitiva fixòs !
Nos adhuc umbram sequimur,
   fugit nos
     Umbra sequentes !
Qui bonis pro te fugit abdicatis,
Hujus exemplum, Deus, æmule-
   mur !
Cuncta decrescant, modo crescat
   unus
     Pectore Christus !
Summa laus Patri, genitoque
   Verbo,
Et tibi compar, utriusque nexus !
Da bonis nudos bona vera per te
     Quærere cœlo. Amen.

℣. Qui adhæret Domino.
℟. Unus spiritus est.

âge, quelle ardente piété dans le
jeune Romain ! Patrie, conci-
toyens, biens, fortune, amis, tu
renonces à tout et à toi-même.

C'est que tu recherches, dans
les profondes méditations de ton
âme, des trésors que, ni la violence, ni les voleurs ne puissent
ravir, et que la dent avide des
vers ne puisse ronger.

Il n'a pas le naïf espoir de posséder sur cette terre une demeure sûre et permanente ; il pense
à des citadelles non faites de la
main des hommes, mais solides,
éternelles.

Et nous, les apparences fugi-
tives des biens périssables nous
tiennent fixés à la terre ! Nous
courons encore après l'ombre, et
l'ombre fuit devant nos pas !

O Dieu ! puissions-nous imiter
l'exemple de celui qui, pour toi,
renonce à ses biens, et s'enfuit !
Que tout bien décroisse, pourvu
que dans nos cœurs augmente
seul l'amour du Christ !

Louange souveraine au Père,
et au Verbe son Fils, et à Vous
leur égal, qui les unissez l'un à
l'autre ! Dépouillés des faux biens,
faites que par vous nous cherchions au ciel les vrais biens.
Ainsi soit-il.

Celui qui demeure attaché au
Seigneur, est un même esprit
avec lui.

A Magnificat

Nemo est qui reliquerit domum
aut agros propter me, qui non
accipiat centies tantum in tempore hoc, et in sæculo futuro vitam
æternam.

Personne ne quittera pour moi
sa maison ou ses terres, que
dans ce siècle même, il ne reçoi-
ve cent fois autant, et dans le
siècle à venir la vie éternelle.

Oraison

Deus qui beatum Romanum in
hanc solitudinem duxisti ne particeps esset coinquinationis sæculi, rumpe vincula quibus mundo ligamur, ut terrenis cupiditatibus expediti, tibi semper vacare
valeamus. Per Dominum.

O Dieu, qui avez conduit le
bienheureux Romain dans cette
solitude, pour qu'il fût préservé
de la corruption du siècle, brisez
les liens qui nous attachent au
monde, afin que, délivrés des désirs terrestres, nous puissions
toujours vivre pour vous.

A MATINES

INVITATOIRE

Excelsum cujus nomen cum humili spiritu habitat. * Venite adoremus.
Ps. *Venite.*

Il est le Très-Haut, dont la gloire habite avec l'esprit humble. Venez, adorons-le.
Ps. 94.

HYMNE

Non ad antiquas fugitivus ædes,
Sponte discedens, oculos retorsit;
Quo fuga tendit, vigilabat Alto
    Fixus olympo.

Ille non curat, ratis acta vento
Quos petat portus ; sua meta cœlum.
Nil tulit secum, bona supplet unus
    Omnia Christus.
Redditus Francis pius exul oris,
Intrat obscuras nemorum latebras.
O nimis felix, recreata sancto
    Hospite tellus !
Dic quibus pœnis juvenile corpus
Plectis attritum subigisque menti,
Ipse quæsitor tibimet severus,
    Durus et ultor. '
Dic dapes ægro stomacho negatos,
Gutturi sicco latices negatos :
Dic et orando vigilata longæ
    Tempora noctis.
Antra, vidistis, loca sola, valles,
Invii saltus, querulique fontes ;
Vos et effuso madefacta fletu
    Conscia saxa.

Summa laus Patri, genitoque Verbo,
Et tibi compar, utriusque nexus !
Da bonis nudos bona vera per te
    Quærere cœlo. Amen.

Dans sa fuite, il ne retourne pas les yeux vers les antiques demeures qu'il a généreusement quittées ; il veillait, les yeux fixés vers le ciel, terme de sa course.
Pour lui, il ne s'inquiète pas du port où va sa barque poussée par le vent ; son but, c'est le ciel. Il n'a rien emporté, le Christ, source de tous biens, lui suffit.

Le pieux exilé, abordant au rivage de la France, pénètre dans les retraites obscures des forêts. O bienheureuse la terre réjouie par la présence d'un hôte si saint ! Dis-nous sous quelles pénitences tu courbes ton jeune corps, et le brises pour le soumettre à l'esprit, pour toi-même juge sévère et bourreau impitoyable.
Dis-nous la nourriture refusée à ton estomac affamé ; le breuvage refusé à ta gorge desséchée ; dis-nous ces longues nuits sans sommeil consacrées à la prière.
Vous l'avez vu, grottes, solitudes, vallées, bois inaccessibles, fontaines plaintives ; vous l'avez vu aussi, vous, rochers mouillés par les larmes qu'il a répandues.
Louange souveraine au Père, et au Verbe son Fils, et à vous leur égal, qui les unissez l'un à l'autre ! Dépouillés des faux biens, faites que par vous nous cherchions au ciel les vrais biens. Ainsi soit-il.

AU PREMIER NOCTURNE

I. *Ant.* Mundam servavi animam meam ab omni concupiscentia ; numquam cum ludentibus miscui me.

I. J'ai conservé mon âme pure de tout mauvais désir ; je ne me suis jamais mêlé à ceux qui se conduisent avec légèreté.

II. *Ant.* Risum reputavi errorem, et gaudio dixi : quid frustra deciperis ?

II. J'ai considéré les amusements du monde comme une folie, et j'ai dit à leurs joies : pourquoi vous trompez-vous vainement ?

III. *Ant.* Non sedi in concilio ludentium ; solus sedebam, quoniam comminatione replesti me.

III. Je ne suis pas allé dans les réunions de ceux qui se divertissent, mais je suis resté à l'écart, parce que j'ai été rempli de vos menaces.

℣. Salvabitur innocens.
℟. Salvabitur in munditiâ manuum suarum.

℣. L'innocent sera sauvé.
℟. Il sera sauvé parce que ses mains sont restées pures.

PREMIÈRE LEÇON

De Isaiâ prophetâ (xxxv, 1-4.)

D'Isaïe (chap. xxxv, v. 1 à 4)

Lætabitur deserta et invia, et exultabit solitudo, et florebit quasi lilium. Germinans germinabit, et exultabit lætabunda et laudans : gloria Libani data est ei ; decor Carmeli et Saron ; ipsi videbunt gloriam Domini et decorem Dei nostri. Confortate manus dissolutas, et genua debilia roborate ; dicite pusillanimis : Confortamini et nolite timere, ecce Deus vester ultionem adducet retributionis : Deus ipse veniet et salvabit vos. Tu autem...

La terre qui était déserte et sans chemin se réjouira, la solitude sera dans l'allégresse, et fleurira comme le lis. Elle poussera et germera de toutes parts, et elle sera dans une effusion de joie et de louanges : elle aura la gloire du Liban, la beauté du Carmel et de Saron ; ses habitants verront la gloire du Seigneur et la magnificence de notre Dieu. Fortifiez donc les mains languissantes et soutenez les genoux tremblants. Dites à ceux qui craignent : Courage, ne craignez point. Voici votre Dieu qui vient vous venger et rendre aux hommes ce qu'ils méritent. Dieu viendra lui-même et il vous sauvera.

℟. R. — In terrâ desertâ et inviâ et inaquosâ, sic in sancto apparui tibi, Deus meus.* Ut viderem virtutem tuam et gloriam tuam.
℣. Mihi mundus crucifixus est et ego mundo. * Ut viderem.

R. Dans cette terre déserte où il n'y a ni chemin ni eau, je me suis présenté devant vous, mon Dieu, * Pour contempler votre puissance et votre gloire.
Le monde est mort et crucifié pour moi, comme je suis mort et crucifié pour le monde. * Pour contempler.

DEUXIÈME LEÇON
(Id. v. 5. 6. 7.)

Tunc aperientur oculi cœcorum, et aures surdorum patebunt ; tunc saliet sicut cervus claudus, et aperta erit lingua mu-

Alors les yeux des aveugles seront éclairés et les oreilles des sourds entendront ; le boiteux bondira comme le cerf et la lantorum, quia scissæ sunt in deserto aquæ et torrentes in solitudine. Et quæ erat arida, erit in stagnum, et sitiens in fontes aquarum. In cubilibus, in quibus prius dracones habitabant, orietur viror calami et junci. Tu autem...

gue des muets sera déliée ; parce que des sources d'eau vive sortiront du désert, et des torrents couleront dans la solitude aride : de sorte que la terre desséchée se changera en étang, et celle qui brûlait de soif en des fontaines d'eaux vives. Dans les cavernes où habitaient les dragons, on verra s'élever la verdeur du roseau et du jonc.

II. R. — Dominus Deus tuus, * Introducet te in terram bonam, terram rivorum aquarum et fontium ; in cujus campis et montibus erumpunt fluviorum abyssi. v. Ego ero fidens in eum. * Introducet.

R. — Le Seigneur votre Dieu, * Vous introduira dans une terre bonne, pleine de ruisseaux, de fontaines, où les sources des fleuves répandent leurs eaux en abondance dans les plaines et le long des montagnes. v. Pour moi je mettrai ma confiance en lui. * Vous introduira.

TROISIÈME LEÇON. (Id. v. 8-10).

Et erit ibi semita et via, et via sancta vocabitur ; non transibit per eam pollutus, et hæc erit vobis directa via, ita ut stulti non errent per eam. Non erit ibi leo, et mala bestia non ascendet per eam, nec invenietur ibi ; et ambulabunt qui liberati fuerint. Et redempti a Domino convertentur, et venient in Sion cum laude et lætitiâ sempiternâ super caput eorum ; gaudium et lætitiam obtinebunt, et fugiet dolor et gemitus. Tu autem...

Et il y aura là un sentier et une voie qui sera appelée la voie sainte : celui qui est impie n'y passera point, et ce sera pour vous la voie droite, en sorte que les ignorants y marcheront sans s'égarer. Il n'y aura point de lion, et la bête sauvage n'y montera point et ne s'y trouvera pas. Ceux qui auront été délivrés y marcheront en sûreté. Ceux que le Seigneur aura rachetés retourneront et viendront à Sion, chantant ses louanges, ils seront couronnés d'une allégresse éternelle, le ravissement de leur joie ne les quittera point, la douleur et les gémissements en seront bannis à jamais.

III. R. — Collaudabo te Deum sálvatorem meum. * Quoniam liberasti me a rugientibus, præparatis ad escam, de manibus quærentium animam meam.

R. Je chanterai vos louanges, Dieu mon sauveur. * Parce que vous m'avez délivré des lions rugissants prêts à me dévorer, et des mains de ceux qui cherchaient à m'ôter la vie de l'âme.

v. Dominus mihi adjutor, non timebo quid faciat mihi homo. * Quoniam... Gloria... * Quoniam.

v. Le Seigneur est mon soutien, je ne crains pas ce que l'homme peut me faire...

AU DEUXIÈME NOCTURNE

I. *Ant.* — Lætabitur deserta et

La terre déserte et sans chemin

invia et exultabit solitudo, et florebit quasi lilium.

II. *Ant.* — Germinans germinabit et exultabit lætabunda et laudans.

III. *Ant.* — Erit tibi semita et via, et via sancta vocabitur.

℣. Et habitabit in solitudine judicium.

℟. Et justitia in Carmel sedebit.

se réjouira, la solitude sera dans l'allégresse, et fleurira comme le lis.

Elle poussera et germera de toutes parts, elle sera dans une effusion de joie et de louanges.

Il y aura là un sentier et une voie qui sera appelée la voie, sainte.

℣. Et l'équité habitera dans la solitude.

℟. Et la justice se reposera dans le champ fertile.

QUATRIÈME LEÇON

Romanus in Italiâ natus, ab ineunte adolescentiâ crebris jejuniis et piis pœnitentiæ operibus sic corpus domare cœpit, ut, crescentibus cum ætate virtutibus, plurimos ad sæculi contemptum ac sancti propositi desiderium accenderit. Cumque sanctus Benedictus in ipso ætatis flore abjuratâ mundi gloriâ, eremum quæreret, obvium felici sorte Romanum habuit et pii consilii adjutorem. Nam tradito religiosæ vitæ habitu, tribus annis in altissimâ speluncâ latenti quotidie ministravit. Gothis Italiam igni ferroque vastantibus, relictis ægre fratribus, in Galliam venit, et in pago Autissiodorensi qui Fons Rogi nominabatur, quique Drogus ab antiquis appellatur, non longe a fonte percelebri, monachi vitam egit et ad amorem vitæ solitariæ plurimos exemplo traxit. Tu autem.

IV Resp, Non delecteris in semitis impiorum nec tibi placeat malorum via. * Fuge ab eâ ; ne transeas per illam, declina et desere eam. ℣. Non te deseram neque derelinquam. * Fuge.

Romain né en Italie, commença dès sa jeunesse à dompter son corps par des jeûnes répétés et des œuvres de pénitence. Avançant en âge et en vertu, il en gagna plusieurs au mépris du monde et au désir d'une vie sainte. Aussi quand saint Benoît, à la fleur de l'âge, renonçant à la gloire terrestre, cherchait une solitude, par un heureux hasard, il rencontra Romain et fut aidé de ses pieux conseils. Romain lui donna l'habit religieux, et pendant trois années chaque jour il le nourrit caché dans une très profonde caverne. Quand les Goths portant partout le fer et le feu ravagèrent l'Italie, il quitta ses frères à regret, vint en Gaule dans une bourgade de l'Auxerrois, nommée Font-Rouge, appelée aussi Druyes par les Anciens, non loin de fontaines fameuses ; il y vécut en moine, et son exemple attira beaucoup de monde à la vie solitaire.

Ne vous réjouissez pas dans la société des impies, et que la voie des méchants ne vous séduise point. Fuyez-la, n'y passez point, détournez-vous en, et ne vous y arrêtez jamais. ℣. Je ne vous délaisserai pas et ne vous abandonnerai aucunement.

CINQUIÈME LEÇON

Sanctum Maurum, in Gallias a

Il donna l'hospitalité à saint

sancto Benedicto missum, ipso parasceves die, hospitio excepit, et egredienti mortem sibi imminentem prædixit. Etenim cum sanctitate clarus, in Domino obdormisset, multis etiam post obitum effulsit miraculis. Corpus ejus e propriâ Basilicâ in ecclesiam sancti Amatoris primo translatum ; postea sedente Heribaldo pontifice, in cœnobium sancti Germani honorifice delatum est. Hic cum aliquot annis quievisset, petenti Ansegiso Senonensi præsuli, Walæ episcopi Autissiodorensis fratri, ab Hugone abbate, sacri corporis pars major concessa fuit ; et postea varias in ecclesias urbis Senonensis deportata.

Maur le vendredi saint ; envoyé dans les Gaules par saint Benoît et au moment de le quitter, il lui annonça sa mort prochaine. En effet, illustré par sa sainteté, il s'endormit dans le Seigneur : de nombreux miracles le rendirent célèbre même après sa mort. Son corps fut transporté d'abord de l'église bâtie en son honneur en l'église de Saint-Amatre ; ensuite, sous le pontificat d'Héribald, il fut déposé avec honneur dans le monastère de Saint-Germain. Après quelques années de séjour, à la demande d'Anségise, archevêque de Sens, frère de Walon, évêque d'Auxerre, une partie importante du saint corps lui fut accordée par l'abbé Hugo ; et dans la suite fut transférée dans diverses églises de la cité sénonaise.

V Resp. Viam sapientiæ monstrabo tibi. * Ducam te per semitas æquitatis, tene disciplinam, ne dimittas, custodi illam, quia ipsa est via tua. v. Sequere me et dimitte mortuos sepelire mortuos suos. * Ducam.

Je vous montrerai la voie de la sagesse, et je vous conduirai par les sentiers de l'équité ; attachez-vous à la discipline et ne la quittez point parce qu'elle est votre vie. Suivez-moi, laissez aux morts le soin d'ensevelir leurs morts.

SIXIÈME LEÇON

Sed anno millesimo sexcentesimo nonagesimo sexto, convocatis Drogi incolis a Francisco Tremaldo ejusdem loci parocho, decretum fuit ut ipse Senonas mitteretur, sancti monachi reliquiarum partem petiturus ab archiepiscopo Senonensi. Concessæ sacræ reliquiæ in capellam sancti Dionysii deportatæ et depositæ fuerunt, quæ ab antiqui castelli ambitu ejusdem Drogi sita est.

Tandem occurrente vigesimâ primâ Julii ejusdem anni die, multi variarum ecclesiarum pastores et presbyteri convocati, ingenti populorum turbâ undique affluente, sancti reliquias in capsulâ deauratâ conditas, ingenti pompâ detulerunt, easque in al-

En l'an 1696, François Trémeau, curé de Druyes, ayant rassemblé les habitants, fut chargé par eux d'aller à Sens, afin d'obtenir de l'archevêque une partie des reliques du saint moine. Les saintes reliques qui furent accordées, sont apportées et déposées dans la chapelle de Saint-Denis, qui était comprise dans l'antique château de Druyes. Enfin, le 21 juillet de la même année, beaucoup de curés et de prêtres qui avaient été invités, au milieu d'un peuple nombreux venu de tous côtés, portèrent en grande pompe les reliques du saint enfermées dans une châsse dorée, et les déposèrent sur l'autel principal de l'église, où encore maintare majori basilicæ posuerunt, ubi etiam nunc fidelium venerationi objiciuntur.

VI Resp. — Omnis disciplina in præsenti quidem videtur non esse gaudii, sed mæroris ; postea autem. * Fructum pacatissimum exercitatis per eam reddet justitiæ. ℣. Disciplinam Domini ne abjicias. * Fructum... Gloria... Fructum...

tenant elles sont exposées à la vénération des fidèles.

Toute peine lorsqu'on la subit, semble être un sujet de tristesse et non de joie ; mais ensuite elle fait recueillir dans une profonde paix les fruits de la justice à ceux qui auront été ainsi exercés. ℣. Ne regrettez point la correction du Seigneur.

AU TROISIÈME NOCTURNE

I. *Ant.* — Erat ille vir simplex et rectus, ac timens Deum, et recedens a malo.

II. *Ant.* — Venerunt ad eum in hospitium plurimi, quibus exponebat testificans regnum Dei.

III. *Ant.* — Hortabatur omnes in proposito cordis permanere in Domino quia erat vir bonus et plenus fide.

℣. Qui ambulat simpliciter.

℟. Ambulat confidenter.

C'était un homme simple et droit, craignant Dieu et éloigné du péché.

Un grand nombre vinrent le trouver dans sa grotte, et il leur exposait la nécessité de croire en Jésus-Christ, pour obtenir le royaume de Dieu.

Et il les exhortait tous à demeurer fidèles au Seigneur, car c'était un homme vraiment bon et rempli de foi.

℣. Celui qui marche avec simplicité.

℟. Marche avec assurance.

SEPTIÈME LEÇON

Lectio Sancti Evangelii secundum Matthæum.

Dixit Jesus adolescenti : si vis perfectus esse, vade, vende quæ habes et da pauperibus ; et habebis thesaurum in cœlo, et veni, sequere me. Et reliqua.

Homilia sancti Joannis Chrysostomi

Antequam Jesus adolescenti certamen et laborem ostenderet, bravium præ oculis posuit dicens : si vis perfectus esse ; actum infert : vende omnia quæ habes, et da pauperibus ; et mox iterum præmia inculcat ; et habebis thesaurum in cœlo ; et veni, sequere me. Magna enim retributio est Dominum sequi ; et habebis, inquit, thesaurum in cœlo. Nam quoniam magna illi cura de

Lecture du Saint Evangile selon saint Mathieu.

Jésus dit à un jeune homme : si vous voulez être parfait, allez, vendez ce que vous avez, et donnez-en le prix aux pauvres ; et vous aurez un trésor dans le ciel ; ensuite, venez et suivez-moi.

Homélie de saint Jean Chrysostôme

Avant de montrer au jeune homme la lutte et le travail, Jésus lui en met le prix devant les yeux en disant : Si vous voulez être parfait ; il indique l'action à faire : vendez tout ce que vous avez et le donnez aux pauvres. Et bientôt de nouveau il indique la récompense : et vous aurez un trésor dans le ciel ; et venez, suivez-moi. Car suivre le Seigneur est d'un grand mérite, aussi vous pecuniis erat, et quando quidem ipsi cunctis denudari rebus consilium dabat, ut ostendat non amissurum bona sua, sed tanto plura majoraque inventurum, quanto cœlum terra præstantius, thesaurum appellavit, et simul stabilitatem atque incorruptibilitatem præmii, ut fieri poterat, per res humanas expressit. Non ergo satis est pecuniam spernere ; verum etiam oportet pauperes nutrire, et ante omnia Christum sequi, id est, omnia præstare quæ ab ipso jubentur ; paratumque semper esse tam labores subire, quam omne genus mortis sufferre. Si quis enim, inquit, venire post me velit, abneget semetipsum, tollatque crucem suam et sequatur me.

aurez, dit-il, un trésor dans le ciel. Et parce qu'il était très attaché à ses richesses, Jésus lui donne le conseil de se dépouiller de tout, et lui montre qu'il ne perdait pas ses biens, mais qu'il trouverait en échange des trésors d'autant plus nombreux et plus grands que le ciel l'emporte sur la terre. En même temps à l'aide de comparaisons il exprime par des choses terrestres la certitude et l'incorruptibilité de la récompense. Ce n'est donc pas assez de mépriser l'argent, il faut encore nourrir les pauvres, et surtout suivre le Christ, c'est-à-dire accomplir tout ce qu'il ordonne, toujours être prêt à supporter les fatigues, et à souffrir la mort quelle qu'elle soit. Si quelqu'un, dit-il, veut venir après moi, qu'il se renonce lui-même, qu'il porte sa croix et me suive.

VII R. — Omnis autem qui in agone contendit, ab omnibus se abstinet ; * Ego autem sic curro, non quasi in incertum ; sic pugno, non quasi aerem verberans ; sed castigo corpus meum et in servitutem redigo. v. A juventute mea investigabam sapientiam, colluctata est anima mea in illâ, et in faciendo eam confirmatus sum. * Ego autem...

Celui qui combat dans l'arène, garde soigneusement la tempérance. * Pour moi je ne travaille pas au hasard, je ne donne pas des coups en l'air. Mais je châtie mon corps et je le réduis en servitude. v. Depuis ma plus tendre enfance j'ai cherché la sagesse, mon âme a lutté pour l'atteindre, et j'ai toujours vécu selon ses préceptes.

HUITIÈME LEÇON

Hæc cum audisset adolescens, abiit tristis, quod non absque causâ illi accidisse significavit Evangelista dicens : habebat enim multas possessiones : non eodem quippe modo detinentur qui pauca possident, et qui magnâ rerum copiâ submerguntur ; tunc enim violentior fit ipsorum cupiditas nec unquam prædicare cessabo quod accessio divitiarum majorem accendit flammam, et eos qui possident, pauperiores reddit, quando quidem eos in pluribus constituit cupiditatibus efficitque ut indigentiam magis

Quand il eut entendu ces paroles, le jeune homme s'en alla tout triste, et l'Evangéliste montre que ce n'était pas sans raison, car il avait de nombreux biens. Ne sont pas réservés au même sort, ceux qui possèdent peu, et ceux qui nagent dans d'excessives richesses ; car la cupidité de ceux-ci devient plus violente, et jamais je ne cesserai de dire que l'acquit des richesses en active encore la flamme. Et ceux qui possèdent sont plus pauvres que les autres, puisqu'ils ont encore des désirs à satisfaire, et qu'ils séntiant. Perspice igitur quanta vis sit talis affectus, cum magnâ dives iste lætitia Christum adiisset, suffossus atque obrutus fuit, ut nec respondere quidem potuerit, sed tristis ac mæstitiâ pressus decesserit. Quid igitur Christus ? Difficile, inquit, in regnum cœlorum divites intrabunt, quibus verbis non pecuniam, sed pecuniâ detentos carpit. Cur autem discipulis adeo pauperibus ut nihil prorsus haberent, hæc dicit ? sane ut eos erudiret ne pudori paupertatem sibi ducerent, et quasi respondeat cur nihil illos habere permiserit. Tu autem...

sentent davantage l'indigence. Voyez donc de quelle violence est une telle affection, puisque ce riche qui était allé vers le Christ avec grande joie, fut abattu, et accablé au point de ne pouvoir rien répondre : et il s'en alla tout triste et brisé de douleur. Que dit donc le Christ ? Il est difficile aux riches d'entrer dans le royaume des cieux : par ces paroles il condamne, non l'argent, mais ceux qui en sont les esclaves. Et pourquoi donc parle-t-il ainsi à des disciples si pauvres qu'ils n'avaient absolument rien ; sinon pour leur apprendre à ne pas rougir de la pauvreté, et expliquer pourquoi il ne permettait pas qu'ils eussent des richesses.

VIII Resp. — Quæ mihi fuerunt lucra, hæc arbitratus sum propter Christum detrimenta. * Ut inveniar in illo habens justitiam quæ ex fide est, configuratus morti ejus. v. Mihi adhærere Deo bonum est, et ponere in Domino spem meam. * Ut inveniar.

Les biens et les avantages d'ici-bas m'ont paru en face du Christ vils et méprisables. * Pourvu que j'aie la justice qui naît de la foi. v. C'est un bien pour moi d'être attaché à Dieu et de mettre dans le Seigneur mon espérance.

NEUVIÈME LEÇON

Discipulis perturbatis, hoc apud homines, inquit, impossibile est ; Deo autem omnia possibilia sunt. Et cujus rei gratiâ, discipuli qui (nimium) inopes erant, turbabuntur, quia propter perditionem aliorum dolebant, quorum omnium jam caritate efficiebantur, et quasi magistrorum ac patrum viscera susceperant. Sic enim pro universo terrarum orbe, hujus sententiæ acrimoniâ expaverunt, ut non parvâ eis consolatione opus fuerit. Hâc de causâ, inspiciens eos prius dixit : quæ apud homines impossibilia sunt. Quod si dicta hæc ab ipso sunt, ut virtutis præ oculis magnitudo ponatur ex his quæ sequuntur perpendentes. Nam cum Petrus rogavit : ecce nos, relictis omnibus, secuti sumus te, quid ergo erit nobis ?

Cela, dit-il à ses disciples troublés, est impossible aux hommes. Mais tout est possible à Dieu. Et pourquoi les disciples qui étaient pauvres furent-ils troublés ? C'est qu'ils s'affligeaient de la perte d'hommes à qui les unissait déjà la charité, et pour qui ils avaient reçu des cœurs de maîtres et de pères. Et ainsi, ils furent si effrayés de la rigueur de cette sentence pour toute la terre, qu'ils eurent besoin d'une grande consolation. C'est pourquoi, Jésus les regardant leur dit d'abord : ce qui est impossible aux hommes. Et ces paroles ont été prononcées pour mettre devant les yeux la grandeur de la vertu, comme le montre ce qui suit. Car à la demande de Pierre : Voici que nous t'avons suivi, après avoir tout quitté, quelle sera

Mercede illius prius designata,
subjunxit : Et quicunque reliquerit domos, vel agros, vel fra-
tres, vel patrem, vel matrem,
propter nomen meum, centuplum
accipiet et vitam æternam possi-
debit.
Te Deum.

notre récompense ? Après lui
avoir indiqué sa récompense, il
ajoute : Quiconque abandonnera
sa demeure, ses champs, ses
frères, son père, sa mère, pour
mon nom, recevra le centuple, et
entrera en possession de la vie
éternelle.

A LAUDES

I. — Hic solus fugiebat consortia omnium, pergebat ad tem-
plum Domini, ibique orabat Dominum.

Seul il fuyait la compagnie des
pécheurs et s'en allait dans le
temple du Seigneur, et là priait
le Dieu tout puissant.

II. — Fugit et factus est adve-
na in terrâ.

Il fuit sa patrie, et fut comme
un étranger sur la terre.

III. — Fugit in montes ; tunc
descenderunt multi quærentes
judicium et justitiam in desertum,
et sederunt ibi.

Il s'enfuit sur les montagnes,
et plusieurs qui cherchaient à vivre selon la loi et la justice, s'en
allèrent dans le désert et y de-
meurèrent.

IV. — Suscipiebat omnes qui
ingrediebantur ad eum, prædi-
cans regnum Dei.

Il recevait avec bonté tous ceux
qui le venaient voir, prêchant à
tous le royaume de Dieu.

V. — Erat edoctus viam Domini, et docebat diligenter ea
quæ sunt Jesu.

Il était instruit de la voie du
Seigneur, et il enseignait exacte-
ment ce qui concerne le Christ
Jésus.

CAPITULE

Pars Domini populus ejus, in-
venit eum in terrâ desertâ et in
loco vastæ solitudinis. Circum-
duxit et docuit et portavit in hu-
meris suis et constituit eum super excelsam terram. ℞. Deo gratias.

Le Seigneur a son peuple en
partage, il le trouve dans le désert et dans la vaste solitude, il
le conduit, l'instruit, et le porte
sur ses épaules, et l'établit sur
une terre choisie.

HYMNE

Quid tu, relictis urbibus,
Mortalium consortia
Timens fugis ? quid tu vides ?
Solusque tecum cogitas ?
  Mentis volatu libero
Percurris æternas domos,
Et quæ negas mortalibus,
Transfers Deo commercia.
  Præsens choris cœlestibus,
Sacro quietus otio,
Totus tuendo Numini,
Totus colendo tu vacas.
  Quam pura, qui te diligunt

Pourquoi, abandonnant les villes, fuis-tu craintif la société des
hommes ? Que vois-tu ? et seul
avec toi-même, à quoi penses-tu ?
  Dans le libre essor de ton âme
tu parcours les demeures éternelles, et l'intimité que tu refuses
aux hommes, tu l'accordes à Dieu.
  Mêlé aux chœurs célestes,
jouissant d'une tranquillité sainte,
tu te donnes tout entier à contempler et à adorer Dieu.
  A quelles pures joies s'abreu-

O Christe, libant gaudia !
Te propter antris abditos
Sinu recondis in tuo.

vent ceux qui t'aiment, ô Christ !
Ceux qui pour toi se sont cachés
dans les cavernes, tu les caches
dans ton sein.

Æterne tu Verbi Pater,
Æterne Fili par Patri,
Et par utrique Spiritus,
Tibi, Deus, sit gloria. Amen.

O toi, Père éternel du Verbe,
Fils éternel, égal au Père, Saint
Esprit égal au Père et au Fils,
gloire à toi, ô mon Dieu ! Ainsi
soit-il.

℣. Pars mea Dominus, dixit
anima mea.
℟. Propterea expectabo eum.

Le Seigneur est mon partage,
a dit mon âme.
Aussi je l'attendrai.

A BENEDICTUS

Ant. Quid mihi est in cœlo, et
a te quid volui super terram ?
Deus cordis mei et pars mea
Deus in æternum.

Qu'y a-t-il pour moi dans le
ciel ? et que puis-je désirer sur
la terre ? sinon vous, ô Dieu de
mon cœur, qui êtes mon partage
pour l'éternité.

Oraison comme aux premières vêpres

A LA MESSE, Introït.

Cantabiles mihi erant justifica-
tiones tuæ in loco peregrinationis
meæ ; memor fui nocte nominis
tui, Domine, et custodivi legem
tuam. *Ps.* Beati immaculati in
via, qui ambulant in lege Domini. Gloria. Cantabiles.

Vos ordonnances pleines de
justice me tenaient lieu de cantiques dans le lieu de mon exil; je
me suis souvenu, Seigneur, de
votre nom même pendant la nuit
et j'ai gardé exactement votre
loi. *Ps.* Heureux ceux qui se con-
servent sans tache dans la voie
de Dieu et qui marchent avec fidélité dans la loi du Seigneur.
Gloire. Vos.

ORAISON

Deus, qui beatum Romanum
in hanc solitudinem duxisti ne
particeps esset coinquinationis
sæculi, rumpe vincula quibus
mundo ligamur, ut terrenis cupiditatibus expediti, tibi semper
vacare valeamus. Per Dominum.

O Dieu, qui avez conduit le
bienheureux Romain dans cette
solitude, pour qu'il fût préservé
de la corruption du siècle, brisez
les liens qui nous attachent au
monde, afin que, délivrés des désirs terrestres, nous puissions
toujours vivre pour vous.

ÉPITRE

Lectio Isaïæ prophetæ.
(xxxii, 16, 17, 18).
Habitabit in solitudine judicium, et justitia in Carmel sedebit, et erit opus justitiæ pax,
et cultus justitiæ silentium, et

Lecture du prophète Isaïe.
L'équité habitera un lieu désert
et la justice se reposera dans un
champ devenu fertile. La paix
sera l'œuvre de la justice, le silence la cultivera et on y trouve-

securitas usque in sempiternum, et sedebit populus meus in pulchritudine pacis et in tabernaculis fiduciæ, et in requie opulenta.

ra pour jamais une heureuse tranquillité, mon peuple se reposera dans la beauté de la paix, dans les tabernacles de confiance et dans un repos plein d'abondance.

GRADUEL

Susceptor meus es tu, Domine, et in verbum tuum superspcravi. Declinate a me, maligni, et scrutabor mandata Dei mei. ℣. Magister, sequar te quocunque ieris. ℟. Susceptor. *Tract.* Alleluia. Allel. ℣. Dominus ponet desertum Sion quasi delicias, et solitudinem ejus quasi hortum Domini ; gaudium et lætitiæ invenietur in eà, gratiarum actio et vox laudis. Alleluia. Allel.

Vous êtes mon soutien, Seigneur, et j'ai mis mon espérance en vos promesses. Eloignez-vous de moi, vous tous qui êtes mauvais, et je m'attacherai aux commandements de mon Dieu. Et je suivrai mon Maître où qu'il aille. Le Seigneur changera le désert en un lieu de délices, et sa solitude en un jardin du Seigneur ; on y verra la joie et l'allégresse, on y entendra les actions de grâces et les cantiques de louanges à la gloire du Seigneur.

PROSE

Felix, mundi pericula
Cui datum intelligere ;
Festinat sub umbracula
Altissimi confugere !

Intus movente gratiâ,
Romane, tuos deseris ;
Mundi fugis contagia,
Sub alas Dei conderis.

Ad limen litat stadii
Rerum amorem omnium ;
Pars ipsum sacrificii
Est litterarum studium.

Una placet scientia,
Quæ Christum dat acquirere ;
Hanc propter, perdit omnia,
Et reputat pro pulvere.

Hic sedens solitarius
Sanctum exercet otium ;
Deo vacans intentius,
Cœli prælibat gaudium.

Crucis exultans onere
Vias per duras graditur ;
Vi gratâ Deo, rapere
Cœleste regnum nititur.

Pressus fame vix utitur
Silvestribus cibariis ;

Heureux celui à qui il a été donné de comprendre les dangers du monde ; il a hâte de se réfugier à l'ombre du Très-Haut !

Poussé par une grâce intérieure, ô Romain, tu quittes ta famille, tu fuis la contagion du monde, tu te caches sous les ailes de Dieu.

A l'entrée de la carrière, il renonce à l'amour de tous les biens. L'amour de la science même est une part de son sacrifice.

Une seule science lui plaît, celle qui fait acquérir le Christ, pour elle, il perd tout, ne voyant en tout que poussière.

Ici s'arrêtant solitaire, il se livre à de saints exercices ; vaquant à Dieu avec ardeur, il a l'avant-goût des joies célestes.

Joyeux sous le poids de la croix, il marche par des voies pénibles. Par une violence aimée de Dieu, il s'efforce de conquérir le royaume du ciel.

Pressé par la faim, à peine il use des aliments que donne la

Crebris caro consumitur,
Pinguescit mens jejuniis.

Speluncâ clausus aviâ
Ignotus et mortalibus,
Jam nesciens mortalia
Et totus in cœlestibus.

Si quando mole terreâ
Infelix homo premitur,
Carne victrix sanguineâ
Mens plenâ pace fruitur.

Sed jam resultat plausibus,
Et floret quasi lilium,
Tot habitatum civibus
Desertum olim invium.

Heu ! plausum misce gemitu ;
Non omnium est vincere ;
Cœpêre quidem spiritu,
Quos carne fles desinere.

Quot candidati gloriæ
Sub hoc duce dant prœlia !
Omnis gravis militia,
Sed est dulcis victoria.

Hæc una sit scientia,
Te, Christe, solum noscere !
Hæc una sit prudentia,
Te, Christe, solum quærere !
Spretis mundi divitiis,
Da nos in te ditescere ;
Spretis mundi deliciis,
Da nos te, Deus, sapere. Amen.

forêt ; son corps maigrit, mais son âme s'engraisse par ses jeûnes fréquents.

Enfermé dans une caverne et ignoré des mortels, il ne connaît plus les choses de ce monde et est tout entier aux choses célestes.

Si parfois la pauvre nature humaine est accablée sous le poids de la matière, son âme triomphant de sa chair en sang jouit d'une paix entière.

Mais déjà retentit de cris de joie et fleurit comme un lis ce désert autrefois inhabité, maintenant demeure d'une multitude.

Hélas ! à la joie mêle les gémissements ; il n'est pas donné à tous de vaincre ; plusieurs ont commencé dans l'esprit, que tu as la douleur de voir finir dans la chair.

Que de candidats à la gloire sous ce chef livrent des combats ! Toute lutte est pénible, mais qu'elle est douce, la victoire !

Qu'il n'y ait qu'une science, te connaître seul, ô Christ ! Qu'il n'y ait qu'une sagesse, te chercher seul, ô Christ !

Méprisant les richesses du monde, fais-nous riches de toi, ô Dieu ! Méprisant les délices du monde, ne nous fais goûter que toi ! Ainsi soit-il.

ÉVANGILE

Sequentia Sancti Evangelii secundum Matthæum. (xix, 20-24).

In illo tempore, dixit Jesus adolescenti : Si vis perfectus esse, vade, vende quæ habes, et da pauperibus, et habebis thesaurum in cœlo, et veni, sequere me. Cum audisset autem adolescens verbum, abiit tristis ; erat enim habens multas possessiones. Jesus autem dixit discipulis suis : Amen dico vobis, quia dives difficile intrabit in regnum cœlorum. Et iterum dico vobis : Facilius est camelum per foramen acûs transire, quam

Suite du Saint Évangile selon saint Mathieu.

En ce temps-là, Jésus dit au jeune homme : Si vous voulez être parfait, allez, vendez ce que vous avez, et distribuez-en le prix aux pauvres ; et vous aurez un trésor dans le ciel ; puis venez, et suivezmoi. Ce jeune homme entendant ces paroles, s'en alla tout triste ; parce qu'il avait de grands biens. Alors Jésus dit à ses disciples : Je vous dis en vérité qu'un riche entrera difficilement dans le royaume des cieux. Je vous le dis

divitem intrare in regnum cœlorum.

encore une fois : il est plus aisé
qu'un chameau passe par le trou
d'une aiguille, qu'un riche entre
dans le royaume des cieux.

OFFERTOIRE

In voce laudis immolabo tibi;
quæcumque vovi, reddam pro
salute Domino.

Je vous offrirai un sacrifice
avec des cantiques de louanges.
Je rendrai mes vœux au Seigneur
pour mon salut.

SECRÈTE

Suscipe, Domine, sacrificium
nostrum, et cum beato Romano
fac nos gratiæ tuæ dona dignis
celebrare laudibus, et silente cu-
piditatum tumultu, audire Dominum nostrum Jesum Christum
Filium tuum qui tecum...

Agréez, Seigneur, notre offrande et faites-nous la grâce, à l'e-
xemple du bienheureux Romain,
de célébrer dignement vos bienfaits et, qu'avec lui, imposant silence à nos passions, nous méri-
tions d'entendre Notre-Seigneur
Jésus-Christ votre Fils.

COMMUNION

Reliquisti parentes tuos, ple-
nam mercedem recipias a Domino
Deo ad quem venisti et sub cujus
confugisti alas.

Vous avez quitté votre famille,
que le Seigneur votre Dieu, à qui
vous êtes venu, et sous les ailes
duquel vous vous êtes réfugié,
vous donne une parfaite récompense.

POSTCOMMUNION

Deus, qui beatum Romanum
in ista solitudine cœlesti mannâ
cibasti ; præsta, quos spirituali
pane reficis, in æternum de te
satiare digneris. Per Dominum...

O Dieu, qui, dans cette solitude, avez nourri le bienheureux
Romain d'une manne céleste,
après nous avoir fortifiés par un
pain spirituel, daignez nous ras-
sasier de vous-même pour toujours.

AUX DEUXIÈMES VÊPRES

I. — Statue tibi speluncam :
pone tibi amaritudines ; dirige
cor tuum in viam rectam in quâ
ambulasti.

Choisissez une grotte ; prati-
quez la mortification ; dirigez votre cœur dans la voie droite que
vous avez suivie jusqu'ici.

II. — Ecce elongavi fugiens et
mansi in solitudine, expectabam
eum qui salvum me fecit a pu-
sillanimitate et tempestate.

J'ai fui le monde et me suis
retiré dans la solitude, et j'atten-
dais là Celui qui m'a sauvé de la
faiblesse et de la tentation.

III. — Abscondit me Dominus
in tabernaculo suo ; in die malorum protexit me in abscondito
tabernaculi sui.

Le Seigneur m'a donné asile
dans sa maison, et il m'a protégé
au jour des méchants et m'a caché dans son tabernacle.

IV. — Dominus Deus ductor tuus fuit in solitudine, eduxit rivos de petrâ ; et cibavit mannâ in solitudine.

V. — Hic est qui fuit in solitudine cum patribus nostris.

Le Seigneur fut ton guide dans la solitude, lui qui fit sortir les sources des rochers, et qui vous a nourri dans le désert.

C'est lui qui vécut dans la solitude, avec nos pères.

CAPITULE

Secesserat in desertum locum, ibique inter feras vitam in montibus cum suis agebat, ne participes essent coïnquinationis.

℟. Deo gratias.

Il s'était retiré dans le désert, et parmi les bêtes sauvages, il vivait dans les montagnes avec les siens, afin de ne point prendre part à ce qui souillait les autres.

HYMNE

Jam non ulterius triste tibi manet
Terris exilium ; meta laboribus
O Romane, subest ; debita præmia
   Jam nunc te repetunt polo.

Un triste exil ne te retient pas plus longtemps sur terre. La fin de tes travaux est proche, ô Romain ; les récompenses qui te sont dues, dès maintenant t'appellent au ciel.

Formidanda nimis dextra Dei pium
In te signa potens grandia perpetrat ;
Terris assiduum quem videt hospitem,
   Drogensem trahit in specum.

La main de Dieu si redoutable montre sa puissance par des prodiges éclatants qu'elle opère dans son pieux serviteur : celui qu'elle voit vivre fidèle sur la terre, elle l'attire dans la grotte de Druyes.

Hic fervente procul orbe tumultibus,
Unus alte siles ; lingua silentio
Errores abigit, crimina dedocet,
   Fallax vincere sæculum.

Ici loin des agitations et du tumulte du monde, seul tu gardes un profond silence. Par le silence la langue chasse les erreurs, repousse les crimes et triomphe d'un monde trompeur.

Quo quondam lacrymæ fonte defluxerant
Stillant perpetuum gaudia ; faciem
Depastam macie nunc Deus excolit,
   Luctum gloria demovet.

De la source où jadis coulaient les larmes toujours jaillissent les joies ; ce visage amaigri par le jeûne, Dieu maintenant l'embellit, la gloire éloigne la tristesse.

Ex hâc arce, Pater, quâ placidus sedes,
Præsentem fer opem riteque dirigas
Errantem dubium per mare Filiam
   Urbem fontibus inclytam.

De ces hauteurs, Père, où tu demeures en paix, apporte un secours efficace et dirige bien ta Fille, errante au milieu d'une mer dangereuse, la Ville aux belles fontaines.

Sit laus summa Patri, summaque
  Filio,
Sit par, Alme, tibi gloria Spiritus,
Qui fons lætitiæ, finis et ultimus
  Te donas quoque præmium.
  Amen.

℣. In loco solitudinis Dominus
docuit eum.
℟. Et custodivit quasi pupil-
lam oculi sui.

Gloire souveraine soit au Père,
anisi qu'au Fils, et à toi, Esprit
auguste, égale gloire ! source de
joie et fin dernière, qui te donnes
même en récompense. Ainsi
soit-il.

Le Seigneur l'introduisit dans
un lieu solitaire, et le garda
comme la prunelle de son œil.

A MAGNIFICAT

Ant. Dominus Deus tuus be-
nedixit tibi in omni opere manuum tuarum, novit iter tuum
quomodo transieris solitudinem
magnam, habitans tecum Dominus Deus tuus, et nihil tibi defuit.

Le Seigneur votre Dieu vous a
béni dans toutes les œuvres de
vos mains, il a eu soin de vous
dans votre chemin lorsque vous
avez passé le désert : le Seigneur
votre Dieu a habité avec vous et
vous n'avez manqué de rien.

Oraison de la messe

TABLE DES MATIÈRES

GRAVURES HORS TEXTE

CHATILLON-SUR-SEINE. — IMP. ERNEST LECLERC.